O MELHOR DE MAX LUCADO

SELEÇÃO VIDA PLENA

O MELHOR DE MAX LUCADO

SELEÇÃO VIDA PLENA

THOMAS NELSON
BRASIL®

Rio de Janeiro
2014

O melhor de Max Lucado: seleção vida plena

Títulos originais
Fearless
Every Day Deserves a Chance
Outlive Your Live

Publisher	Omar de Souza
Editores	Aldo Menezes e Samuel Coto
Produção editorial	Thalita Aragão Ramalho
Tradução	Bárbara Coutinho e Leonardo Barroso (*Viva a vida* e *Todo dia é um dia especial*); Lilian Jenkino (*Faça a vida valer a pena*)
Copidesque	Silvia Rebello (*Viva a vida* e *Faça a vida valer a pena*); Lena Aranha (*Viva a vida e Todo dia é um dia especial*)
Revisão	Margarida Seltmann, Cristina Loureiro de Sá e Joanna Barrão Ferreira (*Viva a vida*); Margarida Seltmann, Magda de Oliveira Carlos Cascardo e Cristina Loureiro de Sá (*Todo dia é um dia especial* e *Faça a vida valer a pena*)
Capa	Valter Botosso Jr.
Projeto gráfico e diagramação	Luciana Di Iorio

CIP-BRASIL. CATALOGAÇÃO NA FONTE
SINDICATO NACIONAL DOS EDITORES DE LIVROS, RJ

L965m

Lucado, Max, 1955-
O melhor de Max Lucado: seleção vida plena / Max Lucado. - 1. ed. - Rio de Janeiro: Thomas Nelson Brasil, 2014.

O livro é uma seleção dos 3 que são indicados com seus respectivos títulos originais e tradutores. *Viva a vida* (título original: *Fearless* [tradução de Bárbara Coutinho e Leonardo Barroso]); *Todo dia é um dia especial* (título original: *Every Day Deserves a Chance* [tradução de Bárbara Coutinho e Leonardo Barroso]); *Faça a vida valer a pena* (título original: *Outlive Your Life* [tradução de Lilian Jenkino]).

ISBN 978-85-7860-686-2

1. Vida cristã. 2. Conduta. I. Título.

14-14742 CDD: 248.4
CDU: 248.14

Thomas Nelson Brasil é uma marca licenciada à Vida Melhor Editora S.A.

Rua Nova Jerusalém, 345 – Bonsucesso
Rio de Janeiro – RJ – CEP 21402-325
Tel.: (21) 3882-8200 – Fax: (21) 3882-8212 / 3882-8313
www.thomasnelson.com.br

Sumário geral

VIVA A VIDA

O CAMINHO DE DEUS PARA VENCER O MEDO E A ANSIEDADE

Sumário

1

Por que temos medo?

Por que vocês estão com tanto medo,
homens de pequena fé?

Mateus 8:26

Você teria gostado do meu irmão. Todos gostavam dele. Dee fazia amigos do mesmo jeito como padeiros fazem pão: diariamente, com facilidade, calorosamente. O aperto de mão — grande e ardoroso; a gargalhada — contagiosa e vulcânica. Ele não deixava nenhuma pessoa permanecer sendo um estranho por muito tempo. Eu, o tímido irmão mais novo, contava com ele para nos apresentar a outras pessoas. Quando uma família se mudava para a nossa rua ou quando alguém novo entrava no playground, Dee era o embaixador.

Mas em meados da sua adolescência, ele conheceu uma pessoa que deveria ter evitado — um contrabandista de bebidas alcoó- licas que vendia cerveja para menores de idade. O álcool tentou seduzir a nós dois, mas, embora me enlaçasse, o acorrentava. Pelas quatro décadas que se seguiram, meu irmão bebeu sua saúde, seus relacionamentos, seus empregos, seu dinheiro, e todos menos os dois últimos anos de sua vida.

Não há quem explique por que a resolução às vezes vence e às vezes perde, mas aos 54 anos meu irmão descobriu um manancial de força de vontade, profundo, e gozou de um tempo de sobriedade. Esvaziou suas garrafas, estabilizou seu casamento, procurou seus filhos, e trocou o bar pelo AA local. Mas a vida desregrada tinha cobrado seu preço. Três décadas fumando três maços de cigarro por dia tinham transformado seu grande coração em carne moída.

Em uma noite de janeiro, na semana em que comecei a escrever este livro, ele disse a Donna, sua esposa, que estava com dificuldade para respirar. Ele já tinha uma consulta médica marcada para um problema parecido, então decidiu tentar dormir. Sem sucesso. Acordou às 4h da manhã com dores no peito fortes o bastante para ir parar no pronto-socorro. A equipe de resgate colocou Dee na maca e disse a Donna que os encontrasse no hospital. Meu irmão acenou de modo fraco e sorriu bravamente; disse a Donna que não se preocupasse, mas, quando ela e um dos filhos dele chegaram ao hospital, ele já tinha partido.

O médico de plantão lhes deu a notícia e os convidou a entrar na sala onde estava o corpo de Dee. Abraçados, entraram pela porta e viram sua última mensagem. Sua mão estava repousada sobre suas coxas com os dois dedos do meio dobrados para dentro e o polegar estendido — aquele era o símbolo internacional da linguagem de sinais para "Eu te amo".

Eu já tentei visualizar os momentos finais da vida terrena de meu irmão: correndo em uma rodovia do Texas em uma ambulância em uma noite escura, os paramédicos falando ao seu redor, seu coração enfraquecendo dentro dele. Lutando por cada suspiro, em algum ponto ele percebeu que só tinha mais alguns poucos a dar. Mas, em vez de entrar em pânico, ele muniu-se de coragem.

Talvez seja bom você fazer o mesmo. Uma ambulância não é a única viagem que exige coragem. Você pode não estar em sua última batida do coração, mas pode estar no seu último contracheque, na sua última solução ou no seu último suspiro de fé. Cada nascer do sol parece trazer novas razões para ter medo.

Todos têm falado sobre demissões no trabalho, redução na economia, explosões no Oriente Médio, rotatividade nas empresas, quedas no mercado imobiliário, aumento do aquecimento global, insurreições de células da al Qaeda. Algum ditador enlouquecido está colecionando ogivas nucleares como outros colecionam vinhos finos. Uma variação da gripe asiática está embarcando em voos que partem da China. A praga de nossos dias, o terrorismo, começa com a palavra *terror*. Noticiários despejam informações suficientes para lançar um aviso: "Cuidado: este noticiário é melhor se assistido no confinamento de uma caverna subterrânea na Islândia."

Temos medo de sermos processados, de sermos os últimos a terminar algo, de ficarmos sem dinheiro; tememos a pinta que apareceu nas costas, o vizinho novo, o som que o relógio faz enquanto nos aproxima da nossa sepultura. Sofisticamos planos de investimentos, criamos elaborados sistemas de segurança e legislamos por um exército mais forte e, no entanto, dependemos de calmantes mais do que qualquer outra geração na história. Além do mais, "a criança comum hoje [...] tem o mesmo nível de ansiedade de um paciente psiquiátrico comum nos anos 1950."[1]

O medo, ao que parece, alugou o prédio ao lado por cem anos e ali se estabeleceu. Enorme e rude, o medo não está disposto a dividir o coração com a felicidade. A felicidade obedece. Você já viu os dois juntos? Uma pessoa pode ser feliz e ter medo ao mesmo tempo? Ter o pensamento claro e temer? Estar confiante e amedrontado? Ter misericórdia e medo? Não. O medo é o grande valentão no corredor da escola: impetuoso, barulhento e improdutivo. Por todo o barulho que faz e pelo espaço que ocupa, o medo não traz muita coisa boa.

O medo nunca escreveu uma sinfonia ou um poema, negociou um tratado de paz nem curou uma doença. O medo nunca libertou uma família da pobreza nem um país da intolerância. O medo nunca salvou um casamento ou um negócio. A coragem o fez. A fé o fez. As pessoas que se recusaram a ouvir ou a se curvar ao medo o fizeram. Mas, e o medo propriamente dito, o que ele faz? O medo nos aprisiona e tranca as portas.

Não seria maravilhoso escapar?

Imagine sua vida inteira intocada pela angústia. E se a fé, não o medo, fosse a sua reação-padrão a ameaças? Se você pudesse pôr um ímã do medo sobre o seu coração e extrair cada pedaço de medo, insegurança e dúvida que ainda restasse nele? Imagine um dia, um dia ao menos, livre do medo do fracasso, da rejeição e da calamidade. Você consegue imaginar uma vida sem medo? Essa é a possibilidade por trás da pergunta de Jesus.

Ele perguntou: "Por que vocês estão com tanto medo?" (Mateus 8:26).

Nossa primeira reação é perguntar se Jesus está falando sério. Ele pode estar brincando. Provocando. Pregando uma peça. Como um nadador perguntando ao outro: "Por que você está molhado?" Mas Jesus não sorri. Ele está falando muito sério. Os homens a quem ele pergunta também o estão. Uma tempestade transformou seu jantar de cruzeiro em um tenso mergulho.

Eis o que um deles recorda da viagem: "Entrando ele no barco, seus discípulos o seguiram. De repente, uma violenta tempestade abateu-se sobre o mar, de forma que as ondas inundavam o barco" (Mateus 8:23,24).

Essas são as palavras de Mateus. Ele se lembrou bem da tempestade violenta e do barco agitado e foi cuidadoso com suas palavras. Qualquer palavra não bastaria. Ele puxou seu dicionário grego de sinônimos da prateleira e caçou uma palavra que descrevesse como as ondas explodiam no barco. Pulou os termos comuns para chuvas de primavera, borrascas, pancadas de chuva ou aguaceiros. Eles não capturavam o que ele sentiu e viu naquela noite: a terra e a praia tremendo. Ele se lembrava de mais do que ventos e ondas. Seu dedo desceu pela coluna de sinônimos até chegar a uma palavra que funcionasse. "Ah, aqui está." *Seismos* — um tremor, uma erupção de céu e mar. "Um grande *seismos* surgiu no lago."

Esse termo ainda ocupa um espaço em nosso vernáculo. Um sismólogo estuda terremotos, um sismógrafo os mede, e Mateus, juntamente com uma tripulação de recrutas novatos, sentiu um sismo que os sacudiu por completo. Ele usou essa palavra em duas outras ocasiões: uma vez na morte de Jesus quando o Calvário tremeu (Mateus 27:51-54) e mais uma vez na ressurreição de Jesus quando a sepultura tremeu (28:2). Aparentemente, a tempestade acalmada compartilha de igual importância na trilogia dos grandes feitos de Jesus: derrotando o pecado na cruz, a morte na sepultura e aqui silenciando o medo no mar.

O medo *repentino*. Sabemos que o medo foi repentino porque a tempestade o foi. Uma tradução mais antiga diz: "*De repente*, uma violenta tempestade abateu-se sobre o mar."

Nem todas as tempestades começam de repente. Fazendeiros podem ver a formação de nuvens de tempestade horas antes de a chuva cair. Essa tempestade, no entanto, irrompe como um leão saindo do mato. Em um momento os discípulos estão embaralhando as cartas para um joguinho de copas; no instante seguinte, estão bebendo água do mar da Galileia.

Pedro e João, marinheiros experientes, lutam para manter o navio de pé. Mateus, assumido homem de terra, luta para não vomitar seu café da manhã. O cobrador de impostos não tinha imaginado que sua viagem seria assim. Você consegue perceber sua surpresa quando junta suas duas frases? "Entrando ele no barco, seus discípulos o seguiram. De repente, uma violenta tempestade abateu-se sobre o mar" (8:23,24).

Você não gostaria de uma segunda frase mais leve, uma consequência mais feliz da obediência? "Entrando ele no barco, seus discípulos o seguiram. De repente, um grande arco-íris apareceu no céu, um bando de pombas voou em uma formação feliz e um mar calmo como vidro espelhava seu mastro." Os seguidores de Cristo não curtem um calendário cheio de cruzeiros no Caribe? Não. Essa história dá um lembrete a um só tempo não-tão-sutil e não-tão-popular: embarcar com Cristo pode significar se molhar com Cristo. Os discípulos podem esperar mares violentos e ventos bravos. "Neste mundo vocês terão [não 'podem ter' ou 'talvez tenham'] aflições" (João 16:33, colchetes meus).

Os seguidores de Cristo contraem malária, enterram crianças e lutam contra o vício e, como resultado, encontram o medo. Não é a ausência de tempestades que nos distingue e sim quem descobrimos na tempestade: um Cristo imperturbado.

"Jesus, porém, dormia" (Mateus 8:24).

Agora aí está uma cena. Os discípulos gritam; Jesus sonha. O trovão ruge; Jesus ronca. Ele não tira uma soneca ou descansa. Ele dorme. Você poderia dormir em um momento desses? Você conseguiria pegar no sono enquanto gira sem parar em uma montanha-russa? Em um túnel de vento? Em um show de *heavy-metal*? Jesus dorme nos três ao mesmo tempo!

O evangelho de Marcos adiciona dois detalhes curiosos: "Jesus estava na popa, dormindo com a cabeça sobre um travesseiro" (Marcos 4:38). Na popa, sobre um travesseiro. Por que a primeira? De onde veio o segundo?

Os pescadores do primeiro século usavam grandes e pesadas redes para trabalhar. Guardavam as redes em um abrigo construído na popa para esse objetivo. Dormir *sobre* a popa era pouco prático. Não dava espaço nem proteção. O pequeno compartimento sob a popa, no entanto, dava as duas coisas. Era a parte mais fechada e a única protegida do barco. Então Cristo, um pouco sonolento das atividades do dia, se aninhou sob o convés para dormir um pouco.

Descansou a cabeça, não sobre um travesseiro fofo de penas, mas em uma bolsa de couro. Pesada. Pescadores do Mediterrâneo ainda as usam.

Elas pesam cerca de 45 quilos e são usadas para equilibrar, para estabilizar o barco.2 Jesus levou o travesseiro para a popa para poder dormir ou dormiu tão profundamente que alguém o pôs sobre um travesseiro? Não sabemos. Mas há algo que nós sabemos: aquele era um sono premeditado. Ele não pegou no sono por acaso. Totalmente ciente da tempestade que vinha, Jesus decidiu que era hora da sesta; aninhou-se então em um canto, pôs sua cabeça no travesseiro e viajou para o mundo dos sonhos.

Seu sono perturba os discípulos. Mateus e Marcos registram suas reações como três pronunciamentos gregos em *staccato* e uma pergunta.

Os pronunciamentos: "Senhor, salva-nos! Vamos morrer!" (Mateus 8:25).

A pergunta: "Mestre, não te importas que morramos?" (Marcos 4:38).

Eles não perguntam sobre o poder de Jesus: "Tu consegues parar a tempestade?" Nem sobre seu conhecimento: "Tu estás ciente da tempestade?" Ou sobre seu *know-how*: "Tens alguma experiência com tempestades?" Mas, em vez disso, levantaram dúvidas sobre o caráter de Jesus: "Não te importas...?"

O medo faz isso. O medo corrói nossa confiança na bondade de Deus. Começamos a nos perguntar se o amor habita os céus. Se Deus pode dormir em nossas tempestades, se seus olhos se mantêm cerrados quando os nossos se arregalam, se ele permite tempestades depois de entrarmos em seu barco, ele se importa? O medo libera um enxame de dúvidas, dúvidas que nos deixam com raiva.

E ele nos transforma em maníacos controladores. "Faça alguma coisa a respeito da tempestade!" é a exigência implícita da questão. "Conserte ou... ou... ou você vai ver!" O medo, em sua essência, é uma perda nítida de controle. Quando a vida gira loucamente, agarramos um componente da vida que podemos controlar: nossa dieta, a arrumação da nossa casa, o descanso de braço em um avião, ou, em muitos casos, as pessoas. Quanto mais inseguros nos sentimos, mais malvados nos tornamos. Grunhimos e mostramos nossas garras. Por quê? Porque somos maus? Em parte. Mas também porque nos sentimos encurralados.

Martin Niemöller documenta um exemplo extremo disso. Ele era um pastor da Alemanha que levantou a voz contra Adolf Hitler. Quando conheceu o ditador em 1933, Niemöller ficou no fundo da sala e ouviu. Mais tarde, quando sua esposa lhe perguntou o que tinha aprendido, disse:

"Descobri que Herr Hitler é um homem terrivelmente apavorado."[3] O medo libera o tirano de dentro de nós.

Ele também enfraquece a nossa memória. Os discípulos tinham razões para confiar em Jesus. Até então eles já o tinham visto "curando todas as enfermidades e doenças entre o povo" (Mateus 4:23). Tinham testemunhado quando ele curou um leproso com um toque e um servo com um comando (Mateus 8:3-13). Pedro viu sua sogra doente se recuperar (Mateus 8:14,15), e todos eles viram demônios fugirem como morcegos de uma caverna. "Ele expulsou os espíritos com uma palavra e curou todos os doentes" (Mateus 8:16).

Será que alguém não deveria mencionar o histórico de Jesus ou o seu currículo? Eles se lembram dos feitos de Cristo? Pode ser que não. O medo cria uma forma de amnésia espiritual. Ele limpa a nossa memória de milagres; nos faz esquecer o que Jesus já fez e como Deus é bom.

E é horrível sentir medo. Ele suga a vida para fora da alma, nos põe em posição fetal e limpa toda a nossa felicidade. Tornamo-nos celeiros abandonados, balançando fragilmente com o vento, um lugar onde a humanidade costumava comer, crescer e encontrar calor. Não mais. Quando o medo molda nossa vida, a segurança se torna o nosso deus. Quando a segurança se torna o nosso deus, idolatramos a vida livre de riscos. O amante da segurança pode fazer alguma coisa grandiosa? O avesso ao risco pode executar atos nobres? Por Deus? Pelos outros? Não. Os temerosos não conseguem amar profundamente. O amor é arriscado. Eles não podem dar aos pobres. A benevolência não tem garantia de retorno. Os temerosos não podem sonhar livremente. E se seus sonhos pifarem e caírem do céu? A adoração da segurança enfraquece a grandeza. Não é à toa que Jesus trava tremenda guerra contra o medo.

Seu comando mais comum emerge do lema "não tema". Os evangelhos listam cerca de 125 imperativos emitidos por Cristo. Destes, 21 nos dizem para "não temer" ou "não ter medo" ou "ter coragem". O segundo comando mais comum, amar a Deus e ao próximo, aparece apenas em oito ocasiões. Se a quantidade for um indicador, Jesus leva nossos medos a sério. A frase que ele disse mais do que qualquer outra foi esta: não tenha medo.

Irmãos às vezes riem ou reclamam do comando mais comum de seus pais. Eles sempre se lembram de suas mães dizendo: "Chegue em casa na hora!" ou "Arrumou seu quarto?" Seus pais também tinham as suas instruções favoritas: "Mantenha o queixo para cima."; "Trabalhe duro." Eu me pergunto se os discípulos alguma vez refletiram nas frases mais comumente repetidas de Cristo. Se o tiverem feito, teriam notado: "Ele sempre estava nos mandando ter coragem."

> Portanto, não tenham medo; vocês valem mais do que muitos pardais! (Mateus 10:31).
> Tenha bom ânimo, filho; os seus pecados estão perdoados (Mateus 9:2).
> Portanto eu lhes digo: Não se preocupem com sua própria vida, quanto ao que comer ou beber (Mateus 6:25).
> Não tenha medo; tão-somente creia, e ela será curada (Lucas 8:50).
> Coragem! Sou eu (Mateus 14:27).
> Não tenham medo dos que matam o corpo, mas não podem matar a alma. (Mateus 10:28).
> Não tenham medo, pequeno rebanho, pois foi do agrado do Pai dar-lhes o Reino (Lucas 12:32).
> Não se perturbe o coração de vocês. Creiam em Deus; creiam também em mim. [...] voltarei e os levarei para mim, para que vocês estejam onde eu estiver (João 14:1-3).
> Não se perturbe o seu coração, nem tenham medo (João 14:27).
> Ele lhes disse: "Por que vocês estão perturbados e por que se levantam dúvidas no coração de vocês?" (Lucas 24:38).
> Vocês ouvirão falar de guerras e rumores de guerras, mas não tenham medo (Mateus 24:6).
> Mas Jesus se aproximou, tocou neles e disse: "Levantem-se! Não tenham medo!" (Mateus 17:7).

Jesus não quer que você viva em um estado permanente de medo. E nem você. Você nunca disse coisas do tipo:

> Minhas fobias me fazem saltitar.
> Eu seria um péssimo pai se não fosse pela minha hipocondria.

> Agradeço a Deus pelo meu pessimismo. Eu sou uma pessoa muito melhor desde que perdi a esperança.
>
> Meu médico me diz que se eu não começar a me afligir, eu vou perder a minha saúde.

Já aprendemos o alto custo do medo.

A pergunta de Jesus é boa. Ele levanta a cabeça do travesseiro, sai da popa para a tempestade e pergunta: "Por que vocês estão com tanto medo, homens de pequena fé?" (Mateus 8:26).

Para ser claro, o medo tem uma função saudável: ele é o informante na mina de carvão, avisando sobre um perigo potencial. Uma dose de medo pode impedir uma criança de atravessar uma rua movimentada ou um adulto de fumar um maço de cigarros. O medo é a reação apropriada diante de um edifício em chamas ou de um cão rosnando. O medo em si não é pecado, mas ele pode levar ao pecado.

Se medicarmos o medo com explosões de raiva, bebedeiras, ataques de rabugice, fome ou controle total, excluiremos Deus da solução e exacerbaremos o problema. Agindo assim, nos sujeitaremos a uma posição de medo, deixando a ansiedade dominar e definir nossa vida. Preocupações que eliminam a alegria. Medo que deixa o dia dormente. Repetidos ataques de insegurança que nos petrificam e paralisam. A histeria não vem de Deus. "Pois Deus não nos deu espírito de covardia" (2 Timóteo 1:7).

O medo sempre vai bater na sua porta. Simplesmente não o convide para jantar — e pelo amor de Deus não lhe ofereça uma cama para passar a noite. Vamos encher nosso coração com um bom número de pronunciamentos "não tema". O medo pode preencher o nosso mundo, mas não tem de preencher o nosso coração. A promessa de Cristo e a alegação deste livro são simples: podemos temer menos amanhã do que tememos hoje.

Quando eu tinha seis anos de idade, meu pai me deixou ficar acordado até tarde com o resto da família e assistir ao filme *O lobisomem*. Rapaz, como ele se arrependeu dessa decisão! O filme me deixou convencido de que o lobisomem passava cada noite esperando em nosso escritório, esperando sua refeição favorita de garoto ruivo da primeira série, cheio de sardas. Meu medo provou-se problemático. Para ir do meu quarto à cozinha, eu tinha que passar perigosamente perto de suas garras e presas, o que eu estava pouco inclinado a fazer. Mais de uma vez eu corri para o quarto do meu pai e o acordei. Como Jesus no barco, papai estava sempre dormindo na tempestade. *Como uma pessoa pode dormir em tempos assim?*

Abrindo um olho sonolento, ele perguntava: "Agora você está com medo de quê?" E eu lembrava a ele do monstro. "Ah, sim, o lobisomem", ele murmurava. Então ele se levantava da cama, armava-se com coragem sobre-humana, acompanhava-me pelo vale da sombra da morte e pegava um copo de leite para mim. Eu olhava para ele cheio de admiração: *Que tipo de homem é esse?*

Deus vê nossas tempestades sísmicas como meu pai via meu medo do lobisomem. "Então ele se levantou e repreendeu os ventos e o mar, e fez-se completa bonança" (Mateus 8:26).

Ele lida com o grande tremor com grande calma. O mar fica tão calmo quanto um lago congelado e os discípulos ficam imaginando: "Quem é este que até os ventos e o mar lhe obedecem?" (Mateus 8:27).

Quem é este, de fato. Transformando o momento do tufão em hora de soneca. Silenciando as ondas com uma palavra. E equipando um homem prestes a morrer com coragem suficiente para enviar uma mensagem final de amor para sua família. Parabéns, Dee. Você encarou sua cota de momentos sísmicos na vida, mas no fim você não sucumbiu.

E aqui está uma prece para que nós também não sucumbamos.

2

Os habitantes de Stiltsville — a cidade das estacas

Medo de não ser importante

Portanto, não tenham medo;
vocês valem mais do que muitos pardais!

Mateus 10:31

Talvez você não saiba,
Ou talvez sim,
Sobre o vilarejo de Stiltsville,
(estranho mas é verdade)

Onde pessoas como nós,
Algumas baixas, algumas altas,
Com empregos e filhos
E relógios na parede
Ficam de olho na hora.
Pois cada noite às seis,
Eles se encontram na praça
Por causa de estacas,

Altas e nas quais
Os habitantes podem confiar
E se elevar acima
Daqueles no chão:

Os que são menos,
A Tribo dos Pequenos,
Os chatos e os que não têm
Que querem ser altos

Mas não podem, porque
Na distribuição das estacas,
Seu nome não foi chamado.
Eles não foram escolhidos.

No entanto eles vêm
Quando os habitantes se reúnem;
Eles se amontoam na frente
Para ver se têm importância

Para a panelinha dos legais,
A corte de grande influência,
Que decide quem é especial
E declara com um grito,

"Você tem classe!" "Você é bonito!"
"Você é inteligente" ou "Engraçado!"
e dão um prêmio,
não de medalhas ou dinheiro,
não uma torta fresquinha
ou uma casa que alguém construiu,
mas o mais estranho dos presentes —
algumas estacas.

Subir é sua missão,
Ir para o alto é seu objetivo.
"Eleve sua posição"
é o nome de seu jogo.

Os que estão no alto em Stiltsville
(você já sabe se já tiver estado lá)
fazem a maior comoção
da doçura do ar rarefeito.

Eles saboreiam a chance
Em seus altos aparatos
De se exibir em suas estacas,
O *status* definitivo.

Pois a vida não é melhor
Quando vista de cima?
A não ser que você tropece
E de repente não tenha mais

certeza de onde se encontra.
Você se balança e depois se inclina.
"Cuidado aí embaaaaaaaaaixo!"
e cai imediatamente

nos Pequenos,
a gentalha da Terra.
Você aterrissa no seu orgulho —
E, nossa, como dói
quando a polícia chique,
na rejeição das rejeições,
não oferece ajuda,
e em vez disso toma suas estacas.

"Quem lhe fez rei?"
você começa a reclamar
mas então nota a hora
e para de reclamar.

São quase seis horas!
Não há tempo para conversa fiada.
De volta à multidão
para ver se você tem importância.

Ah, aqui está. Aqui está a questão. O rio Amazonas de onde mil medos nascem: nós temos importância? Tememos não ter. Tememos o nada, a insignificância. Tememos a evaporação. Tememos não fazer nenhuma contribuição para a soma final. Tememos ir e vir sem ninguém saber.

É por isso que nos incomoda quando um amigo se esquece de ligar ou quando o professor esquece o nosso nome ou um colega leva o crédito por uma coisa que tenhamos feito ou quando a companhia aérea nos empurra como gado para o voo seguinte. Eles estão afirmando a nossa trepidação mais profunda: ninguém se importa, porque não somos importantes o bastante para que alguém se importe. Por essa razão queremos tanto a atenção da nossa esposa ou do nosso marido ou a aprovação do nosso chefe, soltamos nomes de pessoas importantes nas conversas, usamos anéis da faculdade nos dedos, botamos silicone nos seios, calotas chamativas nos nossos carros, joias nos dentes, e gravatas de seda em volta do pescoço. Nós cobiçamos as estacas.

Estilistas nos dizem: "Você será alguém se usar a nossa calça *jeans*. Cole nosso nome na sua traseira e a insignificância desaparecerá." Então o fazemos. E por algum tempo nos distanciamos dos Pequenos e curtimos a promoção à Sociedade dos Altos. A moda nos redime do mundo da pequenez e do nada, e somos outra coisa. Por quê? Porque gastamos metade do nosso pagamento em uma calça *jeans* italiana.

Mas depois, o horror dos horrores, o estilo muda, a moda passa, a tendência muda do apertado para o *baggy*, do desbotado para o escuro, e ficamos usando a calça *jeans* de ontem, nos sentindo como a notícia de ontem. Bem-vindo de volta à Tribo dos Pequenos.

Talvez possamos terceirizar a nossa insignificância. Ao atrelar nossa identidade ao feito do tamanho de Gulliver de alguém, damos sentido a nossa vida lilliputiana. De que outra maneira você pode explicar a nossa fascinação por marcas esportivas e atletas?

Eu estou entre os fascinados: sou um fã irreparável dos San Antonio Spurs. Quando eles jogam basquete, eu jogo basquete. Quando eles fazem uma cesta, eu faço uma cesta. Quando eles vencem, eu ouso gritar com os outros 17 mil torcedores: "*Nós* vencemos!" E no entanto como eu ouso fazer tal afirmação? Eu fui a um único treino sequer? Enfrentei um time adversário? Contribuí com uma dica técnica ou suei uma gota de suor?

Não. Eu o faria se eles pedissem. Mas eu sou insignificante, lento, velho e descoordenado demais.

Ainda assim eu pego carona na fama deles. Por quê? Porque isso me separa dos plebeus. Momentaneamente me eleva, me torna um herói.

Essa filosofia motivou meu amigo Thomas da quarta série a manter a guimba de um cigarro de Dean Martin em um pote ao lado de sua cama. Dean Martin se tornou famoso cantando no coração da América dos anos 1960, na televisão, no rádio e em boates. Ele compartilhava o raro *status* de celebridade com Frank Sinatra e Sammy Davis Jr. Nós, comuns, só podemos admirar tanta nobreza a distância. Thomas, no entanto, podia mais. Quando Dean Martin agraciou nossa cidade de West Texas comparecendo em um torneio beneficente de golfe, Thomas e seu pai o seguiram pela galeria. Quando o ícone jogou sua guimba de cigarro para o lado, Thomas estava lá para pegá-la.

Quem pode esquecer o momento em que nós, amigos de Thomas, nos juntamos em seu quarto para admirar o cigarro sagrado? Nós tiramos proveito do princípio do fomento indireto da economia das celebridades. Dean Martin era um astro; Thomas tinha o cigarro de Dean Martin; nós conhecíamos Thomas. Nós éramos os próximos beneficiários do estrelato de Dean Martin.

Junte-se a alguém especial e torne-se alguém especial, certo?

Ou simplesmente sobreviva à vida. Quando o bilionário percebe que seu tempo vai acabar antes de seu dinheiro, ele cria uma fundação. Sem dúvida algum altruísmo motiva o ato, mas também o faz a fome de ter importância.

Temos filhos pelo mesmo motivo. Dar à luz nos dá significado. Embora ser pai seja certamente uma tentativa mais nobre de ter algum significado do que exibir a guimba do cigarro de Dean Martin, ainda o é, em parte, simplesmente isso. Um dia, quando morrermos, nossos descendentes vão se lembrar do "Paizão" ou da "Mãezinha querida", e estenderemos nossa vida nas deles.

Calças *jeans* italianas. A guimba do cigarro de Dean Martin. Fundações. Legados. Sempre tentar provar que Bertrand Russell estava errado. Ele foi o ateu fatalista que concluiu: "Acredito que quando eu morrer, meus ossos se apodrecerão e nada restará do meu ego."[1]

"Ele não pode estar certo," suspiramos.

"Ele não está certo!", anuncia Jesus. E, com algumas das palavras mais doces já ouvidas, ele acalma o medo dos habitantes de Stiltsville: "Não se vendem dois pardais por uma moedinha? Contudo, nenhum deles cai no chão sem o consentimento do Pai de vocês. Até os cabelos da cabeça de vocês estão todos contados. Portanto, não tenham medo; vocês valem mais do que muitos pardais!" (Mateus 10:29-31).

O que é mais insignificante do que cabelo? Quem faz inventário dos folículos? Nós monitoramos outros recursos: dinheiro no banco, gasolina no tanque, quilos na balança. Mas cabelo? Nem unzinho, nem quando o homem com a calvície se expandindo põe placas com números em cada canto. Penteamos os cabelos, os pintamos, os cortamos... mas não contamos os fios.

Deus conta. "Até os cabelos da cabeça de vocês estão todos contados."

Assim como os pardais no campo. Nos dias de Jesus uma moedinha era a menor fração de dinheiro em circulação. E uma moedinha dessas podia comprar dois pardais. Em outras palavras, qualquer um podia possuir dois pardais. Mas por que o fariam? Para que eles serviriam? O que eles conseguiriam com isso?

No evangelho de Lucas, Jesus dá um passo adiante. "Não se vendem cinco pardais por duas moedinhas? Contudo, nenhum deles é esquecido por Deus." (Lucas 12:6). Uma moedinha comprava dois pardais. Duas moedinhas, no entanto, compravam cinco. O vendedor dava o quinto de brinde.

A sociedade ainda tem sua cota de quintos pardais: almas indistintas que se sentem dispensáveis, descartáveis, valendo menos do que uma moedinha. Eles fazem rodízio de caronas e trabalham em cubículos. Alguns dormem sob papelão nas calçadas e outros sob seus cobertores no subúrbio. O que eles têm em comum é um sentimento de pequenez.

Você encontrará um monte de quintos pardais em um orfanato chinês para surdos-mudos. A política da China de apenas um filho por casal consegue eliminar os fracos. Os meninos têm preferência sobre as meninas. Bebês saudáveis são preferidos aos deficientes. Crianças chinesas que não podem falar ou ouvir têm poucas chances de ter uma vida saudável e produtiva. Todas as mensagens lhes dizem: "Você não é importante."

Então, quando alguém diz o contrário, elas se derretem. O missionário chinês John Bentley descreve um momento como esse. Órfãos surdos na província de Henan receberam uma tradução para o mandarim de um livro infantil que eu escrevi intitulado *You Are Special*. A história descreve Punchinello, uma pessoa de madeira em um vilarejo de pessoas de madeira. Os habitantes tinham o costume de colar estrelas nas pessoas bem-sucedidas e pontos nas pessoas que tinham dificuldades. Punchinello tinha tantos pontos que as pessoas lhe davam mais pontos sem motivo algum.

Mas aí ele conheceu Eli, seu criador. Eli o incentivou, dizen-do-lhe para desconsiderar a opinião dos outros. "Eu fiz você," explicou. "Eu não cometo erros."

Punchinello nunca tinha ouvido tais palavras. Quando ouviu, seus pontos começaram a cair. E, quando as crianças do orfanato chinês ouviram tais palavras, seu mundo começou a mudar. Deixarei que John descreva o momento.

> Quando distribuíram esses livros para as crianças e para os funcionários da escola para surdos, a coisa mais estranha aconteceu. Em um determinado momento todo mundo começou a chorar. Eu não entendi essa reação... os americanos estão de alguma forma acostumados à ideia de reforço positivo... na China não era assim, especialmente para essas crianças que são virtualmente abandonadas e consideradas sem valor por seus pais biológicos porque nasceram "quebradas". Quando na leitura apareceu a ideia de que eram especiais simplesmente porque foram feitos por um criador cheio de amor... todo mundo começou a chorar — incluindo seus professores! Foi fantástico. [2]

Você precisa desse lembrete? Alguma chance de essas palavras estarem caindo nos ouvidos de um quinto pardal? Se for o caso, está na hora de lidar com o medo de não ser importante. Leve-o a sério. O medo de que você seja um grande zero à esquerda se tornará uma profecia autoexecutável que arruinará sua vida. É assim que funciona.

Você está se arrastando em um subemprego que paga mal e drena suas energias. O salário cobre as contas e nada mais. Suas habilidades natas murcham como rosas que não são regadas. Mas aí você lê sobre uma oferta de emprego que investe em suas habilidades. Então, por um momento de inesperada coragem, você se candidata. O empregador o convida para uma entrevista. É aí que a mentalidade da Tribo dos Pequenos retorna. "Nunca vou impressioná-los", você murmura. "Vou fazer papel de bobo na entrevista. Vão me perguntar coisas que não sei responder. Nunca vou conseguir esse emprego." Um rato em uma jaula de leões tem mais chances de sucesso. Você falha miseravelmente e desce mais um nível no porão da autoderrota.

Ou pense na menina que é convidada para um encontro por um rapaz atraente. Tão atraente que ela se pergunta o que ele vê nela. Ele é muita areia para o caminhãozinho dela. Quando ele a conhecer melhor, irá abandoná-la. Ora, pode ser que ela não consiga manter o interesse dele por uma noite. A insegurança faz com que ela use a única ferramenta em que ela confia, seu corpo. Ela dorme com ele no primeiro encontro por medo de que não haja um segundo. E acaba se sentindo como a mulher descartável que não queria se tornar.

O medo da insignificância cria o resultado que tanto teme, chega ao destino que tenta evitar, facilita o cenário de que desdenha. Se um jogador de basquete está na linha de tiro livre repetindo "Eu nunca vou acertar, eu nunca vou acertar," adivinhe? Ele nunca vai acertar. Se você passa seus dias murmurando "Eu nunca vou fazer a diferença; eu não valho nada," adivinhe? Você estará se sentenciando a uma vida de escuridão sem liberdade condicional.

Ainda mais do que isso, você está discordando de Deus. Questionando o julgamento dele. Criticando o gosto dele. De acordo com ele você foi "formado e entretecido como nas profundezas da terra" (Salmo 139:15). Você foi feito "de modo especial e admirável" (Salmo 139:14). Ele não consegue parar de pensar em você! Se você pudesse contar quantas vezes ele pensa em você, "seriam mais do que os grãos de areia" (Salmo 139:18).

Por que ele ama tanto você? Pelo mesmo motivo pelo qual o artista ama seus quadros ou o construtor de barcos ama seus barcos. Você é ideia dele — na verdade, a sua melhor ideia. "Porque somos criação de Deus realizada em Cristo Jesus para fazermos boas obras, as quais Deus preparou antes para nós as praticarmos" (Efésios 2:10).

Todo ano dezenas de milhares de mulheres assistem às conferências do Women of Faith [Mulheres de fé]. Um dos motivos pelos quais elas o fazem é para ouvir palavras de conforto. Depois de ouvir palestrante após palestrante descrever a compaixão de Deus por cada um de seus filhos, uma pessoa enviou este e-mail:

> No filme *Hook — A volta do capitão Gancho*, Peter Pan tinha crescido, envelhecido e engordado, e não se parecia nem um pouco com o Peter que os meninos perdidos conheciam. Enquanto os meninos gritavam que esse NÃO era Peter, um dos meninos menores o pegou pela mão e puxou até seu nível. Então colocou suas mãos no rosto de Peter e começou a mexer em sua pele, dando nova forma a seu rosto. O garoto olhou nos olhos de Peter e disse: "Aí está você, Peter!"
>
> Eu levei muitas coisas comigo para o Women of Faith, coisas que só Deus podia ver. Mas ao longo do fim de semana eu pude sentir as mãos de Deus no meu rosto, limpando todas as "coisas" que eu tinha levado. E aí eu o ouvi dizer: "Aí está você. Aí está você!"[3]

Shhh. Escute. Você está ouvindo? Deus está dizendo a mesma coisa para você. Encontrando a beleza que os anos enterram, o brilho que o tempo tenta tirar. Vendo você e adorando a pessoa que ele vê. "Aí está você. Aí está você."

Ele basta. Não basta? Chega de estacas, de exibição e de quedas. Deixe os outros jogarem os jogos tolos. Não nós. Encontramos uma coisa melhor. Assim como, me disseram, algumas das pessoas de Stiltsville.

Os habitantes de Stiltsville ainda se reúnem,
E as multidões ainda clamam,
Mas mais pessoas se afastam.
Elas parecem menos encantadas
desde que o Carpinteiro veio
e se recusou a ficar sobre estacas.
Escolheu ficar embaixo ao invés de no alto,
consertou o sistema.

"Você já é importante",
ele explicou para a cidade.
"Acredite em mim.
Fique com os pés no chão."

3

Deus está zangado comigo

Medo de desapontar Deus

Tenha bom ânimo, filho; os seus pecados estão perdoados.

Mateus 9:2

Noble Doss deixou a bola cair. Uma bola. Um passe. Um erro. Em 1941, ele deixou uma cair. E ela lhe persegue até hoje. "Por minha causa perdemos um campeonato nacional", diz.

O time de futebol americano da Universidade do Texas era considerado o número um da nação. Na esperança de uma temporada invicta e uma vaga no Rose Bowl, eles jogaram contra o rival da liga, a Baylor University. Com uma vantagem de 7 × 0 no terceiro quarto, o *quarterback* de Longhorn lançou um passe em profundidade para um Doss cheio de espaço.

"A única coisa que eu tinha entre mim e o gol", lembra, "eram vinte metros de grama."

O arremesso estava na mira. Os torcedores de Longhorn ficaram de pé. O Doss certeiro viu a bola e esticou os braços, mas ela escorregou.

Baylor se organizou e empatou o placar com apenas alguns segundos de jogo. A equipe do Texas perdeu seu lugar no *ranking* e, consequentemente, sua chance no Rose Bowl.

"Eu penso naquela jogada todos os dias," admite Doss.

Não que ele não tenha outras memórias. Casado e feliz há mais de seis décadas. Pai. Avô. Serviu a marinha durante a Segunda Guerra Mundial. Apareceu na capa da revista *Life* com seus colegas de time do Texas. Interceptou 17 passes durante sua carreira na universidade, um recorde universitário. Ganhou dois títulos NFL com os Philadelphia Eagles. O Texas High School Football Hall of Fame [Hall da Fama do Futebol Americano da Escola Secundária do Texas] e o Longhorn Hall of Honor [Hall de Honra de Longhorn] passaram a incluir o seu nome.

A maioria dos torcedores se lembra das jogadas que Doss fez e dos passes que ele pegou. Doss se lembra do que ele não pegou. Uma vez, ao se encontrar com um novo treinador de Longhorn, Doss lhe contou sobre a bola que perdeu. Já fazia cinquenta anos desde o jogo, mas ele chorou ao narrar o ocorrido.[1]

As memórias de passes perdidos demoram a ir embora. Criam um medo solitário, um medo de termos desapontado as pessoas, de termos decepcionado o time, de termos falhado. Um medo de que, quando precisaram de nós, não fizemos a nossa parte, de que os outros sofreram com as nossas trapalhadas. É claro, alguns de nós ficariam felizes de trocar as nossas trapalhadas pela de Doss. Se ao menos tivéssemos simplesmente deixado de pegar um passe. Se ao menos tivéssemos simplesmente decepcionado um time de futebol.

Eu sempre converso com um camarada que, como ele próprio admite, desperdiçou a primeira metade de sua vida. Abençoado com mais talento do que bom senso, fez inimigos e dinheiro na velocidade da luz. Agora sua vida se assemelha a temas muito cantados em tristes músicas country: casamento arruinado, filhos com raiva, seu fígado funciona como se tivesse sido banhado em vodca. (E foi.)

Quando conversamos, seus olhos correm de um lado para o outro como um homem ouvindo passos. Seu passado o persegue como um exército. Nossas conversas voltam à mesma órbita: "Será que Deus pode algum dia me perdoar?" "Ele me deu uma esposa; eu estraguei tudo. Ele me deu filhos; eu estraguei tudo." Eu tento dizer a ele: "Sim, você falhou, mas você não é um fracasso. Deus veio por pessoas como nós." Ele absorve as minhas palavras do mesmo modo como o deserto absorve um aguaceiro.

Mas na próxima vez em que eu o encontrar, ele precisa ouvi-las de novo. O solo ressecado do medo precisa de chuvas frequentes.

Eu me correspondo com um prisioneiro. Na verdade, ele escreve muito mais. Ele tem de três a cinco anos para refletir sobre seus erros financeiros. A vergonha e a preocupação se alternam dominando as páginas — vergonha pelo erro, preocupação com as consequências. Ele decepcionou a todos que ama. Incluindo Deus. Teme que já tenha pecado para além da paciência de Deus.

Ele não é o único. "O poço de graça de Deus deve ter um fundo", argumentamos. "Uma pessoa tem limite das vezes em que pode pedir perdão", diz nosso bom senso. "Desconte cheques demais de misericórdia e, mais cedo ou mais tarde, um deles vai bater sem fundos!" O demônio adora essa linha de pensamento. Se ele conseguir nos convencer de que a graça de Deus tem fundos limitados, chegaremos a uma conclusão lógica: a conta está vazia. Deus trancou a porta da sua sala do trono. Bata o quanto quiser; ore o quanto quiser. Não há acesso a Deus.

Esse "não há acesso a Deus" libera uma colmeia de preo-cupações. Somos órfãos, desprotegidos e expostos. O céu, se existe, foi removido do itinerário. Vulneráveis nesta vida e amaldiçoados na próxima. O medo de decepcionar a Deus tem dentes.

Mas Cristo tem fórceps. Em sua primeira referência ao medo, ele arranca os dentes do medo. "Tenha bom ânimo, filho; os seus pecados estão perdoados" (Mateus 9:2). Note como Jesus coloca *ânimo* e *pecados perdoados* na mesma frase. A bravura começa quando o problema do pecado está resolvido? Vejamos.

Jesus disse estas palavras a uma pessoa que não podia se mover. "Um paralítico, deitado em sua maca..." (Mateus 9:2). O homem deficiente não podia levar o cachorro para passear ou dar uma corridinha no quarteirão. Mas ele tinha quatro amigos, e seus amigos tinham um palpite. Quando eles ouviram que Jesus estava visitando sua cidade, puseram seu amigo em uma maca e foram ver o mestre. Uma audiência com Cristo poderia fazer bem a seu amigo.

Não havia mais lugares para se sentar na residência onde Jesus falava. As pessoas se sentavam nas janelas, amontoavam-se nas portas. Dava para imaginar que o próprio Deus estava fazendo a aparição de Cafarnaum.

Sendo o tipo de pessoas que não desistiam tão facilmente, os amigos bolaram um plano. "Não podendo levá-lo até Jesus, por causa da multidão, removeram parte da cobertura do lugar onde Jesus estava e, pela abertura no teto, baixaram a maca em que estava deitado o paralítico" (Marcos 2:4).

Foi uma estratégia arriscada. A maioria das pessoas não gosta que removam o telhado de suas casas. A maioria dos paraplégicos não gosta de uma descida por uma corda através do buraco de um telhado. E a maioria dos mestres não gosta de um espetáculo no meio de sua aula. Não sabemos a reação do dono da casa ou do homem na maca. Mas sabemos que Jesus não se opôs. Mateus não pinta exatamente um sorriso em seu rosto. Cristo lhe deu uma bênção antes que se lhe pedisse. E deu uma bênção que ninguém esperava: "Tenha bom ânimo, filho; os seus pecados estão perdoados" (Mateus 9:2). Nós não esperaríamos palavras diferentes? "Tenha bom ânimo, filho; sua perna está curada." "Sua paralisia se foi." "Inscreva-se na corrida de São Silvestre."

O homem tinha os membros firmes como espaguete e no entanto Jesus lhe ofereceu misericórdia, não músculos. O que ele tinha na cabeça? Simples. Ele estava pensando no nosso pior problema: o pecado. Ele estava pensando no nosso pior medo: o medo de falhar com Deus. Antes de Jesus curar o corpo (o que também fez), tratou da alma. "Tenha bom ânimo, filho; os seus pecados estão perdoados."

Pecar é desconsiderar Deus, ignorar seus ensinamentos, negar suas bênçãos. Pecar é viver sem Deus, concentrando a vida no meio da palavra *Deus*. A vida do pecador é concentrada no eu, e não em Deus. Não foi essa a escolha de Adão e Eva?

Antes de seu pecado, eles habitavam em um mundo sem medo. Apenas um com a criação, um com Deus, um com o outro. O Éden era um "m-um-do" maravilhoso com apenas um mandamento: não toque na árvore do conhecimento. Adão e Eva tinham uma escolha e, a cada dia, eles escolhiam confiar em Deus. Mas aí veio a serpente, semeando a dúvida e oferecendo um acordo melhor. "Foi isto mesmo que Deus disse...", questionou (Gênesis 3:1). "Vocês, como Deus", ofereceu (Gênesis 3:5).

De uma hora para outra, Eva passou a ter medo. Alguns dizem que ela foi orgulhosa, rebelde, desobediente... mas antes disso ela não teve medo? Medo de que Deus não estivesse dando tudo, de que ela estivesse perdendo alguma coisa? Medo de que o Éden não fosse o bastante? De que Deus não fosse salvá-los?

Suponha que ela e Adão tivessem desafiado esses medos. Que tivessem se recusado a dar solo às sementes da dúvida da serpente. "Você está errado, seu réptil. Nosso criador nos forneceu provisões para cada necessidade nossa. Não temos razão para duvidar dele. Volte para o buraco de onde você veio." Mas eles não disseram isso. Eles não souberam lidar com o medo, e o medo os derrotou.

Eva parou de confiar em Deus e tomou o assunto — e o fruto — em suas próprias mãos. "Só para o caso de Deus não conseguir, eu conseguirei." Adão a seguiu.

Adão e Eva fizeram o que fazem as pessoas que têm medo. Correram para se defender. "Esconderam-se da presença do SENHOR Deus entre as árvores do jardim. Mas o Senhor Deus chamou o homem, perguntando: 'Onde está você?' E ele respondeu: 'Ouvi teus passos no jardim e fiquei com medo'" (Gênesis 3:8-10).

O medo, se não cuidado, leva ao pecado. Como todos nós já pecamos, todos nos escondemos, não entre as árvores, mas em semanas de oitenta horas de trabalho, acessos de ira e estando ocupados demais para a religião. Evitamos contato com Deus.

Estamos convencidos de que Deus deve odiar nossas tendências más. Com certeza estamos. Não gostamos das coisas que fazemos e dizemos. Desprezamos nossos pensamentos lascivos, julgamentos cruéis e atos egoístas. Se nosso pecado nos dá náuseas, ele deve enojar ainda mais um Deus santo! Chegamos a uma conclusão prática: Deus está irreparavelmente zangado conosco. Então o que nos resta fazer a não ser nos escondermos entre as árvores ao ouvir a sua voz?

O profeta Isaías diz que o pecado nos deixa perdidos e confusos como ovelhas perdidas. "Todos nós, tal qual ovelhas, nos desviamos, cada um de nós se voltou para o seu próprio caminho" (Isaías 53:6). Se o profeta tivesse conhecido minha cadela, ele poderia ter escrito: "Todos nós, tal qual Molly, nos desviamos..."

Para um cão tão meigo, ela é teimosa e rebelde demais. Uma vez que o nariz dela capte o cheiro da churrasqueira ou do lixo destampado do vizinho, não existem comandos que possam controlá-la. Você não quer saber quantas vezes este pastor correu atrás de seu cão pela rua, gritando coisas que um pastor não deveria. Ela peca, vivendo como se seu mestre não existisse. Ela é famosa por fugir.

Semana passada, pensamos que ela tivesse fugido para sempre. Pusemos a foto dela em quadros de avisos, rodamos a vizinhança de carro chamando-a pelo nome. Finalmente, depois de um dia inútil, fui ao abrigo de animais e descrevi Molly à diretora do local. Ela me desejou boa sorte e apontou para um prédio que parecia um quartel com um aviso de "cães fugitivos" na porta.

Aviso aos que adoram cães: não vão lá! Não via tanta tristeza desde que fecharam o cinema *drive-in* da minha cidade. Jaula após jaula de olhos desejosos, amedrontados. Grandes, redondos. Estreitos, escuros. Alguns tinham as sobrancelhas grossas de um cocker spaniel. Outros tinham a cabeça careca como um chihuahua. Diferentes raças mas o mesmo apuro. Perdidos como gansos cegos sem noção de como ir para casa.

Dois terriers, de acordo com uma nota no portão, foram encontrados em uma estrada remota. Alguém encontrou um velho poodle em um beco. Pensei tê-la encontrado quando vi um golden retriever com pelo bonito. Mas não era Molly. Era macho com os olhos tão castanhos e solitários que quase lhe renderam uma vaga no meu banco de trás.

Não encontrei Molly no abrigo.

Eu tive, no entanto, uma ânsia louca no abrigo. Eu queria anunciar a declaração de Jesus: "Tenha bom ânimo. Vocês não estão mais perdidos!" Eu queria levar os cães fugitivos para casa comigo, destrancar porta após porta e encher o meu carro com cães latindo e abanando a cauda. Eu não o fiz. Por mais que eu quisesse salvar os cães, eu queria ainda mais continuar casado.

Mas eu tive a ânsia e esse impulso me ajuda a entender por que Jesus fez do perdão o seu primeiro pronunciamento contra o medo. Sim, nós decepcionamos Deus. Mas não, Deus não nos abandonou.

> Pois ele nos resgatou do domínio das trevas e nos transportou para o Reino do seu Filho amado (Colossenses 1:13).
>
> Quem nele crê não é condenado (João 3:18).

> [...] todo aquele que olhar para o Filho e nele crer tenha a vida eterna, e eu o ressuscitarei no último dia (João 6:40).
>
> Escrevi-lhes estas coisas, a vocês que creem no nome do Filho de Deus, para que vocês *saibam* que têm a vida eterna (1 João 5:13).

Jesus nos ama demais para nos deixar em dúvida em relação à sua graça. Seu "perfeito amor expulsa o medo" (1 João 4:18). Se Deus amasse com um amor imperfeito, teríamos grandes motivos para nos preocupar. O amor imperfeito mantém uma lista de pecados e a consulta o tempo todo. Deus não mantém uma lista dos nossos erros. Seu amor expulsa o medo porque ele expulsa o nosso pecado!

Amarre seu coração a essa promessa e aperte o nó. Lembre-se das palavras da epístola de João: "Pois se o nosso coração nos condenar, Deus é maior do que o nosso coração e sabe todas as coisas" (1 João 3:20). Quando você se sentir sem perdão, deixe os sentimentos de lado. As emoções não votam. Volte para as Escrituras. A palavra de Deus tem preferência sobre a autocrítica e a autodúvida.

Como Paulo disse a Tito: "Porque a graça de Deus se manifestou salvadora a todos os homens. [...] É isso que você deve ensinar, exortando-os e repreendendo-os com toda a autoridade. Ninguém o despreze" (Tito 2:11,15). Você conhece a graça de Deus? Então você pode amar com coragem, viver robustamente. Você pode pular de trapézio em trapézio; a rede de segurança dele vai amparar a sua queda.

Nada fomenta a coragem como um entendimento claro da graça.

E nada fomenta o medo como uma ignorância da misericórdia. Posso falar abertamente? Se você não aceitou o perdão de Deus, você está condenado ao medo. Nada pode salvá-lo da percepção atormentadora de que você desconsiderou seu criador e desobedeceu à sua instrução. Nenhum remédio, conversa motivadora, psiquiatra ou bem material pode acalmar o coração do pecador. Você pode amansar o medo, mas não pode removê-lo. Só a graça de Deus pode.

Você já aceitou o perdão de Cristo? Se não tiver, faça-o. "Se confessarmos os nossos pecados, ele é fiel e justo para perdoar os nossos pecados e nos purificar de toda injustiça" (1 João 1:9). Sua prece pode ser simples assim: *Amado Pai, eu preciso de perdão. Eu admito que me afastei de vós. Por favor, perdoai-me. Coloco minha alma nas vossas mãos e minha confiança na vossa graça. Por intermédio de Jesus eu oro, amém.*

Tendo recebido o perdão de Deus, viva perdoado! Jesus curou as suas pernas, então ande. Jesus abriu a jaula do canil, então saia. Quando Jesus o liberta, você está realmente livre.

Mas você pode precisar silenciar alguns galos. Booker T. Washington relata uma história útil do dia em que sua mãe fez isso. Todas as manhãs em sua jovem vida, ele, juntamente com todos os escravos da plantação, era acordado pelo cantar de um galo. Muito antes de o dia nascer, o barulho incômodo preenchia as senzalas, lembrando Washington e seus companheiros trabalhadores de sairem da cama e partirem para os campos de algodão. O cantar do galo passou a simbolizar a sua vida ditada pelos longos dias e pelo trabalho árduo.

Mas aí veio a Proclamação da Emancipação. Abraham Lincoln decretou a liberdade para os escravos. Na sua primeira manhã em liberdade, o jovem Booker foi acordado pelo galo de novo. Só que dessa vez a sua mãe estava correndo atrás dele pelo celeiro com um machado. A família Washington fritou e comeu o seu despertador no almoço. Seu primeiro ato de liberdade foi silenciar o lembrete da escravidão.

Algum galo anda lhe tirando o sono? Pode ser que você precise afiar a lâmina. A boa nova do evangelho é: sim, a graça dele é real, assim como a nossa liberdade.[2]

A propósito, o caso da Molly desaparecida? Ela apareceu no quintal de um vizinho. Acabou que ela não estava tão longe de casa quanto todos temíamos. E você, como ela, também não está.

4

Aflição, vá embora

Medo da escassez

Portanto eu lhes digo: Não se preocupem com sua própria vida, quanto ao que comer ou beber.

Mateus 6:25

A senhora Preocupada está na fila da segurança do aeroporto e tira a sua pulseira. Ela já colocou seus sapatos em um cesto de borracha, os líquidos no saco plástico e tirou o cartão de embarque da bolsa. Seu estômago se aperta enquanto espera sua vez de passar pelo *scanner* corporal que vai lhe identificar como não portadora de armas. Ela se pergunta sobre o fungo no chão, a habilidade dos operadores do *scanner* e o que aconteceu com o dia em que um viajante podia simplesmente passar pelo portão e pegar o voo. Ela detesta a ideia, mas deixa, enfim. *Um dia desses a nossa sorte vai acabar.* Ela olha além da máquina de raios X para o agente de segurança, que passa uma espécie de bastão em volta do corpo de uma senhora idosa. Preocupada começa a sentir pena dela, mas então decide não mais sentir aquilo. Terroristas envelhecem também. Ela se preocupa que a vovó possa estar em seu voo.

★

O senhor Preocupado se senta na fileira de trás da aula de inglês como língua estrangeira. Ele preferiria a fileira da frente, mas, quando conseguiu pegar o ônibus e aguentar o trânsito da noite, os melhores assentos já estavam tomados. Suas mãos ainda têm cheiro da água de lavar pratos que usara em seu trabalho desde as seis da manhã. Dentro de 12 horas ele estará na pia de novo, mas, no momento, ele faz o seu melhor para entender verbos, advérbios e substantivos. Todo mundo parece entender. Ele não entende. Ele nunca analisou uma frase em espanhol; como irá fazê-lo em inglês? No entanto, como ele irá fazer algo além de lavar pratos sem saber falar inglês? O senhor Preocupado tem mais perguntas do que respostas, mais trabalho do que energia e muitas vezes pensa em desistir.

★

A senhora Preocupada acha que seu filho deveria usar um cachecol. A temperatura hoje não vai ficar acima de zero e ela sabe que ele vai passar mais da metade de sua hora de almoço chutando uma bola de futebol sobre a grama congelada. Ela sabe que não adianta mandar que ele se agasalhe. Adolescentes de 13 anos não usam cachecóis. Mas o adolescente dela tem tendência a ter infecções e dores de ouvido, então ela põe um cachecol em sua mochila perto do dever de casa de álgebra que deixou a ambos acordados até tarde ontem à noite. Preocupada lhe lembra de revisar o dever, lhe dá um beijo e observa enquanto ele corre pela porta para entrar no ônibus que o aguarda. Ela olha para cima para o céu cinzento e pergunta a Deus se ele entrega pacotes de alívio via aérea para mães cansadas. "Você tem uma precisando de uma força aqui embaixo."

★

Preocupado acordou às 4h30 da manhã de hoje, com dificuldades com este capítulo. Ele precisa estar pronto até as cinco da tarde. Puxei o travesseiro sobre a minha cabeça e tentei em vão retornar ao mundo maravilhoso dos sonhos que não sabe nada a respeito de prazos. Mas era tarde demais. O tiro de largada já tinha sido dado. Uma equipe olímpica de sinapses estava correndo por meu cérebro, dando uma dose de adrenalina. Então Preocupado levantou-se da cama e se vestiu; saiu da casa para as ruas silenciosas e dirigiu até o escritório. Murmurei, primeiro por causa do calendário lotado, depois por causa da minha má administração de tempo. Preocupado abriu a porta, ligou o computador, olhou para a passagem no monitor e sorriu com o primeiro versículo: a definição de Jesus de preocupação.

> Portanto eu lhes digo: Não se preocupem com sua própria vida, quanto ao que comer ou beber (Mateus 6:25).

Escassezes e vazios habitam nossas trilhas. Falta de tempo, de sorte, de sabedoria, de inteligência. Tudo está acabando, parece, e assim nós nos preocupamos. Mas preocupar-se não adianta.

> Observem as aves do céu: não semeiam nem colhem nem armazenam em celeiros; contudo, o Pai celestial as alimenta. Não têm vocês muito mais valor do que elas? Quem de vocês, por mais que se preocupe, pode acrescentar uma hora que seja à sua vida? (Mateus 6:26,27)

A aflição não vai encher a barriga de um pássaro com comida nem uma pétala de flor com cores. Pássaros e flores parecem estar bem, e não tomam antiácidos. E mais, você pode dedicar uma década de pensamentos ansiosos sobre a brevidade da vida e não estendê-la em um minuto sequer. A preocupação não leva a nada.

Suponha que eu tivesse respondido de maneira diferente ao alarme indesejado. Em vez de me atirar à tarefa, suponha que eu tivesse me encolhido em posição fetal e lamentado o meu estado patético. "O editor espera demais de mim! Todos os anos um novo livro. Todos os livros completos com capítulos. Poxa, nem Jesus aguentaria tanto estresse. Eu nunca vou cumprir o prazo. Quando eu não o cumprir, o pessoal do editorial vai me odiar e revogar meu contrato. As livrarias vão ouvir sobre o meu prazo perdido e vão queimar livros de Lucado em seus estacionamentos. Minha mulher vai ficar humilhada, meus filhos desterrados. Acho que vou tomar Jack Daniel's de café da manhã."

Está vendo o que aconteceu? A preocupação legítima se transformou em pânico tóxico. Eu ultrapassei um limite para o estado de aflição. Não mais na expectativa ou nos preparativos, eu me tornei membro da Fraternidade dos Aflitos. Cristo nos avisa quanto a isso. Veja o que ele diz: "Portanto eu lhes digo: Não se preocupem com sua própria vida, quanto ao que comer ou beber" (Mateus 6:25).

Jesus não condena a preocupação legítima com as responsabilidades mas a mentalidade contínua que dispensa a presença de Deus. A ansiedade destrutiva subtrai Deus do futuro, encara as incertezas sem fé, soma os desafios do dia sem incluir Deus na equação. A preocupação é a câmara escura onde os negativos se tornam retratos.

Um amigo viu um exemplo de perpétua aflição em sua filha de seis anos de idade. Em sua pressa de se vestir para a escola, ela deu um nó nos cadarços. Ela se jogou na base da escada e pôs a cabeça para funcionar naquele emaranhado de cadarços. O ônibus da escola estava vindo, os minutos estavam passando e ela nem parou para pensar que o pai dela estava ao lado, disposto a ajudar assim que ela pedisse. Suas mãozinhas começaram a tremer e as lágrimas a cair. Finalmente, em uma expressão de total frustração, ela abaixou a testa nos joelhos e começou a chorar copiosamente.

Esse é o retrato em tamanho infantil da preocupação destrutiva. Uma fixação com um nó ao ponto da raiva e exasperação, alheia à presença do nosso pai, que está logo ali ao lado. Meu amigo finalmente tomou a responsabilidade de ir ao auxílio de sua filha.

Para início de conversa: por que ela não pediu a ajuda de seu pai? Poderíamos perguntar a mesma coisa a respeito dos discípulos. Bastava que eles pedissem ajuda.

Jesus estava com eles em um retiro. Seu coração estava pesado pela notícia do assassinato de João Batista, então ele disse aos discípulos: "Venham comigo para um lugar deserto e descansem um pouco" (Marcos 6:31).

Mas aí chegou a multidão faminta. Muitas pessoas — quinze, talvez vinte mil pessoas — os seguiam. Uma diversidade de sofrimento e doença que não trouxe nada além de necessidades. Jesus tratava as pessoas com bondade. Os discípulos não compartilhavam de sua compaixão. "Ao cair da tarde, os discípulos aproximaram-se dele e disseram: 'Este é um lugar deserto, e já está ficando tarde. Manda embora a multidão para que possam ir aos povoados comprar comida'" (Mateus 14:15).

Opa, alguém estava um pouco irritadiço. Os discípulos geralmente começavam seus comentários com o respeitoso *Senhor*. Não dessa vez. A ansiedade nos torna tiranos. Eles mandaram, não pediram: "Manda embora a multidão para que possam ir aos povoados comprar comida." *Será que eles acham que temos as chaves do Fort Knox?* Os discípulos não tinham os recursos para tamanha multidão.

Seu desrespeito não perturbou Jesus; ele simplesmente lhes deu uma tarefa: "Eles não precisam ir. Deem-lhes vocês algo para comer" (Mateus 14:16). Estou imaginando alguns dando de ombros e rolando os olhos, os discípulos se amontoando e contando seus suprimentos. Provavelmente Pedro puxou a discussão murmurando: "Vamos contar os pães: um, dois, três, quatro, cinco. Eu tenho cinco pães. André, confira por favor." Ele confere: "Um, dois, três, quatro, cinco..."

Pedro pôs os pães de lado e perguntou pelos peixes. Mesmo ritual, número menor. "Peixes? Deixe-me ver. Um, dois, três... Nada disso. Eu contei um peixe duas vezes. Parece que o total de peixes é de dois!"

O total estava declarado. "Tudo o que temos aqui são cinco pães e dois peixes" (Mateus 14:17). A palavra *tudo* se destaca. Como se dissessem: "Nossos recursos são inapelavelmente insignificantes. Não sobrou nada além deste mísero almoço." O marcador de combustível estava marcando vazio; o relógio estava na última hora; o salgadinho estava reduzido a migalhas. Filipe adicionou uma auditoria pessoal: "Duzentos denários não comprariam pão suficiente para que cada um recebesse um pedaço!" (João 6:7). O ponto de exclamação era um ponto de exasperação. "O que pedes é demais!"

Como você imagina que Jesus se sentiu quanto ao inventário da cesta? Alguma possibilidade de ele querer incluir o resto das possibilidades? Envolver todas as opções? Você acha que ele estava torcendo para alguém contar até oito?

"Bem, vejamos. Temos cinco pães, dois peixes e... Jesus!" Jesus Cristo. O mesmo Jesus que nos disse:

> Peçam, e lhes será dado; busquem, e encontrarão; batam, e a porta lhes será aberta (Lucas 11:9).
>
> Se vocês permanecerem em mim, e as minhas palavras permanecerem em vocês, pedirão o que quiserem, e lhes será concedido (João 15:7).

> Tudo o que vocês pedirem em oração, creiam que já o receberam, e assim lhes sucederá (Marcos 11:24).

Ao lado dos discípulos estava a solução para seus problemas... mas eles não recorreram a ela. Eles pararam a contagem no sete e se preocuparam.

E você? Está contando até sete, ou oito?

Aqui estão oito calmantes para expandir a sua conta:

1. *Primeiro ore.* Não fique andando de um lado para o outro na sala de espera; ore por uma cirurgia bem-sucedida. Não murmure com o colapso de um investimento; peça que Deus lhe ajude. Não se junte ao coro de colegas que reclamam do chefe; convide-os a abaixar a cabeça com você e orar por ele. Inocule-se internamente para enfrentar seus medos externamente. "Lancem sobre ele toda a sua ansiedade [todas as suas preocupações, de uma vez por todas]..." (1 Pedro 5:7).
2. *Espere um pouco, desacelere.* "Descanse no SENHOR e aguarde por ele com paciência" (Salmo 37:7). Faça como a mãe de Jesus no casamento em Caná. Acabou o vinho na recepção, uma coisa socialmente inaceitável nos dias de Jesus. Maria poderia ter culpado o anfitrião por não ter planejado direito ou os convidados por terem bebido demais, mas ela não fez tempestade em copo d'água. Nada de sessões de terapia. Em vez disso, ela levou a falta de vinho a Jesus: "Tendo acabado o vinho, a mãe de Jesus lhe disse: 'Eles não têm mais vinho'" (João 2:3). Veja com que presteza você pode fazer o mesmo. Avalie o problema. Leve-o a Jesus e declare-o claramente.
3. *Aja a respeito.* Torne-se um esbofeteador de preocupações. Trate aflições como a mosquitos. Você demora a agir quando um inseto sugador de sangue pousa sobre sua pele? "Daqui a pouco eu cuido dele." É claro que não! Você dá à criatura o tapa que ela merece. Seja igualmente decidido com a ansiedade. No momento em que uma preocupação aparecer, lide com ela. Não conviva com ela. Espante as preocupações antes que elas levem o melhor de você. Não desperdice uma hora imaginando

o que sua chefe acha; pergunte a ela. Antes de você dar o diagnóstico de câncer àquela mancha, faça um exame. Em vez de acreditar que nunca vai sair das dívidas, consulte um especialista. Seja gente que faz, não fique cozinhando.

4. *Compile uma lista de preocupações*. Em um período de alguns dias registre seus pensamentos ansiosos. Mantenha uma lista de todas as coisas que o incomodam. Depois as reveja. Quantas delas se tornaram realidade? Você se preocupou ao pensar que a sua casa ia pegar fogo. Pegou? Que seu emprego seria terceirizado. Foi?
5. *Enumeradas as categorias de preocupação, analise-as*. Sua lista realçará temas de preocupação. Você detectará áreas recorrentes de preocupação que podem se tornar obsessões: o que as pessoas pensam de você; finanças; calamidades globais; sua aparência ou seu desempenho. Ore especificamente por elas.
6. *Foco no presente*. Deus supre as necessidades diárias diariamente. Não semanalmente ou anualmente. Ele lhe dará o que você precisa quando for preciso. "Assim, aproximemo-nos do trono da graça com toda a confiança, a fim de recebermos misericórdia e encontrarmos graça que nos ajude *no momento da necessidade*" (Hebreus 4:16). Um cântico antigo expressa o coração que essa paciente espera criar.

Não tão rápido, meu coração!
Tenha fé em Deus e espere;
Embora ele demore,
Ele nunca vem tarde demais.
Ele nunca vem tarde demais;
Ele sabe o que é o melhor;
Não se aborreça em vão;
Até ele vir, descanse.

Até ele vir, descanse,
Não fique contando as horas que passam;
Os pés que esperam por Deus
São os primeiros a chegar.

São os primeiros a chegar
E não pela velocidade;
Então se acalme, meu coração,
Pois eu vou esperar por ele.[1]

7. *Una forças com seus entes queridos.* Compartilhe seus sentimentos com alguns entes queridos. Peça que eles orem com e por você. Eles estão mais dispostos a ajudá-lo do que você pode imaginar. Menos preocupação da sua parte significa mais felicidade da parte deles.
8. *Lute para que Deus seja suficiente.* Jesus conclui seu chamado à calma com esse desafio: "Pois os pagãos é que correm atrás dessas coisas; mas o Pai celestial sabe que vocês precisam delas. Busquem, pois, em primeiro lugar o Reino de Deus e a sua justiça, e todas essas coisas lhes serão acrescentadas" (Mateus 6:32,33).

Busque primeiro o reino da riqueza, e você se preocupará com cada dólar. Busque primeiro o reino da saúde, e você se preocupará com cada mancha ou calombo em seu corpo. Busque primeiro o reino da popularidade, e você reviverá cada conflito. Busque o reino da segurança, e você pulará a cada som de galho quebrado. Mas busque primeiro o reino dele, e você o encontrará. Disso podemos depender e sem que nunca nos preocupemos.

Oito passos. **P**rimeiro ore. **E**spere um pouco, desacelere. **A**ja a respeito. **C**ompile uma lista de preocupações. **E**numeradas as categorias de preocupação, analise-as. **F**oco no presente. **U**na forças com seus entes queridos. **L**ute para que Deus seja suficiente.

P-E-A-C-E-F-U-L – fique em paz.

(É melhor eu parar com isso. São quase cinco da tarde.)

5

Meu filho está em perigo

Medo de não proteger meus filhos

Não tenha medo; tão-somente creia, e ela será curada.

Lucas 8:50

Ninguém me disse que os recém-nascidos fazem barulhos du-rante a noite. Durante a noite toda. Eles gorgolejam; eles arfam. Eles choramingam; eles reclamam. Eles estalam os lábios e suspiram. Eles mantêm o papai acordado. Pelo menos Jenna me manteve acordado. Eu queria que Denalyn dormisse. Graças a uma mistura de remédios, o descanso dela pós-parto foi pouco. Então, na nossa primeira noite em casa com a nossa primeira filha, eu me ofereci como voluntário para servir, sendo o primeiro a atender aos chamados do nosso bebê. Embrulhamos os nossos três quilos e setecentos e cinquenta gramas de beleza em um lençol rosa macio, a colocamos no berço e o colocamos ao meu lado da cama. Denalyn caiu logo em um sono profundo. Jenna seguiu o exemplo de sua mãe. E o papai? Este pai não sabia o que entender dos barulhos de bebê.

Quando a respiração de Jenna diminuía, eu punha a orelha bem perto de sua boca para ver se ela estava viva. Quando a respiração dela acelerava, eu procurava "hiperventilação infantil" na enciclopédia médica da família. Quando ela gorgolejava e ofegava, eu também o fazia. Depois de duas horas eu percebi: *Não tenho ideia de como me comportar!* Levantei Jenna de sua cama, levei-a para a sala do nosso apartamento e me sentei em uma cadeira de balanço. Foi aí que um tsunami de sobriedade me atingiu.

"Estamos responsáveis por um ser humano."

Não me importa o quão durão você seja. Você pode ser um paraquedista especializado em *skydiving* em grandes altitudes detrás de linhas inimigas. Você pode passar cada dia tomando decisões multimilionárias de mercado em frações de segundo. Não importa. Todo pai ou mãe congela no momento em que sente a força total da paternidade.

Eu congelei.

Como eu fui me meter nisso? Refiz meus passos. Primeiro veio o amor, depois o casamento, depois vieram as *conversas* sobre filhos. É claro que eu estava aberto à ideia. Principalmente quando eu pensei na minha parte no esforço total. De alguma forma, durante o projeto de expansão de nove meses, a realidade da paternidade não me pegou de jeito. As mulheres estão concordando e sorrindo. "Nunca subestime a densidade de um homem", vocês dizem. É verdade. Mas as mães têm uma vantagem: 36 semanas de lembretes dando cotoveladas dentro delas. O nosso chute no estômago vem depois. Mas ele vem. E para mim veio na calada da noite na sala de estar de um apartamento no Rio de Janeiro, Brasil, enquanto eu segurava um ser humano nos meus braços.

O caminhão da paternidade vem carregado de medos. Tememos falhar com a criança, esquecer a criança. Teremos dinheiro suficiente? Respostas suficientes? Fraldas suficientes? Espaço suficiente nas gavetas? Vacinas. Educação. Dever de casa. Visitas à escola. Isso basta para manter um pai acordado à noite.

E embora aprendamos a cooperar, um apiário de perigos zumbe no fundo. Pense na mãe que me telefonou ontem à noite. Uma batalha está sendo travada pela guarda de seu filho de dez anos. Os tribunais, o pai, a mãe, os advogados — estão esticando o menino como chiclete. Ela não sabe se o filho vai sobreviver ao martírio.

Assim como os pais da filha adolescente que teve um colapso em um treino de vôlei. Ninguém sabia sobre seu problema de coração ou sabe como ela vai ficar. Quando oramos ao lado da cama dela, as lágrimas de sua mãe deixaram círculos nos lençóis.

Pelo menos eles sabem onde seu filho está. A mãe que ligou para nossa igreja pedindo orações não o sabe. Sua filha, no terceiro ano do ensino médio, fugiu com um namorado. Ele curte drogas. Ela também. Os dois estão em apuros. A mãe implora ajuda.

Destilarias de medo produzem uma mistura de alta octanagem para pais — uma dose básica, de tirar o pulso e revirar o estômago. Quer mamãe e papai mantenham vigília na unidade neonatal, façam visitas a uma prisão juvenil, ou escutem uma batida de bicicleta e o grito de uma criança na entrada de casa, sua reação é a mesma: "Tenho que fazer algo." Nenhum pai consegue ficar parado enquanto seu filho sofre.

Jairo não conseguia.

> Quando Jesus voltou, uma multidão o recebeu com alegria, pois todos o esperavam. Então um homem chamado Jairo, dirigente da sinagoga, veio e prostrou-se aos pés de Jesus, implorando-lhe que fosse à sua casa porque sua única filha, de cerca de doze anos, estava à morte. Estando Jesus a caminho, a multidão o comprimia (Lucas 8:40-42).

Jairo era um líder comunitário em Cafarnaum, "um dos dirigentes da sinagoga" (Marcos 5:22). Prefeito, bispo e *ombudsman*, tudo de uma só vez. O tipo de homem que uma cidade enviaria para receber uma celebridade. Mas quando Jairo se aproximou de Jesus no litoral da Galileia, não estava representando seu vilarejo; estava implorando em nome de sua filha.

A urgência eliminou as formalidades dessa saudação. Ele não fez nenhuma saudação nem deu nenhum elogio, apenas uma prece de pânico. Mais adiante, o evangelho diz: "[Jairo] prostrou-se aos seus pés e lhe implorou insistentemente: 'Minha filhinha está morrendo! Vem, por favor, e impõe as mãos sobre ela, para que seja curada e que viva'" (Marcos 5:22,23).

Jairo não é o único pai a aparecer nas páginas do evangelho em nome de um filho. Uma mãe saiu correndo dos montes cananeus gritando: "Senhor, Filho de Davi, tem misericórdia de mim! Minha filha está endemoninhada e está sofrendo muito" (Mateus 15:22). O pai de um menino atormentado por acessos buscou ajuda dos discípulos, e depois de Jesus. Chorou: "Creio, ajuda-me a vencer a minha incredulidade!" (Marcos 9:24).

A mãe cananeia. O pai do menino epilético. Jairo. Esses três pais de uma sociedade ignorante do Novo Testamento: pais com dificuldades com filhos doentes. Eles seguravam o lado deles da corda com uma mão e foram a Cristo com a outra. Em cada um dos casos Jesus respondeu. Ele nunca virou as costas para nenhum.

Na história de Jairo, Jesus reagiu deliberada, rápida e decididamente. Nota para todos os pais em pânico: Jesus está atento às preocupações nos corações dos pais.

Afinal, nossos filhos foram primeiro filhos dele. "Os filhos são herança do Senhor, uma recompensa que ele dá" (Salmo 127:3). Antes de serem nossos, eram dele. Mesmo enquanto são nossos, ainda são dele.

Nós temos a tendência de esquecer esse fato, considerando nossos filhos como "nossos" filhos, como se tivéssemos a palavra final em sua saúde e bem-estar. Não temos. Todas as pessoas são pessoas de Deus, incluindo as pessoinhas que se sentam à nossa mesa. Sábios são os pais que regularmente tornam seus filhos a Deus.

Abraão é famoso por ter dado esse exemplo. O pai da fé também foi pai de um filho, Isaque. Abraão e Sara esperaram quase um século para essa criança nascer. Eu não sei o que é mais fantástico, o fato de que Sara engravidou aos noventa anos ou o de que ela e Abraão, com essa idade, ainda estivessem tentando conceber. De todos os presentes que Deus lhes deu, Isaque foi o maior. De todas as ordens que Deus deu a Abraão, essa foi a mais difícil: "Então disse Deus: 'Tome seu filho, seu único filho, Isaque, a quem você ama, e vá para a região de Moriá. Sacrifique-o ali como holocausto num dos montes que lhe indicarei'" (Gênesis 22:2).

Abraão selou o jumento, levou Isaque e dois servos e partiu para o lugar do sacrifício. Quando viu o monte no horizonte, instruiu seus servos a ficar e esperar. E disse uma coisa digna de nota especial: "Fiquem aqui com o jumento enquanto eu e o rapaz vamos até lá. Depois de adorarmos, voltaremos" (Gênesis 22:5).

Veja como Abraão foi confiante ao dizer "*nós* voltaremos". "Abraão levou em conta que Deus pode ressuscitar os mortos e, figuradamente, recebeu Isaque de volta dentre os mortos" (Hebreus 11:19). Deus interrompeu o sacrifício e poupou Isaque.

Jairo estava torcendo pelo mesmo com sua filha. Implorou que Jesus fosse a sua casa (Lucas 8:41). O pai não se contentava com assistência a distância; ele queria Cristo sob seu telhado, andando por entre seus cômodos, se pondo de pé ao lado da cama de sua filha. Ele queria que a presença de Cristo permeasse sua casa.

Minha esposa mostra a mesma ânsia. Um dia perguntarei a Deus: "Por que tu foste tão bom para mim e para minhas filhas?" e ele responderá apontando para Denalyn: "Ela ficava falando sobre você e suas filhas." Denalyn caminha regularmente orando por nossa casa, entrando em cada quarto e em cada sala. Ela pausa para orar por suas filhas e pelo seu marido. Ela se aproveita do convite de Lamentações 2:19: "Derrame o seu coração como água na presença do Senhor. Levante para ele as mãos em favor da vida de seus filhos" (Lamentações 2:19).

Pais, podemos fazer isso. Podemos ser advogados leais, intercessores teimosos. Podemos levar nossos medos em relação à paternidade a Cristo. Na verdade, se não o fizermos, passaremos nossos medos para nossos filhos. O medo transforma alguns pais em carcereiros paranoicos que monitoram a cada minuto, checam o passado de cada amigo. Eles sufocam o crescimento e comunicam desconfiança. Uma família sem espaço para respirar sufoca um filho.

Por outro lado, o medo também pode criar pais permissivos. Por medo de que seu filho vá ficar confinado demais, eles baixam todos os limites. Bons no carinho e maus na disciplina. Eles não percebem que a disciplina apropriada é uma expressão de amor. Pais permissivos. Pais paranoicos. Como podemos evitar os extremos? Nós oramos.

A oração é o prato onde os medos de pai são postos para esfriar. Jesus diz pouco sobre a paternidade, não faz nenhum comentário sobre palmadas, amamentação, rivalidade entre irmãos ou escola. E no entanto suas ações falam muito sobre a oração. Cada vez que um pai ora, Cristo responde. Sua maior mensagem para mães e pais? Tragam seus filhos a mim. Crie-os em uma estufa de orações.

Quando você os mandar para um dia de escola, faça-o com uma bênção. Quando você lhes der boa-noite, cubra-os de oração. Sua filha está enrolada com o trabalho de geografia? Ore com ela sobre isso. Seu filho está intimidado pela nova menina? Ore com ele sobre ela. Ore para que seus filhos se sintam profundamente bem neste mundo e tenham um lugar celestial no próximo.

Alguns anos atrás, eu testemunhei um pai levando essa prioridade a sério durante um culto em um domingo de manhã. Quando comungamos, escutei um garotinho perguntar: "O que é aquilo, papai?" O pai explicou o significado do pão e então ofereceu uma prece. O menino ficou quieto até a taça ser passada. Aí perguntou novamente: "O que é aquilo, papai?" O pai começou de novo, explicando o sangue e a cruz e como o vinho simboliza a morte de Jesus. Então orou.

Eu ri com a tarefa colossal em que o pai estava se empenhando. Quando virei para lhe dar um aceno, percebi que o pai era David Robinson, jogador de basquete da NBA pelos San Antonio Spurs. Sentado no seu colo estava seu filho de seis anos, David Jr.

Menos de 24 horas antes David tinha levado os Spurs a vencer em um jogo eliminatório contra os Phoenix Suns. Dentro de 24 horas David estaria de volta a Phoenix, fazendo o mesmo. Mas no imprensado entre esses dois jogos emocionantes transmitidos nacionalmente estava David pai. Não o jogador David ou o vencedor do ouro olímpico, mas David pai, explicando a sagrada comunhão para David filho.

Dos eventos daquele fim de semana, qual foi o mais importante? Os jogos de basquete ou o culto com a comunhão? Qual deles terá eternas consequências? Os pontos feitos na quadra? Ou a mensagem compartilhada na igreja? O que fará a maior diferença na vida do jovem David? Assistir a seu pai jogando basquete ou ouvi-lo sussurrar uma prece?

Pais, não podemos proteger os filhos de todas as ameaças da vida, mas podemos levá-los à Fonte da vida. Podemos confiar nossos filhos a Cristo. Mesmo assim, no entanto, nossos apelos em terra firme podem ser seguidos por uma escolha difícil.

Quando Jairo e Jesus estavam indo para a casa de Jairo, "chegou alguém da casa de Jairo, o dirigente da sinagoga, e disse: 'Sua filha morreu. Não incomode mais o Mestre'. Ouvindo isso, Jesus disse a Jairo: 'Não tenha medo; tão-somente creia, e ela será curada'" (Lucas 8:49,50).

Jairo ficou dividido em dois entre as mensagens contrastantes. A primeira, dos servos: "Sua filha morreu." A segunda, de Jesus: "Não tenha medo." O horror chamava de um lado. A esperança compelia do outro. Tragédia, e então confiança. Jairo ouviu duas vozes e teve de escolher a qual ele prestaria atenção.

Nós todos não fazemos isso?

A dura realidade da paternidade diz algo assim: você pode fazer o seu melhor e ainda assim ficar na mesma situação de Jairo. Você pode proteger, orar e manter todos os bichos papões afastados e ainda estar em um pronto-socorro à meia-noite ou em um centro de reabilitação de drogados visitando em um domingo, escolhendo entre as duas opções: desespero e fé. Jairo poderia ter escolhido o desespero. Quem o teria culpado se ele tivesse decidido por dizer "Chega!"? Ele não tinha nenhuma garantia de que Jesus poderia ajudar. Sua filha estava morta. Jairo poderia ter ido embora. Como pais, ficamos muito felizes que ele não o tenha feito. Precisamos saber o que Jesus fará quando confiarmos nossos filhos a ele.

Ele *uniu a família*. "Quando chegou à casa de Jairo, não deixou ninguém entrar com ele, exceto Pedro, João, Tiago e o pai e a mãe da criança" (Lucas 8:51).

Jesus incluiu a mãe. Até essa altura ela estava, por algum motivo, fora de cena. Talvez ela estivesse ao lado da cama da filha. Ou ela pode ter estado brigada com seu marido. Uma crise pode dividir uma família. O estresse de cuidar de uma criança doente ou com problemas pode criar uma linha divisória entre mamãe e papai. Mas, aqui, Cristo os uniu. Imagine Jesus parando na entrada da casa, gesticulando para que a mãe aturdida se juntasse a eles. Ele não tinha de ter feito isso. Ele poderia ter corrido lá para dentro sem ela. Mas ele queria que mãe e pai estivessem juntos na luta. Jesus uniu toda, embora pequena, a família na presença da filha.

E ele *expulsou a descrença*. "Enquanto isso, todo o povo estava se lamentando e chorando por ela. 'Não chorem', disse Jesus. 'Ela não está morta, mas dorme.' Todos começaram a rir dele, pois sabiam que ela estava morta" (Lucas 8:52,53).

Ele ordenou que a dúvida fosse embora e permitiu que apenas a fé e a esperança ficassem. E, nesse círculo íntimo de confiança, Jesus "a tomou pela mão e disse: 'Menina, levante-se!' O espírito dela voltou e ela se levantou imediatamente. Então Jesus lhes ordenou que lhe dessem de comer. Os pais dela ficaram maravilhados" (Lucas 8:54-56).

Deus tem piedade dos pais em sofrimento. Deveríamos estar surpresos? Afinal de contas, o próprio Deus é pai. Que emoção paternal ele não sentiu? Você está separado de seu filho? Deus também estava. Alguém está maltratando seu filho? Zombaram e abusaram do dele. Alguém está se aproveitando dos seus filhos? O filho de Deus foi emboscado com falso testemunho e traído por um seguidor ganancioso. Você é forçado a assistir enquanto seu filho sofre? Deus assistiu a seu filho na cruz. Você se pega querendo poupar seu filho de toda a dor do mundo? Deus também o quis. Mas por causa de seu grande amor por nós, "não poupou seu próprio Filho, mas o entregou por todos nós, como não nos dará juntamente com ele, e de graça, todas as coisas?" (Romanos 8:32).

A expressão "todas as coisas" deve incluir a coragem e a esperança.

Alguns de vocês acham a história de Jairo difícil de ouvir. Você orou a mesma prece que ele, mas você se viu em um cemitério enfrentando a noite mais sombria de todo pai: a morte de seu filho. Nenhuma dor se compara. Que esperança a história de Jairo lhe oferece? Jesus ressuscitou a filha de Jairo. Por que não salvou o seu?

Deus entende a sua questão. Ele enterrou um filho também. Ele odeia a morte mais do que você. É por isso que ele a matou. "Ele tornou inoperante a morte e trouxe à luz a vida e a imortalidade" (2 Timóteo 1:10). Para aqueles que confiam em Deus, a morte não é nada mais do que uma transição para o céu. Seu filho pode não estar nos seus braços, mas seu filho está seguro nos dele.

Outros de vocês podem ter ficado muito tempo na situação de Jairo. Faz tempo que você vem orando mas nada de ver suas preces atendidas ainda. Você chorou rios de lágrimas por seu filho, o suficiente para atrair a atenção de todos os anjos e seus vizinhos à sua causa. Por vezes você sentiu que algo estava para acontecer, que Cristo estava o seguindo até a sua casa. Mas agora você não tem mais tanta certeza. Você se encontra sozinho no caminho, se perguntando se Cristo se esqueceu de você e de seu filho.

Ele não se esqueceu. Ele nunca dispensa a prece de um pai. Continue dando seu filho a Deus e, na hora certa e da maneira certa, Deus lhe devolverá seu filho.

Mais tarde naquela noite, um quarto de século atrás, eu dei minha filha a Deus. Enquanto a balançava em nossa recém-comprada cadeira de balaço, eu me lembrei de como Abraão tinha posto Isaque no altar e decidi fazer o mesmo. Então, seguindo o exemplo do centenário, fiz da sala do nosso apartamento minha Moriá e levantei minha filha na direção do céu. *Eu não posso criar esta menina*, confessei, *mas tu podes. Eu a devolvo para ti.* Deve ter sido uma visão e tanto, um pai de pijama levantando seu bebê envolvido em um lençol na direção do teto. Mas algo me diz que alguns pais apreciaram o gesto. Entre eles, Abraão, Jairo e, é claro, Deus.

6

Estou afundando rapidamente

Medo de desafios arrebatadores

"Coragem! Sou eu. Não tenham medo!"

Mateus 14:27

Antes de voar eu sou uma versão de meia-idade do Tom Cruise em *Top Gun*: usando um capacete da força aérea, roupa de voo e um sorriso do tamanho de uma fatia de melancia. Depois do voo, o Top Gun é desfeito. Estou pálido como um osso alvejado. Viro-me para o lado e meu grande sorriso ficou tão reto quanto a pista em que acabamos de pousar. A causa dessa mudança? Sessenta minutos de acrobacias a dez mil pés de altura.

Eu ocupei a cadeira do *cockpit* diretamente atrás do Tenente Coronel Tom McClain. Um mês antes de se aposentar, ele me convidou para acompanhá-lo em um voo de orientação. O convite veio completo, incluindo:

- um exame médico pré-voo (no qual eu fui medido para o assento ejetor);
- uma palestra de segurança (na qual eu pratiquei puxar a alavanca do assento ejetor);

- alguns momentos pendurado nas cordas de um paraquedas de treino (simulando como eu voltaria a terra depois de ativar o assento ejetor).

Mensagem para as relações públicas da força aérea: existe a possibilidade de diminuir a discussão do assento ejetor? Aconteceu que não o usamos. Não é um pequeno feito já que mergulhamos, subimos e mergulhamos de novo, às vezes a uma velocidade vertical de dez mil pés por minuto. Você consegue imaginar uma montanha-russa sem os trilhos? Voamos em dupla com um outro T-6. A uma determinada altura as pontas das duas asas estavam a uma distância de dois metros. Eu não gosto nem de ficar tão próximo assim de uma outra pessoa no *shopping center*.

Aqui está o que uma hora de cambalhotas aéreas me ensinaram:

- Pilotos de guerra são mal pagos. Não tenho ideia de quanto eles ganham, mas não é o bastante. Qualquer um disposto a proteger seu país a 600 milhas por hora merece um bônus.
- Os G's têm seu nome bem escolhido. Engraçado, eu pensei que a expressão "puxar G" tivesse a ver com o efeito da gravidade sobre seu corpo. Na verdade, ela se refere ao som involuntário que um pastor emite durante uma manobra de 360 graus: "G-G-G-Gente!"
- O nome de guerra do piloto é gravado na parte de trás de seu capacete.

Eles têm nomes de guerra muito legais. Homem de gelo. Búfalo. Machadinha. O meu era Max. Maneirão, hem? O Coronel McCain atende por T-Mac. Aparece na parte de trás de seu capacete logo acima da gola. Eu sei bem. Por cinquenta dos sessenta minutos, olhei fixamente para o seu nome. Eu o li de frente para trás, de trás para frente, contei as letras, e criei um acróstico: T-M-A-C. *Tell Me About Christ* [Fale-me Sobre Cristo]. Eu não aguentava olhar para nenhum outro lugar. O horizonte ficava pulando. Assim como o painel de instrumentos. Fechar meus olhos só aumentava a náusea. Então eu fiquei olhando para o T-Mac. Afinal, era ele que tinha quase seis mil horas de voo!

Seis mil horas! Ele passou mais tempo pilotando aviões do que eu comendo pizza — pensamento que me ocorreu quando comecei a me arrepender do jantar da noite anterior. Seis mil horas! O equivalente a oito meses de dias de 24 horas no ar, tempo suficiente para circunavegar o globo 143 vezes. Não era à toa que ele estava sorrindo quando embarcamos. Isso era uma espécie de passeio de bicicleta com rodinhas. Ele chegou a cantarolar durante uma manobra quase vertical.

Não levei muito tempo para entender para onde devia olhar. Não ia mais olhar para baixo ou para fora. Meus olhos estavam no piloto. Se T-Mac estava bem, eu estava bem. Eu sei para onde olhar na turbulência.

Pedro aprendeu a mesma lição do jeito mais difícil. Troque o avião por um barco de pesca de trinta pés, o céu do Texas por um mar da Galileia, e as histórias começam a ter um paralelo. "Mas o barco já estava a considerável distância da terra, fustigado pelas ondas, porque o vento soprava contra ele" (Mateus 14:24).

No que tange aos lagos famosos, o da Galileia — apenas vinte quilômetros de comprimento, doze na parte mais larga — é pequeno. O tamanho diminuto o torna mais vulnerável aos ventos que sopram das Colinas de Golã. Eles transformam o lago em um liquidificador, mudando de repente, soprando primeiro de uma direção, depois de outra. Os meses de inverno trazem tais tempestades a cada uma ou duas semanas, agitando as águas por dois ou três dias por vez.[1]

Pedro e seus companheiros de tempestade sabiam que estavam em apuros. O que deveria ter sido um cruzeiro de sessenta minutos se tornou uma batalha de uma noite inteira. O barco cambaleou e mergulhou como uma pipa em um vento de março. A luz do sol era uma memória distante. A chuva caía a baldes. Os relâmpagos cortavam o negrume com uma espada de prata. Os ventos chicoteavam as velas, deixando o barco "a considerável distância da terra, fustigado pelas ondas". Descrição apropriada, talvez, para a sua fase na vida? Talvez tudo que precisamos fazer seja trocar alguns substantivos...

No meio de um divórcio, fustigado pela culpa.

No meio das dívidas, fustigado pelos credores.

No meio de uma fusão corporativa, fustigado por traficantes de influência e margens de lucro.

Os discípulos lutaram contra a tempestade por nove horas molhadas e frias. E aproximadamente às 4h da manhã uma coisa inacreditável aconteceu. Eles avistaram alguém vindo sobre a água. "Ficaram aterrorizados e disseram: 'É um fantasma!'" (Mateus 14:26).

Eles não esperavam que Jesus viesse a eles desse jeito.

E nem nós. Nós esperamos que ele venha na forma de calmos cânticos ou de domingos de Páscoa ou em retiros. Esperamos encontrar Jesus em devocionais matinais, ceias na igreja, e em meditação. Nunca esperamos vê-lo em um mercado, em uma liquidação, em um processo, na execução de uma hipoteca ou em uma guerra. Nunca esperamos vê-lo em um temporal. Mas é nos temporais que ele faz seu melhor trabalho, pois é nos temporais que ele tem mais atenção de nossa parte.

Jesus respondeu ao medo dos discípulos com um convite digno de ser gravado em toda pedra fundamental de igreja e arco residencial. "Coragem! Sou eu*. Não tenham medo!" (Mateus 14:27).

Existe poder nestas palavras. Acordar em uma UTI e ouvir seu marido dizer "Estou aqui". Perder sua aposentadoria e ainda assim sentir o apoio de sua família nas palavras "Estamos aqui". Quando um jovem jogador vê sua mãe e seu pai nas arquibancadas assistindo ao jogo, um "Estou aqui" muda tudo. Talvez seja por isso que Deus repete essa promessa do "Estou aqui" tantas vezes.

> Perto está o Senhor (Filipenses 4:5).
>
> Estou em meu Pai, vocês em mim, e eu em vocês (João 14:20).
>
> Eu estarei sempre com vocês, até o fim dos tempos (Mateus 28:20).
>
> Eu lhes dou a vida eterna, e elas jamais perecerão; ninguém as poderá arrancar da minha mão (João 10:28).
>
> Nem morte nem vida, nem anjos nem demônios, nem o presente nem o futuro, nem quaisquer poderes, nem altura nem profundidade, nem qualquer outra coisa na criação será capaz de nos separar do amor de Deus (Romanos 8:38,39).

Não podemos ir onde Deus não está. Olhe para trás; é Deus seguindo você. Olhe para o temporal; é Cristo vindo na sua direção.

Muito para o crédito de Pedro, ele acreditou na palavra de Jesus. "'Senhor', disse Pedro, 'se és tu, manda-me ir ao teu encontro por sobre as águas'. 'Venha', respondeu ele. Então Pedro saiu do barco, andou sobre as águas e foi na direção de Jesus" (Mateus 14:28,29).

Pedro nunca teria pedido isso em um mar calmo. Se Cristo tivesse passeado em um lago que estivesse manso como uma pedra, Pedro teria aplaudido, mas duvido que tivesse saído do barco. Tempestades nos fazem trilhar caminhos que nunca trilhamos. Por alguns passos históricos e momentos de prender o fôlego, Pedro fez o impossível. Ele desafiou todas as leis da gravidade e da natureza; "andou sobre as águas e foi na direção de Jesus".

Meus editores não teriam tolerado tamanha brevidade. Teriam inundado a margem com tinta vermelha: "Elabore! Quão rápido Pedro saiu do barco? O que os outros discípulos estavam fazendo? Qual era a expressão em seu rosto? Ele pisou em algum peixe?"

Mateus não tinha tempo para essas questões. Ele nos leva rapidamente para a maior mensagem do evento: para onde olhar em uma tempestade. "Mas, quando reparou no vento, ficou com medo e, começando a afundar, gritou: 'Senhor, salva-me!'" (Mateus 14:30).

Uma muralha de água bloqueou sua visão. Uma rajada de vento quebrou o mastro com um estalo. Um relâmpago iluminou o lago e os Apalaches aquáticos que ele tinha se tornado. Pedro desviou sua atenção de Jesus para o temporal e, quando o fez, afundou como um tijolo em uma poça. Dê às águas do temporal mais atenção do que àquele que anda sobre as águas e prepare-se para fazer o mesmo.

Se os temporais virão ou não, isso não podemos escolher. Mas onde ficamos durante uma tempestade, isso podemos. Encontrei um exemplo direto dessa verdade quando estava sentado no consultório do meu cardiologista. Meus batimentos cardíacos tinham a velocidade de uma corrida de Stock Car e o ritmo de uma mensagem em código Morse. Então eu fui a um especialista. Depois de rever meus exames e de me fazer algumas perguntas, o médico fez um gesto com a cabeça e me mandou esperar por ele em sua sala.

Eu não gostava de ser mandado para a sala do diretor quando era pequeno. Como paciente, não gosto de ser enviado para a sala do médico. Mas entrei, me sentei e rapidamente notei a vasta gama de diplomas que o médico possuía. Estavam em todos os lugares, e vinham de todos os lugares. Conquistou um na graduação. Conquistou um na residência. Conquistou sua esposa. (Estou fazendo uma pausa aqui para ver se você entendeu a piada...)

Quanto mais eu olhava para as suas conquistas, mais bem eu me sentia. *Estou em boas mãos*. Quando eu me recostei para relaxar, sua enfermeira entrou com um papel na mão. "O doutor já vem", explicou. "Enquanto isso, ele quer que você se familiarize com essas informações. Elas resumem o seu problema cardíaco."

Abaixei meu olhar dos diplomas para o resumo da doença. Enquanto lia, ventos opostos começaram a soprar. Palavras feias como fibrilação atrial, arritmia, embolia e coágulo sanguíneo me fizeram afundar no meu próprio mar da Galileia.

O que aconteceu com a minha paz? Eu estava me sentindo muito melhor momentos antes. Então eu mudei a estratégia. Eu fiz a contrapartida do diagnóstico com os diplomas. Entre os parágrafos de más notícias, eu olhei para a parede para ver os lembretes de boas notícias. É isso o que Deus quer que façamos.

O chamado dele à coragem não é um chamado à ingenuidade ou à ignorância. Não devemos ficar alheios aos desafios arrebatadores que a vida traz. Devemos contrabalançá-los com longos olhares para as conquistas de Deus. "Por isso é preciso que *prestemos maior atenção* ao que temos ouvido, para que jamais nos desviemos" (Hebreus 2:1). Faça o que for necessário para manter o seu foco em Jesus.

Quando uma amiga minha passou vários dias no hospital ao lado da cama de seu marido, ela se entregou a cânticos para manter sua atitude. De tempos em tempos ela ia ao banheiro e cantava alguns versos de "Great Is Thy Faithfulness" [Grande é a tua lealdade]. Faça o mesmo! Decore as Escrituras. Leia biografias de grandes vidas. Pondere os testemunhos de cristãos fiéis. Tome a decisão deliberada de depositar a sua esperança nele. A coragem sempre é uma possibilidade.

C.S. Lewis escreveu um grande parágrafo sobre isso:

> A fé [...] é a arte de se apegar a coisas que sua razão já aceitou, apesar de suas mudanças de humor. Pois os humores vão mudar, qualquer que seja o ponto de vista que sua razão adote. Eu sei por experiência própria. Agora que sou cristão tenho humores em que tudo parece muito improvável: mas quando eu era ateu, eu tinha humores em que o Cristianismo parecia terrivelmente provável. [...] É por isso que a Fé é uma virtude tão necessária: a menos que você ensine aos seus humores "onde eles devem descer," você nunca pode ser totalmente cristão ou totalmente ateu, mas apenas uma criatura correndo de um lado para o outro, com suas crenças realmente dependendo do clima e do estado de sua digestão.[2]

Alimente os seus medos e a sua fé morrerá de fome.

Alimente a sua fé e os seus medos morrerão de fome.

Jeremias fez isso. Isso é que eu chamo de ser apanhado em um temporal! Ande o contador de tempo cerca de seiscentos anos para a esquerda e aprenda uma lição desse profeta do Antigo Testamento. "Eu sou o homem que viu a aflição trazida pela vara da sua ira. Ele me impeliu e me fez andar na escuridão, e não na luz; sim, ele voltou sua mão contra mim vez após vez, o tempo todo" (Lamentações 3:1-3).

Jeremias estava deprimido, tão melancólico quanto uma girafa com dor no pescoço. Jerusalém estava cercada, sua nação, coagida. Seu mundo entrou em colapso como um castelo de areia em um tufão. Ele culpou Deus por sua terrível aflição emocional. Também culpou Deus por seus incômodos físicos. "[Deus] fez que a minha pele e a minha carne envelhecessem e quebrou os meus ossos" (Lamentações 3:4).

Seu corpo doía. Seu coração estava doente. Sua fé estava fraca. "[Deus] me sitiou e me cercou de amargura e de pesar" (Lamentações 3:5). Jeremias se sentia preso como um homem em uma rua sem saída. "Cercou-me de muros, e não posso escapar; atou-me a pesadas correntes. Mesmo quando chamo ou grito por socorro, ele rejeita a minha oração. Ele impediu o meu caminho com blocos de pedra; e fez tortuosas as minhas sendas" (Lamentações 3:7-9).

Jeremias podia dizer a altura das ondas e a velocidade do vento. Mas aí percebeu com que rapidez estava afundando. Então mudou seu olhar. "Todavia, lembro-me também do que pode me dar esperança: Graças ao grande amor do SENHOR é que não somos consumidos, pois as suas misericórdias são inesgotáveis. Renovam-se cada manhã; grande é a sua fidelidade! Digo a mim mesmo: A minha porção é o SENHOR; portanto, nele porei a minha esperança" (Lamentações 3:21-24).

"Todavia, lembro-me também..." Deprimido, Jeremias alterou seu modo de pensar, desviou sua atenção. Tirou seus olhos das ondas e olhou para as maravilhas de Deus. Rapidamente recitou um quinteto de promessas. (Eu consigo imaginá-lo contando-os nos cinco dedos de sua mão.)

1. Graças ao grande amor do SENHOR é que não somos consumidos.
2. Suas misericórdias são inesgotáveis.
3. Elas se renovam cada manhã.
4. Grande é a sua fidelidade.
5. A minha porção é o SENHOR.

O temporal não cessou, mas seu desânimo sim. Assim como o de Pedro. Depois de alguns momentos jogado de um lado para o outro na água, ele se virou para Cristo e implorou: "'Senhor, salva-me!' Imediatamente Jesus estendeu a mão e o segurou. E disse: 'Homem de pequena fé, por que você duvidou?' Quando entraram no barco, o vento cessou" (Mateus 14:30-32).

Jesus poderia ter acalmado a tempestade horas antes. Mas não o fez. Queria ensinar a seus discípulos uma lição. Jesus poderia ter acalmado a sua tempestade há muito tempo também. Mas não o fez. Será que ele também quer lhe ensinar uma lição? Será que essa lição poderia ser algo como: "Tempestades não são uma opção, mas o medo é"?

Deus pendurou seus diplomas no universo. Arco-íris, pores do sol, horizontes e céus estrelados. Ele registrou suas conquistas nas Escrituras. Não estamos falando de seis mil horas de voo. Seu currículo inclui aberturas no mar Vermelho; fechamento de bocas de leões; derrota de gigantes; levantamentos de Lázaros; paradas e caminhadas ao enfrentar tempestades.

A lição dele é clara. Ele é o comandante de toda tempestade. Você está com medo na sua? Então olhe para ele. Esse pode ser o seu primeiro voo. Mas certamente não é o dele.

Seu piloto tem um nome de guerra também: Sou Eu.

7

Tem um dragão no meu armário

Medo das piores hipóteses

[Jesus] começou a ficar aflito e angustiado.

Marcos 14:33

Da próxima vez em que um polvo o prender no fundo do oceano, não se desespere. Simplesmente comece a dar cambalhotas. A menos que você esteja bem preso por um ou dois tentáculos muito fortes, você escapará com apenas algumas lesões das ventosas.

Enquanto estiver a caminho da superfície, você pode encontrar um tubarão. Não entre em pânico; soque! Dê uns cruzados nos olhos e guelras — elas são as partes mais sensíveis do corpo dele.

O mesmo vale para encontros com extraterrestres. Escape da sua próxima abdução por um óvni acertando diretamente os olhos do invasor. No entanto, proteja seus pensamentos, pois pode ser que criaturas do espaço possam ler a sua mente.

Embora gorilas não possam ler mentes, eles podem prendê-los com um abraço. O apertão de um gorila de dorso prateado pode ser tão forte quanto um cadeado. Sua única chance de escapar é afagar o braço dele e ao mesmo tempo fazer altos barulhos de beijo. Primatas são amantes difíceis de se agradar. Com sorte, o gorila vai interpretar suas ações como um tratamento de *spa*.

Senão, as coisas poderiam ser piores. Você poderia estar caindo do céu em um paraquedas com defeito, preso em um elevador em queda livre, ou enterrado vivo em um caixão de aço. Você poderia estar enfrentando a sua pior hipótese. Todos as temos: situações de desespero total. É por isso que o livro *The Complete Worst-Case Scenario Survival Handbook* [O livro completo de sobrevivência nas piores hipóteses] tem obtido um sucesso tão grande.

Graças ao livro, agora eu sei como reagir a um gorila me agarrando ou a um alienígena me abduzindo. No entanto, as chances de tais ocasiões acontecerem são tão remotas que eu não perdi meu sono por causa delas. Eu já fiquei acordado ponderando outras possibilidades sombrias.

Ficar senil é uma delas. A ideia de envelhecer não me perturba. Não me importo em perder minha juventude, cabelos ou dentes. Mas a ideia de perder a minha consciência? Isso sim é terrível. Visitar uma unidade de Alzheimer é uma coisa perturbadora. Idosos com cabelos grisalhos olhando fixamente para o nada, fazendo perguntas dementes. Eu não quero acabar assim.

Não conseguir sustentar minha família me assombra. Em uma outra pior hipótese, minha esposa, Denalyn, vive mais tempo do que eu e as nossas economias e fica na miséria, dependendo da generosidade de algum gentil estranho. Ela me diz para não pensar nisso, que minhas preocupações são tolices. É fácil falar, eu respondo.

Esses medos que rondam. Esses monstros do Lago Ness. Não ansiedades mundanas de prazos diários e resfriados comuns, mas o horror duradouro de alguma garra da qual é impossível escapar. Ilógicos e inexplicáveis, mas também inegáveis.

Qual é o seu pior medo? O medo de fracasso público, desemprego, ou de altura? O medo de que você nunca vai encontrar a pessoa certa ou ter saúde? Medo de ficar preso, ser abandonado ou esquecido?

Esses são medos reais, nascidos em preocupações legítimas. No entanto, se deixados para lá, eles entram em metástase e se tornam obsessões. O degrau entre a prudência e a paranoia é curto e íngreme. A prudência usa cinto de segurança. A paranoia evita carros. A prudência lava com sabão. A paranoia evita contato humano. A prudência economiza para a velhice. A paranoia junta até lixo. A prudência se prepara e planeja. A paranoia entra em pânico. A prudência calcula o risco e mergulha. A paranoia nunca entra na água.

As palavras *mergulho* e *água* me vêm à cabeça enquanto escrevo este capítulo sentado na beira da piscina de um hotel. (Impressionante o que o sol quente, um refrigerante gelado e uma cadeira de piscina podem fazer para a criatividade.) Um pai e suas duas filhas pequenas estão brincando. Ele está na água; elas pulam nos braços dele. Deixe-me corrigir isso: uma pula; a outra pondera. A que está seca observa alegremente sua irmã pulando. Ela dança para um lado e para o outro enquanto a outra cai na água. Mas, quando seu pai a convida a fazer o mesmo, ela recusa e se afasta.

Uma parábola viva! Quantas pessoas passam a vida toda na beira da piscina? Consultando a cautela; ignorando a fé; nunca dando o mergulho; felizes de experimentar a vida por intermédio dos outros; preferindo não arriscar nada a arriscar qualquer coisa. Pelo medo do pior, elas nunca aproveitam a vida ao máximo.

Por sua vez, sua irmã pula. Não com uma tola inconsequência, mas com a crença na bondade do coração de um pai e com confiança nos braços dele. Essa foi a escolha de Jesus. Ele fez mais do que falar sobre o medo. Ele o enfrentou.

Os atos decisivos do drama do evangelho são apresentados em dois palcos — o jardim de Getsêmani e a cruz de Gólgota. A cruz da sexta-feira testemunhou o sofrimento mais severo. O jardim de quinta-feira foi o palco do medo mais profundo. Foi lá, entre as oliveiras, que Jesus "prostrou-se e orava para que, se possível, fosse afastada dele aquela hora. E dizia: 'Aba, Pai, tudo te é possível. Afasta de mim este cálice; contudo, não seja o que eu quero, mas sim o que tu queres'" (Marcos 14:35,36).

Um leitor uma vez me ligou para me dar uma bronca por causa do que eu escrevi nessa passagem. Ele não gostou de eu ter descrito Cristo como tendo "os olhos bem abertos com um estupor de medo".[1] Eu lhe disse que ele precisava levar sua reclamação a um nível mais alto. É o evangelista Marcos que pinta a imagem de Jesus como pálido e tremendo. "Começou a ficar aflito e angustiado" (Marcos 14:33). A palavra *aflição* é "usada para descrever um homem que está desamparado, desorientado, que está agitado e angustiado pela ameaça de um evento que se aproxima".[2]

Mateus concordava. Ele descreve Jesus da seguinte maneira: "começou a entristecer-se e a angustiar-se" (Mateus 26:37.[3])

Nunca vimos Cristo assim. Nem na tempestade na Galileia, nem na necrópole demoníaca e nem na beira do precipício nazareno. Nunca ouvimos gritos de sua voz ou vimos seus olhos bem abertos. E nunca lemos uma frase como esta: "começou a ficar aflito e angustiado" (Marcos 14:33). Esse é um momento sério. Deus se tornou carne, e a Carne está sentindo todo o peso do medo. Por quê? De que Jesus tinha medo?

Aquilo tinha algo a ver com um cálice. "Afasta de mim este cálice." *Cálice*, na terminologia bíblica, era mais do que um utensílio para beber. *Cálice* era a ira, o julgamento, a punição de Deus. Quando Deus ficou com pena da cidade renegada de Jerusalém, ele disse: "Veja que eu tirei da sua mão o cálice que faz cambalear; [...] o cálice da minha ira" (Isaías 51:22). Por intermédio de Jeremias, Deus declarou que todas as nações beberiam do cálice do desgosto dele: "Pegue de minha mão este cálice com o vinho da minha ira e faça com que bebam dele todas as nações a quem eu o envio" (Jeremias 25:15). De acordo com João, aquele que dispensar Deus "beberá do vinho do furor de Deus que foi derramado sem mistura no cálice da sua ira. Será ainda atormentado com enxofre ardente na presença dos santos anjos e do Cordeiro" (Apocalipse 14:10).

O cálice era a pior hipótese de Jesus: receber a ira de Deus. Ele nunca tinha sentido a fúria de Deus, não merecia. Nunca tinha experimentado a isolação de seu Pai; os dois sempre haviam sido um. Ele não conhecia a morte física; era um ser imortal. E no entanto, dentro de algumas poucas horas, Jesus enfrentaria a todos esses. Deus liberaria sua ira que odiava o pecado no Filho coberto de pecado. E Jesus tinha medo. Muito medo. E o que ele fez com seu medo nos mostra o que fazer com o nosso.

Ele orou. Disse a seus discípulos: "Sentem-se aqui enquanto vou ali orar" (Mateus 26:36). Uma prece só não bastava. "E retirou-se outra vez para orar. [...] Então os deixou novamente e orou pela terceira vez, dizendo as mesmas palavras" (Mateus 26:42-44). Ele até pediu a ajuda das preces de seus amigos. "Vigiem e orem para que não caiam em tentação" (Mateus 26:41).

Jesus enfrentou seu maior medo honestamente com preces.

Não vamos complicar demais este assunto. Não costumamos complicá-lo? Prescrevemos palavras para preces, lugares para preces, roupas para prece, posturas para prece; durações, entonação e encantamentos. E no entanto o apelo de Jesus no jardim não tinha nada disso. Foi breve (21 palavras em português), direto ("afasta de mim este cálice"), e confiante ("contudo, não seja como eu quero, mas sim como tu queres"). Sem frescura e cheio de autenticidade. Menos um santo bom de convencer aos outros no santuário; mais uma criança com medo no colo do pai.

É isso aí. A prece de Jesus no jardim é a prece de uma criança. *Aba*, ele orou, usando a palavra caseira que uma criança usaria ao subir no colo de seu pai.

Meu pai me deixava subir em seu colo... enquanto dirigia! Hoje ele seria preso se fizesse isso. Mas meio século atrás ninguém se importava. Principalmente em um campo de petróleo liso do Texas, onde há mais coelhos do que pessoas. Quem se importa se o pequeno Max senta no colo do papai enquanto ele dirige o caminhão da empresa (ops, desculpe, Exxon) de um poço a outro?

Eu adorava. Importava que eu não conseguia enxergar acima do painel? Que meus pés ficavam a meio metro do freio e do acelerador? Que eu não sabia a diferença entre um rádio e um carburador? De jeito nenhum. Eu ajudava meu pai a dirigir seu caminhão.

Havia ocasiões em que ele até me deixava escolher o itinerário. Em um cruzamento ele oferecia: "Direita ou esquerda, Max?" Eu levantava a cara cheia de sardas e olhava por cima do volante; pensava nas minhas opções e escolhia.

E o fazia com prazer, virando o volante como um piloto de corrida em Monte Carlo. Eu tinha medo de cair em uma vala? De fechar demais a curva? De deixar o pneu cair em um sulco? De jeito nenhum. As mãos do meu pai estavam perto das minhas e seus olhos enxergavam mais do que os meus. Consequentemente, eu não tinha medo! Qualquer um pode dirigir um carro do colo do pai.

E qualquer um pode orar da mesma perspectiva.

A oração é a prática de sentar-se calmamente no colo de Deus e botar nossas mãos em seu volante. Ele lida com a velocidade e com as curvas difíceis e se assegura de que cheguemos em segurança. E nós oferecemos nossos pedidos; pedimos a Deus: "afasta de mim este cálice". O cálice da doença, da traição, do colapso financeiro, do desemprego, do conflito ou da senilidade. A oração é simples assim. E uma prece simples assim preparou Cristo a encarar seu medo mais profundo.

Faça o mesmo. Lute com os seus dragões no jardim de Getsêmani. Aqueles vilões feios e persistentes do coração — fale com Deus sobre eles. Seja específico.

Eu não quero perder meu marido/esposa, Senhor. Me ajuda a temer menos e confiar mais em ti.

Tenho que voar amanhã, Senhor, e não estou conseguindo dormir com medo de que algum terrorista embarque e derrube o avião. Tu podes me tirar esse medo?

Acabaram de ligar do banco e vão executar a hipoteca de nossa casa. O que vai acontecer à minha família? Podes me ensinar a confiar?

Tenho medo, Senhor. O médico acabou de ligar, e a notícia não é boa. Tu sabes o que me aguarda. Entrego meu medo a ti.

Satanás adora nos deixar em um nevoeiro de inquietação. Nossa resposta à sua nuvem é simplesmente: "Detalhes, por favor." Identificamos o que é "este cálice" e falamos com Deus sobre ele. Botar as preocupações em palavras as despe. Elas parecem bobas quando nuas.

Yann Martel mostra isso em seu romance *Life of Pi* [A vida de Pi]. O personagem principal, Pi, se encontra à deriva no mar em um barco salva-vidas de 26 pés com a companhia de um tigre de bengala de 200 quilos. Pi acabou nesse apuro quando seu pai, que trabalhava no zoológico, faliu e pôs a família em um navio japonês que ia para o Canadá. O navio afundou, deixando Pi e o tigre (que se chamava Richard Parker) sozinhos no oceano. Enquanto estava no barco salva-vidas, Pi começou a analisar seus medos, tanto do mar quanto do tigre.

> Devo dizer uma coisa sobre o medo. Ele é o único oponente real da vida. Só o medo pode derrotar a vida. Ele é um adversário inteligente, traiçoeiro — e como eu sei disso! Ele não tem decência, não respeita nenhuma lei ou convenção, não mostra a menor misericórdia. O medo procura o seu ponto mais fraco, que encontra sem erro nem dificuldade. Começa na sua mente, sempre. Em um momento você está se sentindo calmo, com sangue frio, feliz. Então o medo, disfarçado na pele de uma

> leve dúvida, entra na sua mente como um espião. A dúvida encontra a descrença e a descrença tenta expulsá-la. Mas a descrença é um soldado raso mal armado. A dúvida a derrota sem maiores problemas. Você fica ansioso. A razão vem à batalha por você. Você está reafirmado. A razão está completamente equipada com a última tecnologia em armas. Mas, para a sua surpresa, apesar de ter uma tática superior e várias vitórias inegáveis, a razão perde. Você se sente enfraquecendo, hesitando. Sua ansiedade se torna pavor...
>
> Rapidamente você toma decisões precipitadas. Você dispensa seus últimos aliados: a esperança e a confiança. Pronto, você se derrotou. O medo, que nada mais é do que uma impressão, triunfou sobre você.[4]

Pi percebe que não se pode argumentar com o medo. A lógica não convence o medo a pular do abismo ou a subir no avião. Então o que convence? Como se pode evitar a rendição jogando a toalha no ringue para o inimigo? Pi dá este conselho: "Você deve lutar para fazer brilhar a luz das palavras sobre ele. Se você não o fizer, se seu medo se tornar uma escuridão sem palavras que você evita, talvez até consiga esquecer; você se abre a mais ataques de medo porque você nunca realmente lutou contra o oponente que o derrotou".[5]

É nosso dever abrir as cortinas, expor nossos medos, cada um deles. Como vampiros, eles não suportam a luz do sol. Medos financeiros, medos de relacionamento, medos profissionais, medos de segurança — evoque-os em prece. Arraste a todos com a mão da sua mente e faça com que eles fiquem perante Deus e recebam seu justo castigo!

Jesus tornou seus medos públicos. Ele "ofereceu orações e súplicas, em alta voz e com lágrimas, àquele que o podia salvar da morte" (Hebreus 5:7). Ele orou alto o bastante para ser ouvido e registrado, e suplicou que sua comunidade de amigos orasse com ele.

Sua prece no jardim se torna, para os cristãos, uma imagem da igreja em ação — um lugar onde os medos podem ser verbalizados, pronunciados, despidos e denunciados; uma escapatória da "escuridão sem palavras" de medos suprimidos. Uma igreja saudável é aquela onde nossos medos vão para morrer. Nós os perfuramos com as Escrituras, salmos de celebração e lamentações. Nós os derretemos à luz do sol da confissão. Nós os extinguimos com a cachoeira da adoração, escolhendo olhar para Deus, não para nossos medos.

Da próxima vez em que você se encontrar enfrentando a sua pior hipótese, faça isso. Verbalize sua angústia para um círculo de confiança de pessoas que buscam a Deus. Esse é um passo essencial. Encontre sua versão de Pedro, Tiago e João. (Tomara que os seus fiquem mais tempo acordados.) A grande coisa (e a boa notícia) é esta: você não precisa viver sozinho com seu medo.

Além do mais, e se seus medos não forem nada mais do que uma peça do diabo? Uma brincadeira feita no inferno para roubar a sua alegria?

Eu tenho um amigo que estava com pavor de receber uma carta da Receita Federal. De acordo com os cálculos preliminares deles, ele lhes devia muito dinheiro, um dinheiro que ele não tinha. Disseram-lhe para esperar uma carta detalhando a quantia. Quando a carta chegou, faltou-lhe coragem. Ele não conseguia abri-la; então o envelope ficou na sua mesa por cinco dias enquanto ele se contorcia de pavor. Quanto poderia ser? Onde ele conseguiria os fundos? Por quanto tempo ele ficaria na prisão? Finalmente ele juntou a coragem para abrir o envelope. E então ele encontrou não uma conta a pagar mas um cheque a ser recebido. Aconteceu que a Receita Federal é que devia dinheiro a ele! Ele tinha desperdiçado cinco dias com um medo desnecessário.

Por que imaginar o pior? Como discípulos de Deus, você e eu temos uma grande vantagem. Sabemos que tudo vai ficar bem. Cristo não se mexeu de seu trono, e Romanos 8:28 não evaporou da Bíblia. Nossos problemas sempre foram as possibilidades dele. O sequestro de José resultou na preservação de sua família. A perseguição de Daniel levou a uma posição em um gabinete. Cristo entrou no mundo com uma gravidez surpresa e a redimiu com seu assassinato injusto. Será que nós ousamos acreditar no que a Bíblia ensina? Que nenhum desastre é definitivamente fatal?

Crisóstomo foi o arcebispo de Constantinopla de 398 a 404 d.C. Ele ganhou seguidores com suas críticas eloquentes aos ricos e poderosos. Duas vezes banido pelas autoridades, ele uma vez perguntou: "O que posso temer? Será a morte? Mas vocês sabem que Cristo é minha vida, e isso eu vou ganhar com a morte. Será o exílio? Mas a terra e toda sua abundância são do Senhor. Será a perda de riquezas? Mas não trazemos nada para o mundo, e não podemos levar nada dele. Então todos os terrores do mundo são desprezíveis aos meus olhos; e eu sorrio para todas suas coisas boas. A pobreza eu não temo; por riquezas não suspiro. A morte eu não temo."[6]

O apóstolo Paulo teria aplaudido esse parágrafo. Ele escreveu suas palavras finais nas entranhas de uma prisão romana, acorrentado a um guarda — a meros passos de seu executor. A pior das hipóteses? Não pela perspectiva de Paulo. "O Senhor me livrará de toda obra maligna e me levará a salvo para o seu Reino celestial. A ele seja a glória para todo o sempre" (2 Timóteo 4:18).

Paulo escolheu confiar em seu Pai.

A propósito, fico feliz em reportar que a menina da beira da piscina escolheu confiar no dela. Depois de muito tempo de convencimento pelo pai e de preparação por sua irmã, ela segurou o nariz e pulou. Até onde contei, ela mergulhou pelo menos uma dúzia de vezes. Bom para ela. Mais um medo foi derrotado pela confiança.

8

Este planeta brutal

Medo da violência

Não tenham medo dos que matam o corpo,
mas não podem matar a alma.

Mateus 10:28

O maior jogador de golfe na história do esporte se sentou para tomar seu café da manhã, sem suspeitar que aquele seria o seu último. Byron Nelson tinha dormido bem na noite anterior, melhor do que tinha dormido nos últimos dias. Tinha tomado banho, feito a barba, e então sorriu quando sua esposa, Peggy, anunciou a refeição matinal: salsicha, biscoitos e ovos.

Ele tinha 94 anos; estava há 61 anos afastado das vitórias: ganhou 11 torneios consecutivos. Tiger Woods ganhara seis seguidos. Arnold Palmer ganhara três; assim como Sam Snead, Ben Hogan e alguns outros. Mas o recorde de Nelson — 11 seguidos — se destaca como um carvalho em um campo de trigo. Ele se aposentou no ano seguinte e comprou um rancho perto de Fort Worth, Texas, onde viveu em paz até Deus chamá-lo a sua casa no dia 26 de setembro de 2006.

Depois de lavar os pratos, ele se sentou para ouvir seu programa de rádio cristão favorito. Peggy saiu para o estudo bíblico na igreja. ("Estou orgulhoso de você," ele lhe disse.) Ela voltou algumas horas depois e o encontrou no chão. Sem sinal de dor ou luta. Seu bom coração simplesmente tinha parado.

★

A Rússia do começo da década de 1950 não precisava de muita desculpa para aprisionar seus cidadãos. Era só alguém questionar uma decisão de Stalin ou falar contra o regime comunista que ia andar pela tundra congelada por trás dos arames farpados de um campo de concentração soviético. Boris Kornfeld o fez. Não há registros de seu crime, só alguns poucos detalhes de sua vida. Nasceu judeu. Tornou-se médico treinado que fez amizade com um homem que cria em Cristo.

Com muito tempo livre, os dois homens tinham longas e rigorosas discussões. Kornfeld começou a ligar o Messias prometido da antiga aliança com o nazareno da nova. Seguir Jesus ia contra cada fibra de sua ancestralidade, mas no fim ele escolheu fazê-lo.

Essa decisão lhe custou a vida.

Ele viu um guarda roubando pão de um homem à beira da morte. Antes de sua conversão, Kornfeld nunca teria reportado o crime. Agora sua consciência o compelia a fazê-lo. Foi só uma questão de tempo até os outros guardas revidarem. Kornfeld, mesmo em perigo, estava completamente em paz. Pela primeira vez em sua vida, ele não tinha medo da morte ou da eternidade. Seu único desejo era contar sua descoberta para alguém antes de perder sua vida.

Uma oportunidade chegou na forma de um paciente de câncer, um colega de prisão que estava se recuperando de uma cirurgia abdominal. Deixado a sós com ele na sala de recuperação, Kornfeld urgentemente sussurrou sua história. Contou cada detalhe. O jovem estava tão grogue da anestesia que dormiu. Quando acordou, pediu para ver o médico. Era tarde demais. Durante a noite alguém tinha dado no médico oito golpes na cabeça com um martelo de engessador. Os colegas tinham tentado, em vão, salvar sua vida.[1]

★

Byron Nelson e Boris Kornfeld abraçavam as mesmas convicções. Ancoravam sua esperança à mesma rocha e olhavam para o mesmo céu e confiavam no mesmo Salvador. No entanto, um foi para o céu em uma trilha de paz e o outro em meio a um turbilhão de brutalidade.

Se me derem a escolha, prefiro ir como o senhor Nelson.

Os heróis sem armas dos hebreus também o teriam escolhido. Suas histórias ocupam um curioso parágrafo no final da parada patriarcal. Eles seguem os nomes conhecidos de Abel, que "embora esteja morto, por meio da fé ainda fala" (Hebreus 11:4); Enoque, que "não experimentou a morte" (Hebreus 11:5); Noé, que "tornou-se herdeiro da justiça" (Hebreus 11:7); Abraão e Sara, cujos descendentes são "tão incontáveis como a areia da praia do mar" (Hebreus 11:12).

Uma pessoa pode ler até o versículo 12 aqui e chegar a uma conclusão. Deus recompensa vidas fiéis com serenidade e legados contados em histórias. Viver bem. Viver em paz. Certo? Então os versículos 35-37 apresentam o lado difícil: "Uns foram torturados e recusaram ser libertados, para poderem alcançar uma ressurreição superior; outros enfrentaram zombaria e açoites; outros ainda foram acorrentados e colocados na prisão, apedrejados, serrados ao meio, postos à prova, mortos ao fio da espada. Andaram errantes, vestidos de pele de ovelhas e de cabras, necessitados, afligidos e maltratados."

Contrariamente ao que esperaríamos, pessoas boas não estão livres da violência. Assassinos não dão um passe aos que são de Deus. Estupradores não examinam vítimas de acordo com currículos espirituais. Os maus e sedentos de sangue não pulam os que vão para o céu. Não somos isolados. Mas também não somos intimidados. Jesus tem uma ou duas palavras sobre este mundo brutal: "Não tenham medo dos que matam o corpo, mas não podem matar a alma" (Mateus 10:28).

Os discípulos precisavam dessa afirmação. Jesus tinha lhes dito para esperarem açoites, julgamentos, morte, ódio e perseguições (Mateus 10:17-23). Não o tipo de conversa motivacional que se tem com um time no vestiário. Para crédito deles, nenhum deles fugiu. Talvez não o tenham feito por causa da memória fresca dos músculos contraídos de Jesus no cemitério. Jesus tinha levado seus discípulos "ao outro lado, à região dos gadarenos, [onde] foram ao seu encontro dois endemoninhados, que vinham dos sepulcros.

Eles eram tão violentos que ninguém podia passar por aquele caminho. Então eles gritaram: 'Que queres conosco, Filho de Deus? Vieste aqui para nos atormentar antes do devido tempo?'" (Mateus 8:28,29).

As reações mais dramáticas e imediatas à presença de Deus na terra vieram de demônios como esses — os incontáveis, invisíveis, assexuados e perversos gênios de Satanás. Esses dois homens estavam endemoninhados e, consequentemente, eram "tão violentos". As pessoas faziam longos desvios pelos cemitérios para evitá-los.

Não Jesus. Ele entrou marchando como se fosse o dono do lugar. Os demônios atordoados nunca esperariam ver Jesus ali nos recantos do diabo no lado estrangeiro da Galileia, a região dos pagãos e porcos. Os judeus evitavam esses antros. Jesus não.

Os demônios e Jesus não precisaram de apresentações. Eles já tinham travado uma batalha em outro lugar, e os demônios não queriam revanche. Nem ao menos discutiram. "Vieste aqui para nos atormentar antes do devido tempo?" (Mateus 8:29). Dando para trás. Gaguejando. Tradução? "Sabemos que vais nos derrotar no final, mas somos punidos enquanto isso?" Eles se amarfanharam como marionetes sem cordas. Patético seu apelo: "manda-nos entrar naquela manada de porcos" (Mateus 8:31).

Jesus o fez. "Vão!", exorcizou. Sem gritos, encantamentos, danças, incensos ou ordens. Só uma pequena palavra. Aquele que sustenta os mundos com uma palavra controla o tráfego demoníaco com a mesma palavra.

E embora este mundo, cheio de demônios,
Ameace nos desgraçar,
Não temeremos, pois quis Deus
Que sua verdade triunfasse por nosso intermédio.
O sombrio Príncipe das Trevas,
Não trememos por ele;
Sua ira podemos suportar,
Pois, veja, a queda dele é certa;
Uma pequena palavra o derrotará.[2]

A luta entre o bem e o mal durou uma questão de segundos. Cristo é o fogo, e os demônios são ratos no navio. Eles correram para a água ao primeiro sinal de calor.

Esse é o extrato em que Jesus escreve o cheque da coragem: "Não tenham medo dos que matam o corpo, mas não podem matar a alma" (Mateus 10:28). Você desfruta da guarnição da guarda de Deus. "Quem nos separará do amor de Cristo? Será tribulação, ou angústia, ou perseguição, ou fome, ou nudez, ou perigo, ou espada? [...] Nem altura nem profundidade, nem qualquer outra coisa na criação será capaz de nos separar do amor de Deus que está em Cristo Jesus, nosso Senhor" (Romanos 8:35-39).

A coragem emerge, não da segurança policial aumentada, mas da maturidade espiritual intensificada. Martin Luther King exemplificou isso. Ele escolheu não temer aqueles que lhe queriam mal. No dia 3 de abril de 1968, ele passou horas em um avião, esperando na pista, devido a ameaças de bomba. Quando chegou a Memphis, mais tarde naquele dia, estava cansado e faminto, mas não com medo.

"Temos dias difíceis pela frente", disse à multidão. "Mas não me importa agora. Porque eu já estive no topo da montanha. E eu não me importo. Como qualquer um, eu gostaria de viver uma vida longa. A longevidade tem seu lugar. Mas eu não estou preocupado com isso agora. Eu simplesmente quero fazer a vontade de Deus. E ele me permitiu ir ao topo da montanha. E eu olhei ao redor. E vi a terra prometida. Eu posso não ir para lá com vocês. Mas eu quero que vocês saibam hoje que nós, como pessoas, iremos para a terra prometida. E eu estou feliz hoje. Não estou preocupado com nada. Não temo homem nenhum. Meus olhos viram a glória da vinda do Senhor."[3]

Ele estaria morto em menos de 24 horas. Mas as pessoas que lhe queriam mal não atingiram seu objetivo. Eles tiraram seu fôlego, mas nunca levaram sua alma.

Em seu premiado livro sobre o genocídio ruandês de 1994, Philip Gourevitch conta a história de Thomas, um tutsi marcado para morrer. Ele foi um dos poucos que escaparam dos assassinos hutus armados com facões.

> Thomas me disse que tinha sido treinado para ser escoteiro "para olhar para o perigo, e estudá-lo, mas não temê-lo", e eu fiquei bobo de ver que cada um dos seus encontros com o poder hutu tinha seguido um padrão: quando o ministro lhe mandou voltar ao trabalho, quando os soldados vieram buscá-lo, e quando lhe mandaram sentar-se na rua, Thomas

> sempre recusou antes de aceitar. Os assassinos estavam acostumados a encontrar o medo, e Thomas sempre agiu como se houvesse algum tipo de mal-entendido para alguém sentir a necessidade de ameaçá-lo.[4]

Os perversos têm menos chance de machucá-lo se você não é já uma vítima. "Quem teme o homem cai em armadilhas, mas quem confia no SENHOR está seguro" (Provérbios 29:25). Lembre-se, "a seus anjos ele dará ordens a seu respeito, para que o protejam em todos os seus caminhos" (Salmo 91:11). Ele é seu "refúgio" (Salmo 62:8), seu "abrigo" (Salmo 32:7), sua "fortaleza" (2 Samuel 22:2). "O SENHOR está comigo, não temerei. O que me podem fazer os homens?" (Salmo 118:6). Satanás não pode lhe alcançar sem passar por ele.

Então, o que devemos entender das ocasiões em que Satanás nos alcança? Como devemos entender a violência listada em Hebreus 11 ou o trágico fim de Boris Kornfeld? Ou, mais supremamente, como devemos entender o sofrimento de Jesus? Cordas. Chicotes. Espinhos. Pregos. Esses foram a marca registrada de seus momentos finais. Você consegue ouvir o chicote estalando nas costas dele, arrancando os tendões dos ossos? Trinta e nove vezes o couro corta, primeiro o ar, depois a pele. Jesus aperta o poste e geme, atingido por onda após onda de violência. Soldados forçam uma coroa de espinhos por sua testa, lhe dão tapas na cara, cospem. Colocam uma viga sobre seus ombros e lhe forçam a subir marchando um monte. Esse é o condenado afiando sua própria guilhotina, amarrando sua própria corda, ligando sua própria cadeira elétrica. Jesus carregou sua própria ferramenta de execução. A cruz.

Cícero se referiu à crucificação como "uma punição das mais cruéis e repugnantes".[5] Na educada sociedade romana, a palavra *cruz* era uma obscenidade, a não ser pronunciada em uma conversa. Os soldados romanos eram isentos da crucificação, exceto em questões de traição. Era feia e vil, desagradável e degradante. E foi a maneira como Jesus escolheu morrer. "Humilhou-se a si mesmo e foi obediente até a morte, e morte de cruz!" (Filipenses 2:8).

Uma morte mais calma teria bastado. Uma simples gota de sangue poderia ter redimido a humanidade. Derramar seu sangue, silenciar seu fôlego, parar seu pulso, mas fazer tudo isso de modo rápido. Enfiar uma espada em seu coração. Cruzar seu pescoço com uma adaga. A propiciação pelo pecado exigiu seis horas de violência?

Não, mas seu triunfo sobre o sadismo exigiu. Jesus mostrou de uma vez por todas sua autoridade sobre a selvageria. O mal pode ter seus momentos, mas eles serão breves. Satanás soltou seus demônios mais perversos em cima do filho de Deus. Torturou cada terminação nervosa e infligiu todo sofrimento. E no entanto o mestre da morte não conseguiu destruir o Senhor da vida. O melhor do céu pegou o pior do inferno e o transformou em esperança.

Eu oro a Deus para que ele o poupe de tamanho mal. Que ele lhe dê a longa vida e a passagem tranquila de um Byron Nelson. Mas, se ele não o fizer, se "a vocês foi dado o privilégio de não apenas crer em Cristo, mas também de sofrer por ele" (Filipenses 1:29), lembre-se, Deus não desperdiça a dor.

Pense em Boris Kornfeld, o médico russo que apanhou até a morte por causa de suas convicções. Embora o médico tenha morrido, seu testemunho sobreviveu. O homem com quem ele falou nunca se esqueceu da conversa.

> Após uma cirurgia, estou deitado na ala operatória de um hospital de campo. Não posso me mover. Estou ardendo em febre, no entanto meus pensamentos não se dissolvem em delírio — e sou grato ao Dr. Boris Nikolayevich Kornfeld, que está sentado ao lado da minha cama e conversando comigo a noite toda. A luz já foi apagada — então meus olhos não vão doer. Ele e eu — e mais ninguém na enfermaria.
>
> Com fervor ele me conta a longa história de sua conversão do judaísmo ao Cristianismo. [...] Estou surpreso com a convicção do novo convertido, com o ardor de suas palavras.[...]
>
> Não posso ver seu rosto. Pela janela vêm apenas os reflexos espalhados das luzes do perímetro lá fora. E a porta do corredor tem um brilho elétrico amarelo. Mas existe tanto conhecimento místico em sua voz que eu tremo.[6]

O "conhecimento místico" transformou o jovem paciente. Ele abraçou o Cristo de Kornfeld e mais tarde comemorou com estes versos.

E agora com o cálice que a mim retornou,
Cheio da água da vida,
Deus do Universo! Eu acredito novamente!
Embora eu tenha te renunciado, tu estavas comigo![7]

O paciente sobreviveu aos campos e começou a escrever sobre a sua experiência na prisão, revelando o horror do *gulag*. Uma revelação após a outra: *One Day in the Life of Ivan Denisovich [Um dia na vida de Ivan Denisovich], The Gulag Archipelago [O arquipélago Gulag], Live Not by Lies [Não viva através de mentiras].* Alguns atribuem o colapso do comunismo oriental, em parte, a seus escritos. Mas, se não fosse pelo sofrimento de Kornfeld, nunca teríamos conhecido o brilho de seu jovem convertido: Alexander Solzhenitsyn.

O que o homem pretendeu para o mal, Deus, mais uma vez, usou para o bem.

9

Dinheiro de faz de conta

Medo do próximo inverno

Não tenham medo, pequeno rebanho,
pois foi do agrado do Pai dar-lhes o Reino.

Lucas 12:32

Um campeão de Banco Imobiliário se senta em seu escritório. O Michael Phelps do jogo de tabuleiro. O Pelé do Morumbi. Ele passa o dia todo detonando a competição, colecionando casas, companhias e dinheiro de faz de conta como Salomão colecionava esposas. Ele nunca vai para a prisão, sempre passa pelo *início* e tem endereços permanentes em Interlagos e no Morumbi. Se a Fortune 500 listasse os bilionários de Banco Imobiliário, esse cara derrotaria Warren Buffett. Ninguém tem mais dinheiro que ele.

E ele quer que você o ajude a investir esse dinheiro. Você é, afinal de contas, um planejador financeiro. Você fala a língua das ações e anuidades, tem ampla experiência com previdências privadas, fundos mútuos e seguros. Mas toda a sua experiência não lhe preparou para esse pedido. E no entanto aqui está ele em seu escritório, cercado de bolsas de dinheiro cor-de-rosa e pequenos prédios de plástico. Investir ganhos em Banco Imobiliário?

"Eu tenho 314 Brooklins, 244 Morumbis e Companhias Ferroviárias suficientes para dar voltas no mundo como um novelo de lã."

Esse cara existe? Você faz de tudo para ser educado. "Parece que você acumulou uma fortuna de Banco Imobiliário."

Ele cruza os braços e sorri. "Sim, acumulei. E estou pronto para você botá-la para trabalhar. Está na hora de eu me recostar e relaxar. Deixar que outra pessoa cuide do Banco Imobiliário por uns tempos."

Você olha novamente para seus bolos de dinheiro engraçado e prédios de brinquedo e abandona todo o tato. "O senhor está louco. Seu dinheiro não tem valor. Fora do jogo ele não vale nada. Sinto lhe dizer isso, mas o senhor cometeu um erro tolo. Na verdade, o senhor é um tolo."

Linguagem forte. Mas, se você escolher usá-la, você está na companhia de Deus.

> Então lhes contou esta parábola: "A terra de certo homem rico produziu muito. Ele pensou consigo mesmo: 'O que vou fazer? Não tenho onde armazenar minha colheita'."
>
> "Então disse: 'Já sei o que vou fazer. Vou derrubar os meus celeiros e construir outros maiores, e ali guardarei toda a minha safra e todos os meus bens. E direi a mim mesmo: Você tem grande quantidade de bens, armazenados para muitos anos. Descanse, coma, beba e alegre-se'."
>
> "Contudo, Deus lhe disse: 'Insensato! Esta mesma noite a sua vida lhe será exigida. Então, quem ficará com o que você preparou?'"
>
> "Assim acontece com quem guarda para si riquezas, mas não é rico para com Deus" (Lucas 12:16-21).

Ele parecia um sujeito decente, esse fazendeiro rico. Esperto o bastante para obter algum lucro, safo o bastante para aproveitar uma vantagem inesperada. Até onde sabemos ele fez sua fortuna honestamente. Não há nenhuma menção a exploração ou fraudes. Ele pôs seu talento dado por Deus para fazer talentos e foi bem-sucedido. Bem suprido de sucesso, ele decidiu aprender uma lição da fábula da formiga e da cigarra.

A cigarra, como você deve se lembrar, não sabia por que a formiga trabalhava tão duro no verão. "Por que não vir e conversar comigo em vez de se cansar desse jeito?" A formiga explicou seu trabalho: "Estou ajudando a juntar comida para o inverno e recomendo que você faça o mesmo." Mas a cigarra preferia ficar à toa a trabalhar. Então, enquanto a formiga se preparava, a cigarra cantava. E quando o inverno trouxe seus ventos severos e campos estéreis, a formiga comia milho enquanto a cigarra se sentava na esquina segurando uma placa de papelão: "Qualquer trabalho serve. Aceito imediatamente."

O magnata da história de Jesus não ia fazer o papel da cigarra. Nada de distribuição de comida aos pobres para ele. E nada de distribuição de comida aos pobres para nós, também. Entendemos o fecundo fazendeiro. Verdade seja dita, queremos aprender com seu sucesso. Ele escreveu um livro (*Celeiros maiores para a aposentadoria*)? Ele conduz seminários ("Torne seu celeiro à prova de recessões em doze passos simples")? Aquele que enche o celeiro não dá o exemplo de planejamento responsável? E, no entanto, Jesus o coroa com o chapéu pontudo de burro. Onde o homem errou? Jesus responde, enchendo três parágrafos com uma gama de pronomes pessoais. Releia o coração da parábola, notando o coração do investidor:

> "*Ele* pensou *consigo mesmo*: 'O que [*eu*] vou fazer? [*Eu*] Não tenho onde armazenar *minha* colheita'. "Então [*ele*] disse: '[*Eu*] Já sei o que vou fazer. [*Eu*] Vou derrubar os *meus* celeiros e construir outros maiores, e ali [*eu*] guardarei toda a *minha* safra e todos os *meus* bens. E [*eu*] direi a *mim mesmo*: *Você* tem grande quantidade de bens, armazenados para muitos anos. Descanse, coma, beba e alegre-se'."

Esse homem habitava uma casa de um só cômodo repleto de espelhos. Ele olhava para o norte, sul, leste e oeste e via o mesmo indivíduo — ele próprio. Eu. Eu. Meu. Eu. Eu. Meu. Eu. Meu. Meu. Eu. Meu. Não *eles*. Não *vós*. Só *eu*. Mesmo quando ele disse *você*, ele estava falando consigo mesmo. "Você tem grande quantidade de bens. Descanse."

E ele o fez. Conseguiu juntar o bastante para poder comer, beber e se reclinar. Mudou-se para Scottsdale, comprou uma casa de cinco quartos, de vários níveis, no relvado liso do *country club*. Descarregou os caminhões de mudança, recheou suas contas bancárias, vestiu seu calção de banho e mergulhou na piscina do quintal. Pena que tenha se esquecido de enchê-la de água. Bateu com a cabeça no concreto e acordou na presença de Deus, que não estava nada impressionado com seu portfólio. "Insensato! Esta mesma noite a sua vida lhe será exigida. Então, quem ficará com o que você preparou?" (Lucas 12:20).

O tolo rico foi à pessoa errada ("Ele pensou consigo mesmo") e fez a pergunta errada ("O que vou fazer?"). Seu erro não foi o fato de ter planejado, mas o fato de que seus planos não incluíam Deus. Jesus criticou não a riqueza do homem mas sua arrogância; não a presença de objetivos pessoais mas a ausência de Deus nesses objetivos. E se ele tivesse levado seu dinheiro à pessoa certa (Deus) com a pergunta certa ("O que queres que eu faça?")?

O acúmulo de riqueza é uma defesa popular contra o medo. Como tememos perder nosso emprego, plano de saúde ou benefícios de aposentadoria, acumulamos posses, pensando que, quanto mais tivermos, mais seguros estaremos. A mesma insegurança motivou os construtores de Babel. As nações que se espalharam depois do dilúvio de Noé decidiram se isolar. "Vamos construir uma cidade, com uma torre que alcance os céus. Assim nosso nome será famoso e não seremos espalhados pela face da terra" (Gênesis 11:4).

Você percebe o medo nessas palavras? As pessoas tinham medo de se espalharem e de se separarem. No entanto, em vez de se virarem para Deus, eles se viraram para coisas materiais. Eles acumularam e amontoaram. Juntaram e construíram. Notícias de seus esforços chegariam aos céus e manteriam seus inimigos a distância. O lema de Babel era este: "Quanto mais você amontoar, mais seguro estará." Então eles amontoaram. Eles empilharam pedras e argamassa e tijolos e fundos mútuos e previdências privadas e cadernetas de poupança. Eles acumularam pensões, posses e propriedades. Sua torre de coisas ficou tão alta que eles tinham dor no pescoço só de olhar para ela.

"Estamos a salvo" anunciaram na cerimônia, cortando a faixa.

"Não, não estão", corrigiu Deus. E os construtores de Babel começaram a não falar coisa com coisa. A cidade de uma língua se tornou a glossolalia das Nações Unidas — tirando os intérpretes. Deus não invoca uma correção idêntica hoje? Elaboramos ações e investimentos, nos escondemos por trás de fundos. Confiamos em pensões e anuidades a ponto de extratos bancários determinarem o nosso humor. Mas aí vêm as recessões e quedas estilo Katrina, e a confusão começa toda de novo.

Durante o colapso econômico de outubro de 2008, um homem de Stamford, Connecticut, ameaçou explodir um banco. Quando perdeu $ 500.000 de seu portfólio de $ 2.000.000, ele planejou levar uma arma para o prédio e tirar a vida de pessoas inocentes se necessário.[1] Como se sair atirando por aí fosse fazer alguma coisa para restaurar a perda dele. O medo nunca foi famoso por sua lógica.

Se não houvesse Deus, guardar coisas seria a única resposta apropriada para um futuro incerto. Mas há Deus. E esse Deus não quer que seus filhos confiem no dinheiro. Ele respondeu à tolice do homem rico com uma enxurrada de apelos "Não se preocupe". "Não se preocupem com sua própria vida... Não busquem ansiosamente o que comer ou beber; não se preocupem com isso" (Lucas 12:22-29).

Não siga o caminho do caipira rico que tinha muito dinheiro, mas era pobre de senso espiritual. Em vez disso, "Não tenham medo, *pequeno rebanho*, pois foi do agrado do Pai dar-lhes o Reino" (Lucas 12:32). Essa é a única ocasião em que Jesus nos chama de "pequeno rebanho". A discussão da provisão levanta a preocupação pastoral.

Uma vez, andei a cavalo com uma pastora pelas Black Mountains do País de Gales. Os vales verdes estavam cobertos como algodão com cabeças de ovelhas. Encontramos um membro do rebanho que tinha se enfiado em um apuro. Ela estava presa de costas em um sulco em uma estrada de terra e não conseguia se levantar.

Quando a pastora a viu, ela desmontou do cavalo, olhou para mim e riu. "Elas não são animais dos mais inteligentes." Ela socorreu o animal, que saiu correndo.

Nós não somos animais dos mais inteligentes, também. No entanto, temos um pastor que nos levantará. Como um bom pastor, ele não vai nos deixar despidos ou com fome. "Nunca vi o justo desamparado, nem seus filhos mendigando o pão" (Salmo 37:25). Que lembrete bem-vindo! Quando hipotecas são executadas ou pensões evaporam, precisamos de um pastor. Em Cristo temos um. E "foi do agrado do Pai dar-lhes o Reino".

Dar caracteriza a criação de Deus. Desde a primeira página das Escrituras, ele é apresentado como um criador filantrópico. Produz em multiplicidade: estrelas, plantas, pássaros e animais. Toda bênção chega aos montes. Deus cria Adão e Eva em uma "liturgia de abundância"[2] e lhes diz que sigam o exemplo: "Sejam férteis e multipliquem-se!" (Gênesis 1:28).

O Tio Patinhas não criou o mundo; Deus o criou.

O Salmo 104 comemora essa criação abundante com 23 versículos de bênçãos itemizadas: os céus e a terra, as águas, correntes, árvores, pássaros, bodes, vinho, óleo, pão, as pessoas e os leões. Deus é a fonte de "inúmeras criaturas, seres vivos, pequenos e grandes... Todos eles dirigem seu olhar a ti, esperando que lhes dês o alimento no tempo certo" (Salmo 104:25-27).

E ele dá. Deus é o grande rio. O grande provedor. A fonte de toda bênção. Absolutamente generoso e completamente confiável. A mensagem ressonante e recorrente das Escrituras é clara: Deus tudo possui. Deus tudo compartilha. Confie nele, não em coisas!

> Ordene aos que são ricos no presente mundo que não sejam arrogantes, nem ponham sua esperança na incerteza da riqueza, mas em Deus, que de tudo nos provê ricamente, para a nossa satisfação. Ordene-lhes que pratiquem o bem, sejam ricos em boas obras, generosos e prontos a repartir. Dessa forma, eles acumularão um tesouro para si mesmos, um firme fundamento para a era que há de vir, e assim alcançarão a verdadeira vida (1 Timóteo 6:17-19).

Você é "rico no presente mundo"? Se você tem os recursos e a educação para ler este livro, você é. Quase metade do mundo — mais de três bilhões de pessoas — vive com menos de US$ 2,50 por dia.[3] Se você ganha mais, então você é rico, e sua riqueza exige vigilância dupla.

"A adversidade às vezes é dura com um homem", escreveu Thomas Carlyle, "mas para cada homem que goza de prosperidade, existem cem que passarão pela adversidade."[4] A abundância de posses consegue ofuscar Deus, não importa quão poucas sejam essas posses. Existe uma progressão previsível da pobreza para o orgulho. O homem pobre ora e trabalha; Deus escuta e abençoa. O homem humilde enriquece e se esquece de Deus. O homem pobre e fiel se torna o homem rico e orgulhoso. Como

Deus disse por intermédio de Oseias: "Quando eu os alimentava, ficavam satisfeitos; quando ficavam satisfeitos, se orgulhavam, e então me esqueciam" (Oseias 13:6). O homem rico e orgulhoso cai sob o julgamento de Deus. Como podemos evitar isso? Como uma pessoa pode sobreviver à prosperidade?

Não seja soberbo... Não pense por um momento sequer que você teve alguma coisa a ver com sua acumulação. As Escrituras deixam uma coisa clara: suas ações, seu dinheiro em espécie e seus fundos de previdência? Eles não são seus.

> Ao SENHOR, o seu Deus, pertencem os céus e até os mais altos céus, a terra e tudo o que nela existe (Deuteronômio 10:14).
>
> Teus, ó SENHOR, são a grandeza, o poder, a glória, a majestade e o esplendor, pois tudo o que há nos céus e na terra é teu (1 Crônicas 29:11).
>
> "Tanto a prata quanto o ouro me pertencem", declara o SENHOR dos Exércitos (Ageu 2:8).

O rico tolo na história de Jesus não entendeu isso. A mulher sábia que Jesus viu no templo entendeu. "Então, uma viúva pobre chegou-se e colocou duas pequeninas moedas de cobre, de muito pouco valor. Chamando a si os seus discípulos, Jesus declarou: 'Afirmo-lhes que esta viúva pobre colocou na caixa de ofertas mais do que todos os outros. Todos deram do que lhes sobrava; mas ela, da sua pobreza, deu tudo o que possuía para viver'" (Marcos 12:42-44).

A doce mulher estava reduzida a suas últimas moedas e, no entanto, em vez de gastá-las em pão, ela as retornou a Deus. Gurus financeiros da Wall Street teriam lhe sugerido que reduzisse suas doações. Na verdade, os conselheiros de investimentos teriam aplaudido a estratégia de investimento do construtor do celeiro e desencorajado a generosidade da moça. Jesus fez exatamente o oposto. Seu ídolo das finanças era uma mulher pobre que depositou todo seu portfólio na bandeja de doações.

Não "ponham sua esperança na incerteza da riqueza" (1 Timóteo 6:17). O dinheiro é um alicerce pouco confiável. A economia dos EUA já passou por dez recessões entre 1948 e 2001. Essas recessões duraram uma média de dez meses cada e resultaram no prejuízo de bilhões de dólares.[5]

Mais ou menos a cada cinco anos a economia dispensa seus pretendentes e começa do zero. O que você pensaria de um homem que fizesse o mesmo com mulheres? Que palavra você usaria para descrever um homem que tivesse tido nove esposas em cinquenta anos?

E que palavra você usaria para descrever a esposa número dez? Que tal essa? *Tola.* Aqueles que confiam no dinheiro são tolos. Estão se preparando para serem enganados e abandonados em uma enxurrada de infelicidade. Você já notou que a palavra *miser* [sovina] em inglês só tem uma letra de diferença para a palavra *misery* [angústia]?

Bob Russell aprendeu a conexão entre as duas palavras. Ele relata esta grande história:

> Alguns anos atrás, nossa família se envolveu em um jogo de Banco Imobiliário. Eu estava com sorte. Na primeira rodada, eu parei em Botafogo e no Jardim Paulista e comprei as duas. Depois adicionei Flamengo e Brooklin. Se alguém passasse naquela rua, eu os matava. Comprei todas as companhias. Eu tinha casas e hotéis; eu não conseguia conter meu sorriso debochado. Eu tinha tanto dinheiro que tive que separar um pouco. Todo mundo estava contando suas pequenas notas miúdas e eu tinha centenas e milhares!
>
> Finalmente, quando era cerca de 1h da manhã, todos eles faliram e eu ganhei! Eles se levantaram da mesa sem me dar parabéns e foram para a cama. "Ei! Esperem!" disse eu. "Alguém precisa guardar o jogo." Ao que eles responderam: "É a sua recompensa por vencer. Boa-noite!"
>
> E lá fiquei eu, sozinho. Todos os meus hotéis, todas as minhas propriedades, todo o meu dinheiro; e então eu percebi: isso não vale nada. E eu tive que guardá-los naquela caixa. Dobrá-los e pô-los na prateleira. E eu subi para ir dormir em uma cama fria. Minha mulher não disse: "Sabe, estou muito orgulhosa de você. Você é um investidor impressionante. Nunca podemos derrotá-lo. Você é o senhor Banco Imobiliário." Só me deu um beijo superficial e se virou.6

Que bom, no caso de Bob, que seu erro foi em um jogo. Que pena, em muitos casos, que o erro seja na vida.

> Não se aborreça quando alguém enriquece e aumenta o luxo de sua casa, pois nada levará consigo quando morrer; não descerá com ele o seu esplendor. Embora em vida ele se parabenize: "Todos o elogiam, pois você está prosperando", ele se juntará aos seus antepassados, que nunca mais verão a luz. O homem, mesmo que muito importante, não tem entendimento; é como os animais, que perecem (Salmo 49:16-20).

Deus tudo possui e nos dá todas as coisas para desfrutarmos. Ele é um bom pastor para nós, seu pequeno rebanho. Confie nele, não em coisas. Passe do medo da escassez para o conforto da provisão. Juntar menos, compartilhar mais. "Pratiquem o bem, sejam ricos em boas obras, generosos e prontos a repartir."

E, acima de tudo, substitua o medo do próximo inverno pela fé no Deus vivo. Afinal de contas, é tudo dinheiro de Banco Imobiliário. Tudo volta para a caixa quando o jogo acaba.

10

Morto de medo

Medo dos momentos finais da vida

Não se perturbe o coração de vocês. Creiam em Deus; creiam também em mim [...] voltarei e os levarei para mim, para que vocês estejam onde eu estiver.

João 14:1,3

Uma vez, em um sonho, encontrei um homem que estava usando um chapéu e um casaco de veludo. Ele era a versão professor do Indiana Jones: distinto, ar professoral, mandíbulas proeminentes e um olhar gentil. Ele frequentava velórios. Aparentemente eu também, pois o sonho consistia em um velório atrás do outro — em capelas e sepulturas. Ele nunca tirava o chapéu. Eu nunca lhe perguntei por que ele o usava, mas pedi que explicasse sua presença proverbial em enterros.

"Eu venho para levar as pessoas para sua morada eterna." Em meus momentos acordado essa explicação teria motivado um telefonema para o FBI para uma checagem completa. Mas esse era um sonho, e os sonhos permitem estranhezas, então não investiguei a fundo. Não perguntei a fonte de sua lista nem seu meio de transporte. Não achei estranho ver aquele chapéu nos velórios. Mas achei estranho encontrar esse homem em uma rua movimentada.

Imagine o Carnaval ou a Parada de Sete de Setembro. Uma avenida lotada de gente. "Estou surpreso de vê-lo aqui", disse a ele. Ele não respondeu.

Eu vi um dos meus amigos parado ali perto. Um bom homem, viúvo, idoso, saúde fraca. De repente entendi a presença do anjo de chapéu.

"Você veio buscar meu amigo."

"Não."

Então o sonho fez o que apenas os sonhos podem fazer. Sumiu todo mundo exceto o visitante e eu. A calçada lotada se tornou uma rua tranquila, tão calma que não poderia ter entendido as próximas palavras de modo errado.

"Max, eu vim buscar você."

Curiosamente, eu não resisti; não reagi nem corri. No entanto, eu fiz um pedido. Quando ele concordou, a rua de repente ficou cheia, e eu comecei a ir de pessoa em pessoa, me despedindo. Não contei para ninguém sobre o anjo, nem sobre o chapéu ou para onde eu estava indo. Até onde eles sabiam, eles me veriam de novo no dia seguinte.

Mas eu sabia a verdade e, como eu sabia, o mundo se consertou. Como se as lentes da vida tivessem estado fora de foco e, com uma mexida, a imagem ficou mais nítida. Tolices e ofensas foram esquecidas. O amor foi amplificado. Eu cumprimentei um crítico áspero, dei minha carteira para um pedinte. Abracei pessoas frias e esquentadas. E para os meus entes queridos, minha esposa e filhas, eu dei uma prece. Prece mais simples eu não poderia ter orado. *Fique forte. Confie em Cristo.*

E aí o sonho acabou. Eu estava acordado. E dentro de uma hora eu tinha registrado cada memória do sonho.

Ele me acompanha há anos. Como uma canção ou um suéter favorito, eu volto para ele. Não posso dizer que faço o mesmo com os outros sonhos. Mas esse se destaca porque ressona com um desejo profundo do qual pode ser que você compartilhe: o desejo de enfrentar a morte sem medo. Morrer sem medo ou luta... talvez com um sorriso.

Impossível? Alguns já disseram isso.

Aristóteles disse que a morte deve ser a coisa mais temida porque "parece ser o fim de tudo".[1] Jean-Paul Sartre afirmou que a morte "tira todo o significado da vida".[2] Robert Green Ingersoll, um dos agnósticos mais francos dos EUA, não conseguiu oferecer palavras de esperança no enterro de seu irmão. Ele disse: "A vida é um vale estreito entre os frios e áridos picos de duas eternidades. Esforçamo-nos para olhar além das alturas."[3] O pessimismo do filósofo francês François Rabelais era igualmente ártico. Ele fez desta frase a sua última: "Estou indo para o grande Talvez."[4] Shakespeare descreveu o pós-vida com os termos mais sombrios da fala de Hamlet: "O medo de alguma coisa após a morte, o país não descoberto de onde nenhum viajante retorna."[5]

Que linguagem triste e deprimente! Se a morte nada mais é do que "o fim de tudo", "áridos picos" e "o grande Talvez", qual é a possibilidade de morrer bravamente? Mas, e se os filósofos tiverem errado? Suponha que a morte seja diferente do que eles pensaram, menos uma maldição e mais uma passagem, não uma crise a ser evitada, mas uma esquina para virar? E se o cemitério não for o domínio da Morte mas o domínio do Guardião das Almas, que um dia anunciará: "Vocês, que voltaram ao pó, acordem e cantem de alegria" (Isaías 26:19)?

Essa é a promessa de Cristo: "Não se perturbe o coração de vocês. Creiam em Deus; creiam também em mim. Na casa de meu Pai há muitos aposentos; se não fosse assim, eu lhes teria dito. Vou preparar-lhes lugar. E se eu for e lhes preparar lugar, voltarei e os levarei para mim, para que vocês estejam onde eu estiver" (João 14:1-3).

Embora as palavras de Jesus nos pareçam confortantes, elas pareceram radicais para seus ouvintes do século I. Ele estava prometendo realizar um feito que ninguém tinha ousado visualizar ou imaginar. Ele retornaria dos mortos e resgataria seus seguidores da sepultura.

O judaísmo tradicional ficou dividido no assunto da ressurreição. "Os saduceus dizem que não há ressurreição nem anjos nem espíritos, mas os fariseus admitem todas essas coisas" (Atos 23:8). Os saduceus viam a sepultura como uma viagem trágica só de ida para Seol. Sem escapatória. Sem esperança. Sem possibilidade de liberdade condicional. "Pois os vivos sabem que morrerão, mas os mortos nada sabem" (Eclesiastes 9:5).

Os fariseus imaginavam uma ressurreição no "grande último dia. Não há tradições sobre profetas sendo levantados para uma nova vida corpórea. [...] Por mais que Abraão, Isaque e Jacó tenham sido no imaginário judaico, ninguém imaginou que eles tivessem sido levantados dos mortos".[6]

A filosofia grega antiga usava um linguajar diferente, mas resultava em desespero idêntico. Seu mapa da morte incluía o rio Estige e o barqueiro Caronte. Ao morrer, a alma do indivíduo seria levada de barco pelo rio e solta em um pós-vida sem sol com espíritos sem corpos e sombras.

Foi nesse panorama que Jesus entrou. Os respeitados pensadores dos saduceus e dos gregos não tinham uma fonte de ressurreição de onde escrever. Os fariseus imaginavam uma vida após a sepultura mas não até o fim da história. No entanto, Jesus entrou nesse pântano de incerteza e construiu uma resistente ponte. Ele prometeu não só um pós-vida, mas uma vida melhor.

"Na casa de meu Pai há muitos aposentos... Vou preparar-lhes lugar" (João 14:2). Nós do ocidente podemos não perceber as imagens de casamento, mas pode apostar que os ouvintes de Jesus as notavam. Essa era uma promessa de noivo para noiva. Após receber a permissão de ambas as famílias, o noivo retornava para a casa de seu pai e construía uma casa para sua noiva. Ele "preparava lugar".

Ao prometer fazer o mesmo por nós, Jesus eleva os enterros ao mesmo nível de esperança dos casamentos. De sua perspectiva, a viagem para o cemitério e a caminhada até o altar produzem animação idêntica.

Essa questão tem a ver com a nossa casa, já que nós estamos no meio dos preparativos de um casamento. Estou usando a palavra *nós* por força do hábito. Denalyn e nossa filha Jenna estão nos preparativos do casamento. Eu estou sorrindo, concordando e assinando os cheques. Nossa casa ferve de conversas sobre vestidos de noiva, bolos de casamento, convites e recepções. A data já está escolhida, a igreja reservada e a animação está nas alturas. Casamentos são uma ótima notícia!

Assim como, diz Jesus, o são os enterros. Ambos comemoram uma nova era, um novo nome e um novo lar. Em ambos, o noivo leva a noiva de braços dados. Jesus é seu noivo. "Eu virei buscar você..." Ele lhe encontrará no altar. Sua última imagem da vida vai ativar a sua primeira imagem dele.

Mas como podemos ter certeza de que ele vai cumprir a sua promessa? Temos alguma garantia de que suas palavras são mais do que poesia vazia ou vã superstição? Ousamos pôr nossa esperança e nosso coração nas mãos de um carpinteiro judeu do interior? A resposta está no cemitério de Jerusalém. Se a tumba de Jesus estiver vazia, então a promessa dele não o é. Deixe que o apóstolo Paulo reduza a lógica a uma só frase: "Mas cada um por sua vez: Cristo, o primeiro; depois, quando ele vier, os que lhe pertencem" (1 Coríntios 15:23).

Paulo estava escrevendo para os cristãos coríntios, pessoas que tinham sido escoladas na filosofia grega de um pós-vida sombrio. Alguém os estava convencendo de que cadáveres não podiam ser levantados, nem os deles nem o de Cristo. O apóstolo não podia tolerar tal pensamento. "Irmãos, quero lembrar-lhes o evangelho que lhes preguei" (1 Coríntios 15:1). Com a insistência de um advogado em argumentação final, revisou os fatos: "[Jesus] ressuscitou no terceiro dia... apareceu a Pedro... aos Doze. A mais de quinhentos irmãos de uma só vez... a Tiago... a todos os apóstolos... depois... a mim" (1 Coríntios 15:4-8).

Chame as testemunhas, ele ofereceu. Chame a todos, um por um. Deixe que cada pessoa que viu o Cristo após a ressurreição o diga. Melhor levar seu almoço e liberar a sua agenda, pois mais de cinquenta testemunhas estão dispostas a falar.

Você vê a lógica de Paulo? Se uma pessoa diz que teve um encontro com Cristo, desconsidere. Se dez pessoas oferecem testemunhos, considere histeria local. Mas cinquenta pessoas? Cem? Trezentas? Quando um testemunho se expande para centenas, a descrença se torna crença.

Paulo conhecia, não algumas, mas centenas de testemunhas oculares. Pedro. Tiago. João. Os seguidores, a reunião de quinhentas pessoas, e o próprio Paulo. Eles viram Jesus. Eles o viram fisicamente.

Eles o viram de fato. Não viram um fantasma ou experimentaram uma sensação. Elogios solenes frequentemente incluem frases como "Ela viverá para sempre em meu coração". Os seguidores de Jesus não estavam dizendo isso. Eles viram Jesus "em carne e osso".

Quando apareceu para os discípulos, ele lhes garantiu: "Sou eu mesmo!" (Lucas 24:39). Os discípulos, que iam para Emaús, não viram nada de extraordinário em seu corpo. Seus pés tocavam o chão. Suas mãos tocavam o pão. Eles pensaram que fosse um companheiro peregrino até que "os olhos deles foram abertos" (Lucas 24:31). Maria viu Jesus no jardim e o chamou de "senhor" (João 20:15). Os discípulos viram Jesus cozinhando peixe na praia. O Cristo ressurrecto fez coisas físicas em um corpo físico. "Vejam as minhas mãos e os meus pés. Sou eu mesmo! Toquem-me e vejam; um espírito não tem carne nem ossos, como vocês estão vendo que eu tenho" (Lucas 24:39).

Jesus experimentou uma ressurreição física e factual. E — aqui está — como ele o fez, nós também o faremos! "Mas cada um por sua vez: Cristo, o primeiro; depois, quando ele vier, os que lhe pertencem" (1 Coríntios 15:23).

Aristóteles estava errado. A morte não deve ser temida. Sartre estava enganado. Seu último momento não é o seu pior. O itinerário grego era impreciso. Caronte não vai lhe transportar para o esquecimento. Quinhentas testemunhas deixaram um testemunho ainda ressonante: é seguro morrer.

Então vamos morrer com fé. Vamos deixar a ressurreição entrar nas fibras de nosso coração e definirem o modo como olhamos para a sepultura. Vamos "[libertar] aqueles que durante toda a vida estiveram escravizados pelo medo da morte" (Hebreus 2:15).

Jesus dá coragem para a passagem final. Ele o fez para Charles Lindbergh, a primeira pessoa a atravessar voando, sozinho, o Oceano Atlântico. Quando o piloto descobriu que tinha câncer terminal, ele e sua esposa foram passar seus dias finais em sua casa no Havaí. Ele convidou um pastor para conduzir seus ritos finais e escreveu essas palavras para serem lidas em seu enterro:

> Entregamos o corpo de Charles A. Lindbergh a seu descanso final; mas seu espírito entregamos a Deus Todo-Poderoso, sabendo que a morte nada mais é do que uma nova aventura na existência e lembrando como Jesus disse na cruz: "Pai, em tuas mãos eu confio meu espírito".[7]

A morte — "uma nova aventura na existência". Não precisa temê-la ou ignorá-la. Graças a Cristo, você pode enfrentá-la.

Eu o fiz. Minha cirurgia cardíaca foi uma das mais arriscadas. Mas qualquer procedimento que exija quatro horas de exames dentro do seu coração basta para uma prece a mais. Então, na noite anterior à minha cirurgia, eu, Denalyn e alguns gentis amigos fizemos a nossa contribuição. Estávamos hospedados em um hotel ao lado da Cleveland Clinic em Ohio. Pedimos a Deus que abençoasse os médicos e cuidasse das enfermeiras. Depois de conversarmos por alguns minutos, eles me desejaram sorte e se despediram. Eu precisava ir dormir cedo. Mas antes de dormir, eu queria oferecer mais uma prece... sozinho.

Desci de elevador até o *lobby* e encontrei um canto quieto e comecei a pensar. *E se a cirurgia der errado? E se esta for minha última noite na terra? Preciso ficar de bem com alguém? Preciso ligar para alguém e fazer as pazes?* Eu não conseguia pensar em ninguém. (Assim, se você está pensando que eu deveria ter lhe telefonado, desculpe. Talvez precisemos conversar.)

Em seguida, escrevi cartas para minha esposa e para minhas filhas, cada uma começando com a frase: "Se você está lendo isso, algo errado aconteceu na cirurgia."

Depois eu e Deus tivemos a mais franca das conversas. Começamos com uma boa revisão do meu primeiro meio século. Os detalhes entediariam você, mas nos entretiveram. Eu lhe agradeci por graças além da conta e por uma esposa que descendia dos anjos. Minha soma de bênçãos poderia ter ido a noite toda e ameaçou fazer exatamente isso. Então eu parei e ofereci esta prece: *Estou em boas mãos, Senhor. Os médicos são bem preparados; a equipe é experiente. Mas mesmo com todo o cuidado, as coisas acontecem. Esta pode ser minha última noite nesta versão da vida, e eu quero que tu saibas que, se este for o caso, tudo bem.*

E então eu fui para a cama. E dormi como um bebê. Aconteceu que nenhum anjo veio. Não vi o chapéu. Recuperei-me da cirurgia e aqui estou, forte como nunca, ainda digitando feito um louco no teclado do computador. No entanto, uma coisa está diferente. Esta coisa de morrer corajosamente?

Acho que eu vou.

Que você possa fazer o mesmo.

11

Vida cafeinada

Medo do que vem por aí

Deixo-lhes a paz; a minha paz lhes dou. Não a dou como o mundo a dá. Não se perturbe o seu coração, nem tenham medo.

João 14:27

Ah, se pudéssemos encomendar a vida como encomendamos café! Você não adoraria misturar e combinar os ingredientes do seu futuro?

"Dê-me um copo duplo bem quente de aventura, sem perigos, com duas doses de boa saúde."

"Uma mistura sem cafeína de longevidade, por favor, com uma borrifada de fertilidade. Capriche na agilidade e tire a incapacidade."

"Eu quero um café colombiano de prazer com um pouco de indulgência. Certifique-se de que não venha com consequências".

"Eu vou beber um grande café com leite feliz, com uma dose de amor e borrifado com aposentadoria no Caribe."

Leve-me a *essa* cafeteria. Pena que não exista. A verdade é que a vida muitas vezes nos entrega uma mistura inteiramente diferente da que pedimos. Já se sentiu como se o garçom-lá-de-cima chamasse seu nome e lhe entregasse uma xícara de estresse indesejado?

"Joe Jones, aproveite sua aposentadoria antecipada. Parece que ela vem com problemas maritais e inflação."

"Mary Adams, você queria quatro anos de estudos universitários e depois filhos. Você terá os filhos primeiro. Parabéns pela sua gravidez."

"Uma xícara quente de transferência de emprego seis meses antes da formatura da sua filha, Susie. Gostaria de paciência para acompanhar?"

A vida vem cafeinada com surpresas. Mudanças. Transições. Alterações. Você desce degraus, se muda da sua casa, vai morar com o novo namorado, sobe os degraus do sistema. Tanta mudança. Algumas são bem-vindas, outras não. E nessas raras épocas em que você acha que o mundo se acalmou, cuidado! Um senhor de 71 anos recentemente disse a um amigo meu: "Tive uma boa vida. Estou curtindo minha vida agora, e estou otimista com o futuro." Duas semanas depois um tornado destruiu a região, levando a vida de seu filho, nora, neto e a mãe de sua nora. Simplesmente não sabemos, não é? Em nossa lista de medos, o medo do que vem por aí exige uma posição proeminente. Podemos até pedir uma vida descafeinada, mas não a recebemos. Os discípulos não a receberam.

"Vou" (João 14:28).

Imagine o estranhamento deles quando ouviram Jesus dizer isso. Ele falou isso na noite da comemoração da Páscoa, na quinta-feira à noite, no Salão Superior. Cristo e seus amigos tinham acabado de gozar de um calmo jantar no meio de uma semana caótica. Eles tinham razões para otimismo: a popularidade de Jesus estava crescendo rapidamente. As oportunidades estavam aumentando. Em três curtos anos as multidões tinham levantado Cristo em seus ombros... ele era a esperança do homem comum.

Os discípulos estavam falando de retórica do reino, prontos para fazer chover fogo em seus inimigos, pleiteando posições no gabinete de Cristo. Eles imaginavam a restauração de Israel a seus dias de glória. Bastava de ocupação romana e opressão estrangeira. Essa era a marcha para a liberdade, e Jesus a estava liderando.

E agora isso? Jesus disse: "Vou." O anúncio os pegou de suspresa. Quando Jesus explicou: "Vocês conhecem o caminho para onde vou", Tomé, não sem uma boa dose de exasperação, respondeu: "Senhor, não sabemos para onde vais; como então podemos saber o caminho?" (João 14:4,5).

Cristo entregou aos discípulos uma xícara com uma grande transição e eles tentaram devolvê-la. Não faríamos o mesmo? E no entanto quem consegue? Que pessoa passa por toda a vida sem surpresas? Se você não quer mudanças, vá a uma máquina que venda refrigerantes; só lá você não encontrará mudanças. Lembra-se do resumo de Salomão?

> Para tudo há uma ocasião certa;
> há um tempo certo para cada propósito debaixo do céu:
> Tempo de nascer e tempo de morrer,
> tempo de plantar e tempo de arrancar o que se plantou,
> tempo de matar e tempo de curar,
> tempo de derrubar e tempo de construir,
> tempo de chorar e tempo de rir,
> tempo de prantear e tempo de dançar,
> tempo de espalhar pedras e tempo de ajuntá-las,
> tempo de abraçar e tempo de se conter,
> tempo de procurar e tempo de desistir,
> tempo de guardar e tempo de jogar fora,
> tempo de rasgar e tempo de costurar,
> tempo de calar e tempo de falar,
> tempo de amar e tempo de odiar,
> tempo de lutar e tempo de viver em paz (Eclesiastes 3:1-8).

Eu contei 28 tempos diferentes. De nascer, morrer, prantear, se alegrar, amar, odiar, abraçar, separar. Deus entrega a vida do mesmo modo como administra seu cosmos: com tempos. No que diz respeito à terra, entendemos a estratégia de administração de Deus. A natureza precisa do inverno para descansar e da primavera para despertar. Não corremos para abrigos subterrâneos ao avistar os botões da primavera. As cores do outono não disparam sirenes de alerta. As estações da terra não nos incomodam. Mas estações pessoais inesperadas certamente incomodam. Do jeito que entramos em pânico ao avistar mudanças, parece que há bombas caindo em Iowa.

"Corram e protejam-se! A formatura está chegando!"

"A diretoria acabou de contratar um novo CEO! Protejam-se!"

"Ponham as mulheres e crianças no ônibus e corram para o norte. A loja de departamentos está falindo!"

A mudança deixa nossa vida de cabeça para baixo e, quando o faz, Deus envia alguém especial para nos estabilizar. Na noite anterior à sua morte, Jesus fez essa promessa a seus seguidores: "Mas o Conselheiro, o Espírito Santo, que o Pai enviará em meu nome, lhes ensinará todas as coisas e lhes fará lembrar tudo o que eu lhes disse. Deixo-lhes a paz; a minha paz lhes dou. Não a dou como o mundo a dá. Não se perturbe o seu coração, nem tenham medo" (João 14:26,27).

Como um professor de partida pode apresentar a turma a seu substituto, assim Jesus nos apresenta ao Espírito Santo. E que endosso ele dá! Jesus diz que o Espírito Santo será enviado "em seu nome". O Espírito vem no nome de Cristo, com igual autoridade e poder idêntico. Anteriormente nessa noite, Jesus havia dito: "E eu pedirei ao Pai, e ele lhes dará outro Conselheiro para estar com vocês para sempre" (João 14:16).

"Outro Conselheiro." Ambas as palavras brilham. A língua grega goza de duas palavras distintas para *outro*. Uma significa "totalmente diferente" e, a segunda, "um exatamente como o primeiro". Quando Jesus promete "outro Conselheiro", ele usa a palavra número dois, prometendo "um exatamente como o primeiro".

A distinção é instrutiva. Digamos que você esteja lendo um livro no ônibus. Alguém se senta ao seu lado, interrompe sua leitura, e pergunta sobre o livro. Você lhe diz: "É um livro do Max Lucado. Aqui, tome. Eu posso comprar *outro*."

Quando você diz "Eu posso comprar outro", você quer dizer "outro" no sentido de "qualquer outro" livro? Um romance policial, um livro de receitas ou um livro de romance? É claro que não. Sendo uma pessoa de excelente gosto, você quer dizer um livro que é idêntico ao que você gentilmente deu. Se você estivesse falando grego, você teria usado o termo que João usou ao registrar a promessa de Jesus: *allos* — "um exatamente como o primeiro".

E quem é o primeiro? O próprio Jesus. Assim, a garantia que Jesus dá aos discípulos é esta: "Eu vou. Vocês estão entrando em um novo tempo, um capítulo diferente. Muita coisa vai ser diferente, mas uma coisa permanece constante: a minha presença. Vocês gozarão da presença de 'outro Conselheiro'".

Conselheiro significa "intercessor, advogado, aquele que fortalece, que está por perto, amigo, ajudante". Todas as descrições tentam retratar o belo significado de *parakletos*, uma palavra composta de duas palavras gregas. *Para* significa "ao lado de" (pense em "paralelo" ou "paradoxo"). *Kletos* significa "ser chamado, designado, apontado". O Espírito Santo é designado para vir ficar ao seu lado. Ele é a presença de Jesus com e nos seguidores de Jesus.

Você consegue ver como os discípulos precisavam desse encorajamento? É noite da quinta-feira antes da crucificação. Até o nascer do sol da sexta-feira eles abandonarão Jesus. Na hora do café da manhã eles estarão se escondendo em cantos e fendas. Às 9 horas da manhã, soldados romanos pregarão Jesus em uma cruz. A essa hora amanhã ele estará morto e enterrado. O mundo deles está prestes a virar de cabeça para baixo. E Jesus quer que eles saibam: eles nunca enfrentarão o futuro sem a ajuda dele.

E nem você. Você tem um companheiro de viagem.

Você tem um Pat McGrath. Pat é meu companheiro de ciclismo. Alguns anos atrás, eu adotei o ciclismo na estrada como *hobby* e exercício. Comprei o capacete, as luvas e uma bicicleta leve. Prendi meus tênis nos pedais e quase morri na primeira corrida. As montanhas são como o Everest para os que estão velhos e acima do peso. Eu literalmente tive de levar minha bicicleta para casa andando.

Pat ouviu sobre meu interesse e se ofereceu para pedalar comigo. Pat prefere andar de bicicleta a respirar. Para ele, andar de bicicleta *é* respirar. Se ele não tivesse um emprego e cinco filhos, a Tour de France poderia ter tido mais um norte-americano. Ele tem pistões no lugar de pernas e um motor de locomotiva no lugar de um coração. Quando eu reclamei das ruas íngremes e dos ventos fortes, ele ofereceu: "Sem problemas. Você pode andar na minha cola."

Andar na cola de um ciclista é andar bem perto dele. Quando Pat e eu encontramos um vento forte, eu me posiciono atrás dele o mais perto que ouso. Meu pneu dianteiro está a cerca de trinta centímetros do pneu traseiro dele. Ele vai na frente no vento, me deixando um cone de calmaria para eu pedalar. E quando subimos montanhas íngremes? Fico um pouco embaraçado de admitir isso, mas Pat põe uma mão nas minhas costas e me empurra ladeira acima.

Você não gostaria de ter um amigo assim? Você tem. Quando você põe sua fé em Cristo, Cristo põe seu Espírito antes de você, atrás e dentro de você. Não um espírito estranho, mas o *mesmo* Espírito: o *parakletos*. Tudo o que Jesus fez por seus seguidores, o Espírito dele faz por você. Jesus ensinava; o Espírito ensina. Jesus curava; o Espírito cura. Jesus confortava; o Espírito conforta. Enquanto Jesus lhe envia para novos tempos, envia seu conselheiro para ir com você.

Deus lhe trata como uma mãe tratava seu jovem filho, Timmy. Ela não gostava de imaginar Timmy indo para a aula, na primeira série, desacompanhado. Mas ele era grande demais para ser visto com sua mãe. "Além do mais", explicou ele, "posso ir com um amigo." Então ela fez o possível para ficar calma, citando o Salmo 23:6 para ele todas as manhãs: "Sei que a bondade e a fidelidade me acompanharão todos os dias da minha vida..."

Um dia, ela teve uma ideia. Ela pediu que uma vizinha seguisse Timmy até a escola de manhã, ficando a uma certa distância para que ele não a notasse. A vizinha ficou feliz em fazer isso. Ela levava sua filha pequena para andar de manhã de qualquer forma.

Depois de vários dias, o amiguinho de Timmy notou a moça e a criança.

— Você sabe quem é aquela moça que nos segue até a escola?

— Claro — respondeu Timmy. — Aquelas são Shirley Goodnest e sua filha Marcy.

— Quem?

— Minha mãe lê sobre elas todo dia no Salmo 23:6. Ela diz: "Sei que Shirley Goodnest e Marcy me acompanharão todos os dias da minha vida." Acho que vou ter que me acostumar com elas.

Você também terá. Deus nunca manda você sozinho. Você está na noite anterior à mudança? Você se encontra olhando para um novo capítulo? A folhagem do seu mundo está mostrando sinais de uma nova estação? A mensagem do céu para você é clara: mesmo quando tudo muda, a presença de Deus nunca muda. Você viaja na companhia do Espírito Santo, que "lhes ensinará todas as coisas e lhes fará lembrar tudo o que eu lhes disse" (João 14:26).

Então fique de bem com o que quer que venha por aí.

Abrace-o. Aceite-o. Não resista. A mudança não é só parte da vida; a mudança é uma parte necessária da estratégia de Deus. Para nos usar para mudar o mundo, ele altera nossas incumbências. Gideão: de fazendeiro a general; Maria: de camponesa a mãe de Cristo; Paulo: de rabino local a evangelista mundial. Deus mudou José de irmão caçula para príncipe egípcio. Mudou Davi de pastor para rei. Pedro queria pescar no mar da Galileia. Deus lhe chamou para liderar a primeira igreja. Deus muda as incumbências.

Mas alguém pode perguntar: e as mudanças trágicas que Deus permite? Algumas estações não fazem sentido. Quem pode achar um lugar no quebra-cabeças do mundo para a deformidade de uma criança ou a enormidade da devastação de um terremoto? Quando crianças são abusadas sexualmente ou quando os doentes perdem sua dignidade... esses momentos têm algum propósito?

Têm se os observarmos de uma perspectiva eterna. O que não faz sentido nesta vida vai fazer todo o sentido na próxima. Eu tenho provas: você no ventre.

Eu sei que você não se lembra desse tempo pré-natal, então deixe-me lembrá-lo do que aconteceu durante esse tempo. Cada dia gestacional lhe preparou para sua vida na terra. Seus ossos se solidificaram, seus olhos se desenvolveram, o cordão umbilical transportou nutrientes para dentro de você... para quê? Para que você continuasse lá dentro? Exatamente o contrário. O tempo no ventre lhe preparou para seu tempo na terra, para a sua existência pós-parto.

Algumas funções pré-natais não foram usadas antes do nascimento. Você criou um nariz, mas não respirou. Os olhos se desenvolveram, mas você podia enxergar? Sua língua, unhas dos pés e cabelos não tinham função nenhuma dentro da barriga da sua mãe. Mas você não está feliz de tê-los agora?

Certos capítulos nesta vida parecem tão desnecessários quanto a existência de narinas no feto. Sofrimento. Solidão. Doenças. Holocaustos. Martirizações. Monções. Se partirmos do princípio de que este mundo existe apenas para felicidade pré-sepultura, essas atrocidades não se qualificam como tal. Mas e se esta terra for o útero? Será que esses desafios, por mais severos que possam ser, servem para nos preparar para o mundo que virá? Como Paulo escreveu, "nossos sofrimentos leves e momentâneos estão produzindo para nós uma glória eterna que pesa mais do que todos eles" (2 Coríntios 4:17).

Glória eterna. Gostaria de uma xícara grande, por favor. "Uma porção gigante de alegria sem fim na presença de Deus. Exagere nas maravilhas, e corte toda a dor." Vá em frente e peça. O Barista ainda está trabalhando. Até onde você sabe, pode ser a próxima xícara que você vai beber.

12

A sombra da dúvida

Medo de que Deus não exista

Ele lhes disse: "Por que vocês estão perturbados e por que se levantam dúvidas no coração de vocês?"

Lucas 24:38

Woody Allen não consegue dormir à noite. Ele é uma alma inquieta. Os medos deixam o cineasta, em seus setenta e poucos anos, acordado. Ao olhar para ele você pensaria o contrário, com seu jeito tímido e com seu sorriso gentil. Ele poderia passar como o tio ideal de todo mundo, educado e afável. Seu cabelo parece ser a única parte amarrotada nele. E, no entanto, anacondas de medo se alimentam à vontade.

O vazio o devora. Ateu ao extremo, Allen vê a vida como um "pequeno filme sem significado". Sem Deus, sem propósito, sem vida após esta vida e, consequentemente, sem vida nesta. "Não consigo bolar um bom argumento para escolher a vida ao invés da morte", admite, "exceto o de que tenho medo demais... Todos os trens vão para o mesmo lugar. Todos eles vão para o lixo".

Então ele faz filmes para se manter distraído. Há décadas ele os produz ao ritmo implacável de um por ano. "Preciso ficar concentrado em alguma coisa para não ver o todo."[1]

Suponho que exista alguém que não consiga compreender os medos de Woody Allen. Deve haver neste grande mundo de Deus uma alma que nunca tenha duvidado da existência de Deus ou questionado a bondade dele. Mas essa alma não está escrevendo este livro.

Meus momentos de Woody Allen tendem a emergir, de todos os dias possíveis, nas manhãs de domingo. Eu acordo cedo, muito antes de a família começar a se mexer, antes dos primeiros raios de sol ou do barulho do jornal chegando no portão da garagem. Deixe o resto do mundo dormir. Eu não. Domingo é meu grande dia, o dia em que fico de pé diante de uma congregação de pessoas que estão dispostas a trocar trinta minutos de seu tempo por um pouco de convicção e esperança.

Na maioria das semanas, eu as tenho de sobra. Mas ocasionalmente elas me faltam. (Para você é incômodo saber disso?) Às vezes de manhã bem cedo, nas horas pré-púlpito, o aparente absurdo daquilo em que acredito me atinge. Eu me lembro de uma Páscoa em particular. Ao rever meu sermão à luz de um abajur, a mensagem da ressurreição pareceu mítica, mais parecida com uma lenda urbana do que com a verdade do evangelho. Anjos nas pedras do cemitério; trajes fúnebres obrigatórios, depois não; os soldados morrendo de medo; um Jesus que estava morto, depois não estava mais. Eu quase chegava a esperar o Chapeleiro Louco ou os sete anões saírem de um buraco ao virar a página. Um pouco forçado, não acha?

Às vezes eu acho. E quando acho, me identifico com a inquietação de Woody Allen: o medo de que Deus não exista. O medo de o "porquê?" não ter resposta. O medo de uma vida sem rumo. O medo de que o *status quo* não seja melhor que isso e de que qualquer um que pense de outra forma tenha provavelmente investido em casas de praia em Juneau, no Alaska. As sombras geladas, silenciosas e horríveis da solidão em um vale que emerge de uma curva coberta de névoas ao mesmo tempo em que conduz a essa curva. O vale da sombra da dúvida.

Talvez você conheça seu terreno cinzento. Será? Nele:

- a Bíblia se parece com as fábulas de Esopo;
- as preces voltam como ecos em uma caverna;
- os limites morais estão mapeados a lápis;

- alternativamente as pessoas têm pena ou inveja dos que creem; alguém está enganado. Mas quem?

Até certo ponto todos nós nos aventuramos no vale. Em determinado momento todos nós precisamos de um plano para escapar dele. Posso compartilhar o meu? Essas manhãs de domingo de dúvida se dissipam rapidamente hoje em dia graças a "uma pequena obra de arte",[2] "uma joia literária e espiritual",[3] uma fonte inesgotável de fé borbulhando nas páginas finais do evangelho de Lucas. O médico-transformado-em-historiador dedicou seu último capítulo a responder a uma pergunta: como Cristo responde quando duvidamos dele?

Ele nos leva ao Salão Superior em Jerusalém. É manhã do domingo seguinte à sexta-feira da crucificação. Os seguidores de Jesus tinham se reunido, não para mudar o mundo, mas para escapar dele; não como narradores do evangelho, mas como coelhos amedrontados. Eles tinham enterrado suas esperanças com o corpo do carpinteiro. Uma galinha teria mais coragem do que eles. Fé destemida? Não aqui. Busque um lampejo de decisão ou de coragem nas barbas desses homens — você não vai achar nada.

Um olhar para os rostos das mulheres, no entanto, e seu coração vai pular como o delas. De acordo com Lucas, elas entraram no Salão como uma explosão, anunciando a visão de Jesus.

> Quando voltaram do sepulcro, elas contaram todas estas coisas aos Onze e a todos os outros. As que contaram estas coisas aos apóstolos foram Maria Madalena, Joana e Maria, mãe de Tiago, e as outras que estavam com elas. Mas eles não acreditaram nas mulheres; as palavras delas lhes pareciam loucura (Lucas 24:9-11).

Aqueles que duvidam periodicamente de Cristo, tomem nota e criem coragem. Os apóstolos também tiveram dúvidas. Mas Cristo se recusou a deixá-los a sós com suas perguntas. Ele, aconteceu, não estava nem um pouco morto ou enterrado. Quando ele avistou dois dos discípulos andando com dificuldade na direção de um vilarejo chamado Emaús,

> o próprio Jesus se aproximou e começou a caminhar com eles; mas os olhos deles foram impedidos de reconhecê-lo. Ele lhes perguntou: "Sobre o que vocês estão discutindo enquanto caminham?" Eles pararam, com os rostos entristecidos (Lucas 24:15-17).

A língua grega salienta a determinação de Jesus: *autos Iesous* significa "o próprio Jesus veio". Para essa missão os anjos não bastariam, um emissário não seria o suficiente, um exército dos melhores soldados do céu não seria enviado. O próprio Jesus veio para o resgate.

E como ele auxiliou a fé dos discípulos? Mil e uma ferramentas o aguardavam. Ele tinha marcado a sexta-feira da crucificação com um terremoto e um eclipse solar. O evangelho de Mateus revela que "os corpos de muitos santos que tinham morrido foram ressuscitados. E, saindo dos sepulcros, depois da ressurreição de Jesus, entraram na cidade santa e apareceram a muitos" (Mateus 27:52,53). Cristo poderia ter convocado alguns deles para conversar com os discípulos em Emaús. Ou ele poderia tê-los levado para um *tour* no sepulcro vazio. Bem, ele poderia ter feito as pedras falarem ou uma figueira dançar. Mas Cristo não fez nada disso. O que ele fez? "Começando por Moisés e todos os profetas, explicou-lhes o que constava a respeito dele em todas as Escrituras" (Lucas 24:27).

Bem, vejam só. Cristo deu uma aula sobre a Bíblia. Ele deu aos que iam para Emaús um curso sobre o Antigo Testamento, desde os escritos de Moisés (do Gênesis ao Deuteronômio) até as mensagens de Isaías, Amós e dos demais. Ele transformou a trilha até Emaús em uma linha do tempo bíblica, pausando para descrever... o estrondo do mar Vermelho? A queda de Jericó? Os erros do rei Davi? De especial importância para Jesus era "o que constava a respeito dele em todas as Escrituras". Seu rosto é marca d'água em mais histórias do Antigo Testamento do que você pode imaginar. Jesus é Noé, salvando a humanidade do desastre; Abraão, o pai de uma nova nação; Isaque, posto no altar por seu pai; José, vendido por um saco de prata; Moisés, chamando escravos à liberdade; Josué, apontando na direção da terra prometida.

"Começando por Moisés e todos os profetas, [Jesus] explicou-lhes o que constava a respeito dele em todas as Escrituras." Você consegue imaginar Cristo citando a escritura do Antigo Testamento? Será que Isaías 53 ficou assim: "*Eu fui* transpassado por causa das *suas* transgressões, *fui* esmagado por causa de *suas* iniquidades; o castigo que *lhes* trouxe paz estava sobre *mim*" (v. 5)? Ou Isaías 28: "Eis que *[eu] ponho* em Sião uma pedra, uma pedra já experimentada, uma preciosa pedra angular para alicerce seguro" (v. 16). Será que ele pausou e deu uma piscada para os alunos de Emaús, dizendo: "Eu sou a pedra que Isaías descreveu"? Não sabemos as palavras exatas, mas conhecemos seu impacto. Os dois discípulos sentiram "queimando o nosso coração, enquanto ele nos falava no caminho" (Lucas 24:32).

A essa altura o trio já tinha cruzado as montanhas rochosas a noroeste, chegando a um vale perfumado e florido de oliveiras e outras árvores frutíferas. A dor e o derramamento de sangue de Jerusalém estavam para trás deles, esquecidos na conversa. A caminhada de 11 quilômetros mais pareceu um passeio de meia hora. Os momentos passaram rapidamente; os discípulos queriam ouvir mais. "Ao se aproximarem do povoado para o qual estavam indo, Jesus fez como quem ia mais adiante. Mas eles insistiram muito com ele: 'Fique conosco, pois a noite já vem.' [...] Quando estava à mesa com eles, tomou o pão, deu graças, partiu-o e o deu a eles. Então os olhos deles foram abertos e o reconheceram, e ele desapareceu da vista deles" (Lucas 24:28-31).

Jesus ensinou a Palavra e partiu o pão, e então como uma névoa em uma manhã de inverno, ele tinha desaparecido. Os homens de Emaús não estavam muito para trás. Os dois largaram o pão partido, pegaram seus sonhos partidos, correram de volta para Jerusalém e procuraram os apóstolos. Eles falaram de sua descoberta, e só foram interrompidos e ofuscados pelo próprio Jesus.

> Enquanto falavam sobre isso, o próprio Jesus apresentou-se entre eles e lhes disse: "Que a paz esteja com vocês!" Eles ficaram assustados e com medo, pensando que estavam vendo um espírito.
>
> Ele lhes disse: "Por que vocês estão perturbados e por que se levantam dúvidas no coração de vocês?"

(Não deixe passar despercebida a conexão causal de Cristo entre o medo e a dúvida. Medos não-respondidos criam discípulos fracos. Não é à toa que Cristo faz de nossas hesitações sua maior preocupação.)

> "Vejam as minhas mãos e os meus pés. Sou eu mesmo! Toquem-me e vejam; um espírito não tem carne nem ossos, como vocês estão vendo que eu tenho." Tendo dito isso, mostrou-lhes as mãos e os pés.
>
> E por não crerem ainda, tão cheios estavam de alegria e de espanto, ele lhes perguntou: "Vocês têm aqui algo para comer?" Deram-lhe um pedaço de peixe assado, e ele o comeu na presença deles.
>
> E disse-lhes: "Foi isso que eu lhes falei enquanto ainda estava com vocês: Era necessário que se cumprisse tudo o que a meu respeito está escrito na Lei de Moisés, nos Profetas e nos Salmos." Então lhes abriu o entendimento, para que pudessem compreender as Escrituras (Lucas 24:36-45).

Os discípulos não sabiam se ajoelhavam e o adoravam ou se davam meia-volta e corriam. Alguém decidiu que o momento era bom demais para ser verdade e disse que Jesus era um espírito. Cristo poderia ter ficado ofendido. Afinal de contas, ele tinha passado pelo inferno para salvá-los, e eles não podiam diferenciá-lo de um primo do Gasparzinho? Mas, sempre paciente, como é com os que duvidam, Jesus estendeu primeiro uma mão, e depois a outra. Depois um convite: "Toquem-me." Ele pediu comida e, entre mastigadas de peixe assado, Jesus iniciou sua segunda aula bíblica do dia. "Foi isso que eu lhes falei enquanto ainda estava com vocês: Era necessário que se cumprisse tudo o que a meu respeito está escrito na Lei de Moisés, nos Profetas e nos Salmos. Então lhes abriu o entendimento, para que pudessem compreender as Escrituras" (Lucas 24:44,45).

Estamos detectando um padrão, não estamos?

- Jesus avista dois camaradas caminhando na direção de Emaús, cada um parecendo que tinha acabado de enterrar seu melhor amigo. Cristo ou os alcança ou aparece para eles... não sabemos. Levanta o assunto do jardim do Éden e o livro do Gênesis. Logo, uma refeição está sendo comida, seus corações estão aquecidos e seus olhos estão abertos.
- Jesus faz uma visita para os leões covardes do Salão Superior. Não um voo pelo céu como o Super-Homem, perceba. Mas uma visita cara a cara, ponha-sua-mão-na-minha-ferida. Uma

refeição é servida, a Bíblia é ensinada, os discípulos encontram coragem e encontramos duas respostas práticas para a pergunta crítica: o que Jesus nos faria fazer com as nossas dúvidas?

Sua resposta? Toque no meu corpo e pondere sobre minha história.

Ainda podemos, você sabe. Ainda podemos tocar o corpo de Cristo. Adoraríamos tocar suas feridas físicas e sentir a carne do nazareno. E no entanto, quando tocamos a igreja, fazemos exatamente isso. "[A igreja] que é o seu corpo, a plenitude daquele que enche todas as coisas, em toda e qualquer circunstância" (Efésios 1:23).

As perguntas podem nos tornar eremitas, nos levando a escondermo-nos. Entretanto, a caverna não tem respostas. Cristo distribui coragem pela comunidade; dissipa as dúvidas pela comunhão. Ele nunca deposita todo o conhecimento em uma pessoa, mas distribui pedaços do quebra-cabeças a muitas. Quando você conjuga o seu entendimento com o meu, e compartilhamos nossas descobertas com eles... Quando nos reunimos, misturamos, confessamos e oramos, Cristo fala.

A união dos discípulos nos instrui. Eles ficaram juntos. Mesmo sem esperança, eles se uniram em uma comunidade conversadora. Eles "conversavam a respeito de tudo o que havia acontecido" (Lucas 24:14). Não é a imagem da igreja — compartilhando notas, trocando ideias, discutindo possibilidades, elevando os espíritos? E ao fazê-lo, Jesus apareceu para ensinar-lhes, provando que "onde se reunirem dois ou três em meu nome, ali eu estou no meio deles" (Mateus 18:20).

E, quando ele fala, compartilha sua história. A terapia de Deus para os que duvidam é sua própria Palavra. "A fé vem por se ouvir a mensagem, e a mensagem é ouvida mediante a palavra de Cristo" (Romanos 10:17). Então a escute.

Jack escutou.

Começamos com a história de um ateu. Podemos concluir com o relato de outro? Jack resumiu a primeira metade de sua vida com um incidente que aconteceu em sua adolescência. Ele chegou à Oxford University em Oxford, Inglaterra, antevendo seu primeiro lampejo do "grupo fabuloso de vértices e torres". No entanto, enquanto andava, não viu nenhum sinal dos grandes *campi*. Só quando se virou que percebeu que na verdade estava se afastando das escolas, andando na direção errada. Mais de trinta anos depois ele escreveu: "Não percebi até que ponto essa pequena aventura era uma alegoria de toda a minha vida."

Ele era um militante ateu, devotado a sua determinação de que Deus não existia, pois nenhum Deus poderia suportar o desastre que chamamos de existência humana. Ele resumiu a sua visão de mundo com um verso de Lucrécio:

Se Deus tivesse projetado o mundo, não seria
Um mundo tão frágil e imperfeito como o vemos.

Dispensando Deus, ele virou sua atenção à academia, se destacando em cada *campus* que estudava. Rapidamente os membros graduados de Oxford o tomaram como um colega respeitado e ele começou a ensinar e a escrever. Entretanto, não muito para debaixo da superfície, suas dúvidas estavam cobrando seu preço. Ele descreveu seu estado mental com palavras como *terrorismo abjeto*, *aflição* e *falta de esperança*. Ele era zangado e pessimista, preso em um furacão de contradições. "Eu sustentava que Deus não existia. Eu também estava com raiva de Deus por ele não existir." Jack teria concordado com a avaliação de Woody Allen da vida: que todos os trens vão para o mesmo lugar... para o lixo. Ele poderia ter passado seus dias andando na direção da escuridão, exceto por dois fatores.

Alguns de seus amigos mais próximos, também membros graduados de Oxford, rejeitaram sua visão materialista e passaram a seguir a Deus e a buscar a Cristo. Primeiro ele pensou que a conversão deles não fazia sentido e não tinha medo de ser "arrastado". Então ele conheceu outros professores que admirava, professores de gabarito como J.R.R. Tolkien e H.V.V. Dyson. Ambos criam devotadamente e insistiram para que Jack fizesse uma coisa que, surpreendentemente, ele nunca tinha feito. Ler a Bíblia. E ele o fez.

Enquanto lia o Novo Testamento, ele ficou admirado com sua figura principal: Jesus Cristo. Jack tinha dispensado Jesus como filósofo hebreu, um grande mestre moral. Mas, enquanto lia, Jack começou a lutar com as alegações que essa pessoa fazia: se chamar de Deus e oferecer perdoar as pessoas por seus pecados. Jesus, Jack concluiu, ou estava iludido, ou era enganoso, ou era exatamente quem alegava ser, o Filho de Deus.

Na noite de 19 de setembro de 1931, Jack e seus dois colegas, Tolkien e Dyson, fizeram uma caminhada pelas árvores e trilhas do campus de Oxford — uma caminhada a Emaús, por assim dizer. Pois, enquanto caminhavam, davam nova feição às alegações de Cristo e ao sentido da vida. Conversavam até tarde da noite. Jack, C.S. "Jack" Lewis, mais tarde se lembraria de uma rajada de vento que fez as primeiras folhas caírem — uma brisa repentina, que possivelmente veio simbolizar, para ele, o Espírito Santo. Pouco depois daquela noite ele passou a crer. Ele "passou a saber o que realmente é a vida e o que teria sido perdido se ele não a entendesse". A mudança revolucionou seu mundo e, consequentemente, os mundos de milhões de leitores.[4]

O que levou C.S. Lewis, um ateu talentoso, brilhante, linha dura, a seguir Cristo? Simples. Ele tocou o corpo de Cristo, seus seguidores, e, em sintonia com sua história, as Escrituras.

Pode ser simples assim? Pode o abismo entre a dúvida e a fé ser transposto com as Escrituras e a comunhão? Descubra por si mesmo. Da próxima vez em que as sombras vierem, imerja-se nas histórias antigas de Moisés, nas preces de Davi, nos testemunhos dos evangelhos e nas epístolas de Paulo. Reúna-se com outras pessoas que buscam e faça caminhadas diárias a Emaús. E, se um gentil estranho se juntar a vocês no caminho com sábios ensinamentos... considere a possibilidade de convidá-lo para jantar.

13

E se as coisas piorarem?

Medo das calamidades globais

Vocês ouvirão falar de guerras e rumores de guerras, mas não tenham medo.

Mateus 24:6

Eu poderia viver sem os avisos farmacêuticos. Eu entendo o objetivo deles, veja bem. Fabricantes de produtos médicos devem avisar contra qualquer potencial tragédia de modo que, quando tomarmos seus comprimidos e nascer um terceiro braço ou ficarmos verdes, não poderemos processá-los. Entendo isso. Ainda assim, existe alguma coisa na junção das caras felizes com a voz avisando sobre paralisia que simplesmente não funciona.

Vamos torcer para que essa mania de completas revelações não chegue à sala de parto. Ela pode. Afinal de contas, bebês prestes a nascer precisam saber em que estão se metendo. Avisos pré-natais podem se tornar procedimento padrão da maternidade. Você consegue imaginar a cena? Um advogado ao lado do leito de uma mulher? Ela está praticando a respiração entre contrações. Ele está lendo as letrinhas miúdas de um contrato na direção da barriga dela.

> Bem-vindo ao mundo pós-cordão-umbilical. Esteja avisado, entretanto, que a vida humana tem fama de, na maioria dos casos, resultar em morte.

> Alguns indivíduos já reportaram experiências com vírus letais, agentes químicos e/ou terroristas sedentos de sangue. O nascimento também pode resultar em encontros fatais com tsunamis, motoristas bêbados, violência no trânsito, fome, desastres nucleares e/ou TPM. Efeitos colaterais de viver incluem supervírus, doenças do coração e provas finais. A vida humana não é recomendada para qualquer pessoa que não possa dividir um planeta com déspotas perversos ou sobreviver a um voo à base de comida de avião.

A vida é uma empreitada perigosa. Passamos nossos dias nas sombras de realidades agourentas. O poder de aniquilar a humanidade foi, parece, colocado nas mãos de pessoas que estão felizes em fazê-lo. Discussões de ataques globais fizeram com que um garotinho implorasse a sua mãe: "Por favor, mamãe, não podemos ir para algum lugar onde não haja céu?"[1] Se a temperatura global subir mais alguns graus... se informações secretas caírem em mãos sinistras... se a pessoa errada apertar o botão vermelho errado... e se as coisas só piorarem?

Cristo nos diz que elas vão piorar. Ele prevê resgates espirituais, inquietação ecológica e perseguição mundial. No entanto, no meio disso tudo, ele defende que a coragem ainda é uma opção.

> Cuidado, que ninguém os engane. Pois muitos virão em meu nome, dizendo: "Eu sou o Cristo!" e enganarão a muitos. Vocês ouvirão falar de guerras e rumores de guerras, mas não tenham medo. É necessário que tais coisas aconteçam, mas ainda não é o fim. Nação se levantará contra nação, e reino contra reino. Haverá fomes e terremotos em vários lugares. Tudo isso será o início das dores.
>
> Então eles os entregarão para serem perseguidos e condenados à morte, e vocês serão odiados por todas as nações por minha causa. Nessa ocasião muitos ficarão escandalizados, trairão e odiarão uns aos outros, e numerosos falsos profetas surgirão e enganarão a muitos. Devido ao aumento da maldade, o amor de muitos esfriará, mas aquele que perseverar até o fim será salvo. E este evangelho do Reino será pregado em todo o mundo como testemunho a todas as nações, e então virá o fim (Mateus 24:4-14).

As coisas vão piorar muito, muito mesmo, antes de melhorarem. E, quando as condições piorarem, "não tenham medo" (Mateus 24:6). Jesus escolheu um termo vigoroso para *medo* que não usou em nenhuma outra ocasião. Significa "gritar, berrar", como se Jesus tivesse aconselhado os discípulos: "Não deem ataque quando coisas ruins acontecerem."

Os discípulos estavam fazendo muita tempestade em copo d'água sobre as construções do templo de Jerusalém. Impressionados com as imensas pedras entalhadas — algumas com cerca de sete metros de comprimento —, os seguidores aplaudiram a estrutura fantástica com seu mármore raiado que lembrava as ondas do mar. Jesus não estava impressionado. "'Vocês estão vendo tudo isto?', perguntou ele. 'Eu lhes garanto que não ficará aqui pedra sobre pedra; serão todas derrubadas'" (Mateus 24:2).

Imagine alguém prevendo o colapso da Casa Branca, do Palácio de Buckingham ou do Louvre. Você não ia querer alguns detalhes? Os discípulos quiseram. "Dize-nos, quando acontecerão essas coisas? E qual será o sinal da tua vinda e do fim dos tempos?" (Mateus 24:3).

Sentado no Monte das Oliveiras, com visão completa do templo e da Cidade de Davi, Jesus deu um aviso do tipo "apertem os cintos; sério, a vida pode ser fatal à sua saúde".

Ele começou com: "Cuidado, que ninguém os engane. Pois muitos virão em meu nome, dizendo: 'Eu sou o Cristo!' e enganarão a muitos" (Mateus 24:4,5). Note a dupla aparição da palavra *muitos*. Muitos enganados e muitos enganadores. Igrejas são placas de petri — recipiente usado em laboratórios para cultivar micro-organismos — para alimentarem egomaníacos disfarçados de ministros de Deus. Eles o farão "em nome dele", alegando um *status* especial, uma espiritualidade superior. Eles se gabam de terem informações especiais e adornam seus ensinamentos com frases: "Deus me disse...", "Deus falou a mim...", "Deus me guiou...". Eles se apresentam como gurus religiosos, decifradores de códigos, membros de um círculo seleto, inferindo que têm acesso a conhecimentos indisponíveis à pessoa comum. Alguns até mesmo se posicionam como o próprio Jesus, "dizendo: 'Eu sou o Cristo!'" (Mateus 24:5).

Jose Luis de Jesus Miranda está entre eles. Ele não fala meramente sobre Jesus ou ora a ele. Esse homem alega ser o Jesus reencarnado. Diferentemente do Jesus de Nazaré, esse autointitulado Jesus de Porto Rico ensina que não há pecado e que nada que seus seguidores fizerem está errado. Milhares de sectários em mais de trinta países já engoliram seu tônico.[2]

Não se engane, avisa Jesus. Não seja atraído por sua aparência astuta, oratória eloquente ou performance. Mais tarde, no mesmo sermão, Jesus disse: "Pois aparecerão falsos cristos e falsos profetas que realizarão grandes sinais e maravilhas para, se possível, enganar até os eleitos" (Mateus 24:24).

Multidões e milagres. Grandes plateias, feitos espetaculares. Multidões de pessoas. Demonstrações de poder. Quando você os vir, cuidado. O volume alto não quer dizer fé saudável. Não se impressione com números ou truques. Satanás pode falsificar ambos.

Filtre todas as mensagens e mensageiros através desses versículos: "Quem é o mentiroso, senão aquele que nega que Jesus é o Cristo? Este é o anticristo: aquele que nega o Pai e o Filho. Todo o que nega o Filho também não tem o Pai; quem confessa publicamente o Filho tem também o Pai" (1 João 2:22,23). Falsos profetas sempre minimizam o papel de Cristo e maximizam o papel da humanidade. Seja diligente quanto à doutrina. Atenha-se a uma pergunta — essa pessoa está direcionando os ouvintes para Jesus? Se a resposta for sim, seja grato e ore por esse indivíduo. Se a resposta for não, saia enquanto pode.

Junto com a heresia podemos esperar a calamidade. "Vocês ouvirão falar de guerras e rumores de guerras, mas não tenham medo. É necessário que tais coisas aconteçam, mas ainda não é o fim. Nação se levantará contra nação, e reino contra reino. Haverá fomes e terremotos em vários lugares. Tudo isso será o início das dores" (Mateus 24:6-8).

A natureza é uma criação grávida, de nove meses. Quando um tornado destrói uma cidade no Kansas ou um terremoto aniquila uma região no Paquistão, isso são mais do que mudanças barométricas ou alterações nas antigas falhas. O universo está passando pelas horas finais antes do parto. A previsão inclui contrações dolorosas.

E também inclui conflitos: "guerras e rumores de guerras". Uma nação invadindo outra. Uma superpotência desafiando outra. As fronteiras sempre precisarão de pontos de controle. Correspondentes de guerra sempre terão emprego. A população mundial nunca verá paz neste lado do céu.

Os cristãos serão os que mais sofrerão. "Então eles os entregarão para serem perseguidos e condenados à morte, e vocês serão odiados por todas as nações por minha causa. Naquele tempo muitos ficarão escandalizados, trairão e odiarão uns aos outros, e numerosos falsos profetas surgirão e enganarão a muitos. Devido ao aumento da maldade, o amor de muitos esfriará" (Mateus 24:9-12).

O paraíso é cheio de pessoas cujas mortes cumpriram essa profecia. Pedro. Paulo. Estêvão. Tiago. Inácio de Antioquia. Policarpo de Esmirna. Justino. Orígenes. O mundo odiava esses seguidores de Cristo.

O ódio persiste. A Voice of the Martyrs [Voz dos mártires], uma agência cristã que defende liberdades religiosas, alega que foram mortos mais seguidores de Cristo no último século do que em todos os prévios séculos combinados. Aos nomes de Paulo, Tiago e Pedro se juntaram os de Tsehay Tolessa da Etiópia, Xu Yonghai da China e Mehdi Dibaj do Irã.[3] O Global Evangelization Movement [Movimento de Evangelização Global] relata uma média de 165 mil mártires por ano, mais do que quatro vezes o número de um século atrás.[4]

Os EUA, país tão orgulhoso de sua liberdade religiosa, sofre de um crescente ódio em relação a cristãos. Professores zombam publicamente de alunos que creem. Programas de entrevistas denigrem pessoas de fé. Podemos esperar que a perseguição aumente. Quando aumentar, as convicções frágeis vão entrar em colapso. "O amor de muitos esfriará" (Mateus 24:12). Clandestinos espirituais vão abandonar o navio. Os irresolutos se tornarão frios. Muitos frequentadores de igreja serão revelados como fiéis fingidos. Eles não vão deixar só a fé; vão infernizar a vida dos fiéis.

Essa perseguição chegará a nós? Para alguns de vocês ela já chegou. Para muitos de nós ela ainda pode chegar. Se formos presos por nossa fé ou depostos por nossas convicções, que Deus ajude a você e a mim a lembrar o conselho de Cristo: "Não tenham medo" (Mateus 24:6).

Não se apavore com a heresia, com a calamidade e com a apostasia. Não ceda ou desista, pois logo você testemunhará a vitória. "Mas aquele que perseverar até o fim será salvo. E este evangelho do Reino será pregado em todo o mundo como testemunho a todas as nações, e então virá o fim" (Mateus 24:13,14).

Jesus preparou seus seguidores com coragem perspicaz. Ele listou os tufões da vida e então os apontou para "o fim". A confiança na vitória definitiva traz a coragem definitiva. O autor Jim Collins faz referência a essa visão em seu livro *Empresas feitas para vencer*. Collins conta a história do Almirante James Stockdale, que foi prisioneiro de guerra por oito anos durante a Guerra do Vietnã.

Depois da libertação de Stockdale, um repórter lhe perguntou como ele tinha sobrevivido a oito anos em um campo de prisioneiros de guerra.

Ele respondeu:

— Eu nunca perdi a fé no fim da história. Eu nunca duvidei não só de que eu ia sair, mas também de que eu ia prevalecer no final e transformar a experiência no evento que define minha vida; o que, em retrospecto, eu não trocaria.

Então o repórter perguntou:

— Quem não sobreviveu?

O Almirante Stockdale respondeu:

— Ah, essa é fácil. Os otimistas... Foram eles que disseram: "Sairemos até o Natal." E o Natal chegava e ia embora. Então eles diziam: "Sairemos até a Páscoa." E a Páscoa chegava e ia embora. E depois o Dia de Ação de Graças, e depois seria o Natal de novo. E eles morreram de coração partido.[5]

A coragem de verdade abraça as realidades gêmeas da dificuldade atual e do triunfo definitivo. Sim, a vida é um saco. Mas não será assim para sempre. Como um dos meus amigos gosta de dizer: "Tudo vai dar certo no fim. Se ainda não deu certo, ainda não é o fim."

Embora a igreja seja separada como o exército de Gideão, embora a terra de Deus seja esbofeteada pelo clima e ensanguentada pela desventura, embora a própria criação pareça abandonada no mar Ártico, não faça tempestade em copo d'água. "Descanse no SENHOR e aguarde por ele com paciência; não se aborreça com o sucesso dos outros, nem com aqueles que maquinam o mal" (Salmo 37:7).

Evite o otimismo de Poliana. Não ganhamos nada encobrindo a brutalidade da existência humana. Este é um mundo tóxico. Mas também não nos juntamos ao coro da escuridão e da maldição do Galinho Chicken Little. "O céu está caindo! O céu está caindo!" Em algum lugar entre Poliana e o Galinho Chicken Little, entre a negação cega e o pânico espalhafatoso, está o seguidor de Cristo equilibrado, com pensamento claro, ainda crente. De olhos bem abertos, no entanto sem medo. Não horrorizado pelo horripilante. O garoto mais calmo do pedaço, não por falta de valentões, mas por fé em seu Irmão mais velho. O povo antigo de Deus conhecia essa paz: "Ainda que um exército se acampe contra mim, meu coração não temerá; ainda que se declare guerra contra mim, mesmo assim estarei confiante" (Salmo 27:3).

Depois que as bombas da Segunda Guerra Mundial devastaram Varsóvia, da rua principal da cidade só sobrou o esqueleto. "A estrutura mais severamente danificada foi a sede polonesa da British and Foreign Bible Society [Sociedade Bíblica Britânica e Estrangeira], e as palavras na única parede que restou eram claramente legíveis da rua... 'Os céus e a terra passarão, mas as minhas palavras jamais passarão'".[6] Essa é a imagem da esperança cristã. Embora o mundo possa estar em colapso, as obras de Cristo perdurarão.

Então, certifiquem-se de que *não tenham medo* (Mateus 24:6).

"Certifiquem-se de que..." Chefes e professores geralmente usam essa expressão. "*Certifiquem-se de que* preencherão os relatórios." Ou: Seu trabalho é para amanhã. "*Certifiquem-se de que* terminarão seu trabalho." Essas palavras pedem uma atenção adicional, foco especial, determinação extra. Não é isso que Cristo está pedindo de nós? Nestes dias perigosos, neste mundo frágil, com colapsos financeiros nos noticiários e terroristas à solta, temos todas as razões para correr para abrigos de medo e aflição.

Mas Cristo nos diz: "não tenham medo".

"Seja fiel até a morte, e eu lhe darei a coroa da vida" (Apocalipse 2:10).

Certifique-se de que o casco das suas convicções possa aguentar o estresse das colisões.

Os que construíram o *Titanic* deveriam ter sido espertos assim. O transatlântico de luxo afundou porque os empreiteiros compraram rebites baratos e sofreram de mau planejamento. Rebites são a cola que mantém unidas as placas de aço. Sofrendo de uma falta de parafusos de qualidade, os construtores usaram uns de qualidade inferior que explodiram suas cabeças no impacto com o *iceberg*.[7]

Qual a resistência dos parafusos da sua fé? Reforce-os com leituras bíblicas diárias, cultos regulares e comunhão sincera com Deus. "A coragem é o medo que já orou."[8]

E lembre-se: "Tudo isso [tempos difíceis] será o início das dores" (Mateus 24:8), e dores não são de todo ruins. Tome a dor do parto como exemplo. (Fácil para eu dizer.) A dor do parto sinaliza o início do empurrão final. O pediatra assegura à futura mãe: "Vai doer por um tempo, mas vai melhorar." Jesus nos garante o mesmo. Conflitos globais indicam nosso dia no calendário da maternidade. Estamos em nossas horas finais, a apenas alguns empurrões do parto, alguns movimentos do relógio da eternidade da grande coroação da criação. Um mundo totalmente novo está a caminho!

"É necessário que tais coisas aconteçam" (Mateus 24:6). *Necessário* é uma palavra bem-vinda que afirma que todos os eventos, até mesmo os mais violentos, estão sob um plano divino. Toda provação e apuro tem um lugar no esquema de Deus. "A razão pela qual não devemos nos apavorar não é porque as guerras não são pavorosas. Justamente o contrário. É porque sobre todo o caos reina um plano divino."[9]

Todas as coisas, grandes ou pequenas, vêm do propósito de Deus e servem à sua boa vontade. Quando o mundo parece fora de controle, ele não está. Quando os senhores da guerra parecem estar no comando, eles não estão. Quando catástrofes ecológicas dominam o dia, não deixe que elas o dominem.

Vamos confiar em nosso pai celestial da maneira como Peter confiou em seu pai terrestre.

Peter era um estudante universitário de 21 anos quando começou a sentir fortes dores em seu ombro direito. Ele ligou para seu pai pedindo conselhos. A maioria dos estudantes faria o mesmo: ligar para casa pedindo conselhos. Mas poucos estudantes têm um pai melhor para ligar em tal situação. O pai de Peter, Michael, é um cirurgião ortopédico de renome internacional especializado em ombro. Peter ligando para Dr. Wirth com um problema no ombro é como a filha de Bill Gates ligando para ele com uma pergunta sobre seu computador.

Michael inicialmente atribuiu a dor de Peter a levantamento de peso. Mas depois que ele sentiu dormência e formigamentos, o médico começou a suspeitar de uma condição extremamente rara do ombro chamada trombose venosa profunda. Um coágulo estava se formando no ombro de seu filho, perigosamente próximo a seu coração. Michael não estava meramente familiarizado com a condição; ele tinha sido um dos autores do artigo sobre como tratá-lo. Ele enviou Peter para o pronto-socorro e lhe disse para pedir um ultrassom. Aconteceu que Michael acertou o diagnóstico a longa distância na mosca. Peter foi imediatamente internado no hospital, onde o coágulo foi dissolvido, e sua vida na terra foi estendida.

Não seria maravilhoso ter um pai assim?

Nós temos. Ele diagnosticou a dor do mundo e escreveu o livro sobre seu tratamento. Podemos confiar nele. "Tudo vai dar certo no fim. Se ainda não deu certo, ainda não é o fim."

14

O único terror saudável

Medo de Deus sair da minha caixa

Os discípulos prostraram-se com o rosto em terra e ficaram aterrorizados. Mas Jesus se aproximou, tocou neles e disse: "Levantem-se! Não tenham medo!"

Mateus 17:6,7

Uma mulher na fila da recepção do hotel estava segurando um dos meus livros debaixo do braço. Eu estava hesitante de me apresentar com medo de ela me explicar que seu médico tinha prescrito o livro como tratamento para a insônia. Mas eu me arrisquei. Na verdade, ela disse que gostou do livro. Mas depois eu fiquei pensando que ela não tinha realmente acreditado que eu era quem alegava ser.

Ela abriu o livro, olhou para a minha foto e depois para mim.

— Você não é Max Lucado.

— Sim, sou. A foto no livro foi tirada há muitos anos; eu mudei.

Sem sorrir ela olhou de novo para a foto.

— Não — ela insistiu. — Max Lucado tem bigode, cabelo e não tem nenhuma ruga.

— Ele tinha — expliquei.

Ela estava decidida.

— Ele ainda tem.

Eu ia mostrar minha carteira de motorista, mas optei por deixá-la viver em sua ilusão. Afinal, se ela queria se lembrar de mim como tendo trinta anos, quem era eu para discutir?

Além do mais, eu entendo a relutância dela. Uma vez que você tem a imagem de alguém, é mais fácil deixá-lo lá. Ela já tinha me entendido. Definido. Capturado. Congelado em uma imagem três por quatro. Max encaixotado.

Caixas trazem uma ordem maravilhosa a nosso mundo. Elas impedem o cereal de derramar e os livros de caírem. No que diz respeito a conter coisas, caixas são mestres. Mas no que diz respeito a explicar as pessoas, elas falham. E no que diz respeito a definir Cristo, não há caixa que funcione.

Seus contemporâneos palestinos tentaram, veja bem. Eles criaram várias caixas. Mas ele nunca se encaixou em nenhuma. Eles o chamaram de revolucionário; ele pagava impostos. Eles o rotularam de carpinteiro do interior, mas ele confundia até os eruditos. Eles vinham ver seus milagres, mas ele se recusava a fazer a vontade deles. Ele desafiava definições simples. Ele era um judeu que atraía os gentios. Um rabino que desistiu das sinagogas. Um homem santo que andava com prostitutas e renegados. Em uma sociedade dominada pelos homens, ele recrutava mulheres. Em uma cultura antirromana, ele optou por não denunciar Roma. Ele falava como rei, mas vivia como peregrino. As pessoas tentavam rotulá-lo. Mas não conseguiam.

Nós ainda tentamos.

Meu amigo motorista de táxi no Brasil tinha uma pequena imagem de Jesus colada no painel de seu carro. Toda vez que ele precisava de uma vaga ou de um sinal verde, ele esfregava seu "Jesus faça-me-um-favor".

O pastor que ocupava o horário da meia-noite da televisão garantiu a mim e a outros espectadores de tarde da noite que a prosperidade estava a apenas uma prece de distância. É só pedir ao "Jesus me-dá-um-dinheiro".

Uma vez, eu reduzi Cristo a um punhado de doutrinas. Ele era uma receita, e eu tinha os ingredientes. Misture-os corretamente e o "Jesus-criado-por-mim" aparecia.

Políticos tiram versões de Jesus do tamanho de caixas, garantindo que Jesus certamente votaria verde, conservador; quase sempre, nunca;

como um gavião, pombo ou águia. O "Jesus-da-minha-política" é muito útil durante as eleições.

Deuses do tamanho de caixas. Você os encontrará bem guardados por pessoas que preferem um Deus que eles podem administrar, controlar e prever. Essa vida louca requer uma deidade domada, não é? Em um mundo fora de controle, precisamos de um deus que possamos controlar, uma presença reconfortante que se assemelhe a um cachorro no colo ou o gato na cozinha. Chamamos e ele vem. Fazemos carinho e ele ronrona. *Se pudermos manter Deus em seu lugar...*

Pedro, Tiago e João devem ter tentado. De que outra forma você pode explicar essa expedição destruidora de caixas em que Jesus os levou?

> Seis dias depois, Jesus tomou consigo Pedro, Tiago e João, irmão de Tiago, e os levou, em particular, a um alto monte. Ali ele foi transfigurado diante deles. Sua face brilhou como o sol, e suas roupas se tornaram brancas como a luz. Naquele mesmo momento apareceram diante deles Moisés e Elias, conversando com Jesus. Então Pedro disse a Jesus: "Senhor, é bom estarmos aqui. Se quiseres, farei três tendas: uma para ti, uma para Moisés e outra para Elias." Enquanto ele ainda estava falando, uma nuvem resplandecente os envolveu, e dela saiu uma voz, que dizia: "Este é o meu Filho amado em quem me agrado. Ouçam-no!" Ouvindo isso, os discípulos prostraram-se com o rosto em terra e ficaram aterrorizados. Mas Jesus se aproximou, tocou neles e disse: "Levantem-se! Não tenham medo!" E erguendo eles os olhos, não viram mais ninguém a não ser Jesus (Mateus 17:1-8).

Os pontos altos das Escrituras parecem ocorrer nos pontos altos da terra. Abraão oferecendo Isaque no Monte Moriá. Moisés testemunhando o arbusto em chamas no Monte Sinai. Elias ascendendo ao céu do Horebe. Cristo redimindo a humanidade em um monte chamado Calvário. E Jesus se transfigurando no Monte Hermon.

Ninguém sabe ao certo, mas a maioria dos historiadores localiza esse evento em uma montanha de 2.800 metros chamada Monte Hermon. Ele se eleva sobre a paisagem de Israel, na verdade visível do mar Morto a 160 quilômetros de distância. Esse pico gigante e nevado era o lugar perfeito para Cristo se retirar com Pedro, Tiago e João. Longe das multidões clamando e das controvérsias desagradáveis, Jesus podia ter a atenção total de seus três amigos mais próximos. Juntos eles poderiam observar o azul-turquesa do mar da Galileia ou a grande planície, com alguns montes com videiras. Ali eles podiam orar. "Jesus tomou consigo a Pedro, João e Tiago e subiu a um monte para orar" (Lucas 9:28). Cristo precisava de força. Ele estava a apenas meses da cruz. As lanças dos soldados e o ódio da multidão o aguardavam. Ele precisava de força para enfrentá-los, e queria que seus seguidores vissem de onde ele a tirava.

Em algum ponto, enquanto orava, o gentil carpinteiro que comia pão ázimo e kebabs e falava com sotaque da Galileia irrompeu em uma figura cósmica de luz. "Ali ele foi transfigurado diante deles. Sua face brilhou como o sol, e suas roupas se tornaram brancas como a luz" (Mateus 17:2).

Saiu luz dele. Brilhante. Explosivo. Chocante. Saía luz de cada poro de sua pele e costura de seu manto. Jesus em chamas. Olhar para seu rosto era olhar diretamente para Alpha Centauri. Marcos quer que saibamos que as roupas de Jesus "se tornaram brancas, de um branco resplandecente, como nenhum lavandeiro no mundo seria capaz de branqueá-las" (Marcos 9:3).

Esse resplendor não era o trabalho de uma lavanderia; era a presença de Deus. As Escrituras habitualmente comparam Deus a luz e luz a santidade. "Deus é luz; nele não há treva alguma" (1 João 1:5). Deus "habita em luz inacessível" (1 Timóteo 6:16). O Cristo transfigurado, então, é Cristo em sua forma mais pura.

Também é Cristo na forma mais verdadeira, usando seus trajes pré-Belém e pós-ressurreição. Não "um galileu pálido, mas uma figura alta e furiosa que não será controlada".[1] Um que é "santo, inculpável, puro, separado dos pecadores" (Hebreus 7:26). Um diamante sem falhas, uma rosa sem mágoas, uma canção em tom perfeito, e um poema com rima impecável.

Rapidamente Pedro, Tiago e João eram mosquitos na sombra de uma águia. Eles nunca tinham visto Jesus desse jeito. Andar na água, multiplicar pães, falar com o vento, banir demônios e levantar os mortos, sim. Mas uma tocha humana? Aconteceu que Jesus estava apenas se aquecendo.

Dois visitantes apareceram: Moisés e Elias. Aquele que deu a Lei e o príncipe dos profetas passou pelo fino véu que separa a terra do paraíso. "Falavam sobre a partida de Jesus, que estava para se cumprir em Jerusalém" (Lucas 9:31).

Moisés e Elias, o Washington e Lincoln dos judeus. Seus retratos estavam expostos na entrada do Hall da Fama hebraico. E lá estavam eles, a resposta à oração de Jesus. Nós não esperamos que Pedro, Tiago e João repitam sua pergunta do mar da Galileia: "Quem é este?" (Mateus 8:27)? O guardião da lei e o mestre dos profetas respondendo ao chamado dele?

A essa altura Pedro limpou sua garganta para falar. O fogo na montanha se transformou em abobrinha. "Senhor, é bom estarmos aqui. Se quiseres, farei três tendas: uma para ti, uma para Moisés e outra para Elias" (Mateus 17:4).

Essas palavras podem parecer inofensivas para nós — e até mesmo uma boa ideia para alguns. Gostamos de imortalizar momentos com estátuas, placas ou monumentos. Pedro acha que esse momento merece uma construção especial e voluntários para fazerem parte do comitê. Boa ideia, certo?

Não pela perspectiva de Deus. A ideia de Pedro de três tendas era tão sem base e inapropriada que Deus nem ao menos lhe deixou terminar a frase. "Enquanto ele ainda estava falando, uma nuvem resplandecente os envolveu, e dela saiu uma voz, que dizia: 'Este é o meu Filho amado em quem me agrado. Ouçam-no!'" (Mateus 17:5).

Amado significa "sem preço", "único". Não há outro como Cristo. Nem Moisés. Nem Elias. Nem Pedro. Nem Zoroastro, Buda ou Maomé. Ninguém no céu ou na terra. Jesus, o Pai declarou, não é "um filho" ou mesmo "o melhor filho do mundo". Ele é o "filho amado".

Pedro não entendia isso. Ele colocou Cristo em uma caixa respeitável rotulada "grandes homens da história". Ele queria dar a Jesus *e* Moisés *e* Elias igual honra. Deus não permitiria isso. Cristo não tem contrapartes. Só uma tenda deveria ser construída, porque apenas uma pessoa na montanha merecia honras.

Pedro, Tiago e João não falaram mais. Não houve mais conversas sobre programas de construção. Sem discussões de basílicas, tendas, memoriais ou edificações. Eles eram tripulantes de um submarino chegando à Fossa das Marianas, astronautas pisando na superfície lunar. Eles viram o que ninguém tinha visto: Cristo em grandeza cósmica. Não há palavras para descrever tal momento. Eles ficaram pálidos. Os joelhos ficaram moles e o coração disparou. "Os discípulos prostraram-se com o rosto em terra e ficaram aterrorizados" (Mateus 17:6).

O fogo na montanha levou ao medo na montanha. Um medo sagrado e saudável. Pedro, Tiago e João experimentaram um terror fortificante, uma reverência estabilizadora ao único Deus. Eles encontraram a Pessoa que atirava estrelas ao céu como diamantes no veludo, que expulsava profetas em carruagens e deixou o faraó boiando no mar Vermelho.

Caiu fundo a ficha de que Deus estava, de uma só vez, em todos os lugares e ali. A mera visão do galileu resplandecente lhes tirou toda a arrogância, deixando-os apropriadamente prostrados. De cara no chão. "Os discípulos prostraram-se com o rosto em terra e ficaram aterrorizados" (Mateus 17:6).

Esse é o medo do Senhor. A maioria dos nossos medos são venenosos. Eles roubam o sono e saqueiam a paz. Mas esse medo é diferente. "De uma perspectiva bíblica, não há nada neurótico em se temer a Deus. O que é neurótico é *não* ter medo, ou ter medo da coisa errada. É por isso que Deus escolhe nos ser conhecido, de modo que possamos parar de temer a coisa errada. Quando Deus é totalmente revelado a nós e "cai nossa ficha", aí experimentamos a conversão do nosso medo... O "Medo do Senhor" é o reconhecimento profundamente são de que não somos Deus".[2]

Há quanto tempo você sente esse medo? Desde que o conhecimento de Cristo amoleceu seus joelhos e esvaziou seus pulmões? Desde que a visão dele o deixou sem fala e sem ar? Se tem algum tempo, isso explica os seus medos.

Quando Cristo é grande, nossos medos não o são.

À medida que o medo de Jesus se expande, os medos da vida diminuem. Um Deus grandioso se traduz em grande coragem. Uma pequena visão de Deus não gera coragem. Um Jesus fraco, débil e impotente não tem poder sobre células cancerosas, corrupção, roubo de identidades, quebras na bolsa de valores ou calamidades globais. Um Jesus dobrável e portátil pode caber em uma bolsa ou prateleira, mas não faz nada pelos seus medos.

Deve ser por isso que Jesus levou os discípulos para o alto da montanha. Ele viu a caixa em que eles o tinham confinado. Ele viu o futuro que o aguardava: a negação de Pedro, prisões de Jerusalém e Roma, as exigências da igreja, e as perseguições de Nero. Uma versão encaixotada de Deus simplesmente não bastaria. Então Jesus explodiu a caixa de seus preconceitos.

Que ele exploda a sua.

Nós não precisamos conhecer o Cristo transfigurado? Um que cospe fogo sagrado? Que convoca e comanda figuras históricas? Que ocupa o lugar mais elevado e usa a única verdadeira coroa do universo, o filho amado de Deus? E que leva os amigos para o topo do Monte Hermon para que eles possam enxergar o céu?

Suba nele. Olhe longamente e com vontade para o Fogo, o Fogo Sagrado, o Fogo mais Elevado, o Único Fogo. Quando você o fizer, todos os seus medos, exceto os do próprio Cristo, derreterão como cubos de gelo em uma calçada no verão. Você concordará com Davi: "O SENHOR é a minha luz e a minha salvação; de quem terei temor?" (Salmo 27:1).

No livro *Príncipe Caspian*, Lucy vê Aslan, o leão, pela primeira vez em muitos anos. Ele mudou desde o último encontro deles. O tamanho dele a surpreende, e ela lhe diz isso.

> — Aslan — disse Lucy —, você está maior.
>
> — Isso é porque você está mais velha, pequena — respondeu ele.
>
> — Não é porque você está?
>
> — Eu não estou. Mas todo ano que você crescer, você me encontrará maior.[3]

E assim é com Cristo. Quanto mais vivermos nele, maior ele se tornará em nós. Não é que ele mude, mas nós mudamos; o vemos mais. Vemos dimensões, aspectos, e características que nunca vimos antes, incrementos crescentes e surpreendentes de sua pureza, de seu poder e de sua unicidade. Descartamos caixas e antigas imagens de Cristo como lenços usados. Não ousamos pôr Jesus em um símbolo político. A certeza arrogante se torna curiosidade mansa. Definir Jesus com uma doutrina ou confiná-lo a uma opinião? De jeito nenhum. Mais fácil capturarmos o Caribe com uma rede de caçar borboletas do que capturarmos Cristo em uma caixa.

No fim respondemos como os apóstolos. Nós, também, caímos de cara e reverenciamos. E, quando o fazemos, a mão do carpinteiro se estende pelo fogo alto e nos toca. "Levantem-se! Não tenham medo!" (Mateus 17:7).

Aqui está meu palpite. Pedro, Tiago e João desceram da montanha queimados de sol e sorrindo, andando rapidamente, talvez até se exibindo um pouquinho. Com um messias como esse, quem poderia fazer mal a eles?

Aqui está meu outro palpite. O Monte Hermon ainda está resplandecente e tem espaço para hóspedes.

CONCLUSÃO

O salmo de William

Às 8h17 da noite de 3 de março de 1943, sirenes antibombas berraram no ar sobre Londres, Inglaterra. Trabalhadores e lojis-tas pararam nas calçadas e avenidas e examinaram os céus. Os ônibus pararam e esvaziaram. Motoristas frearam bruscamente e saíram de seus carros. Tiros podiam ser ouvidos a distância. Forças de artilharia antiaérea próximas lançaram uma salva de foguetes. Multidões nas ruas começaram a gritar. Algumas pessoas se atiraram no chão. Outros cobriram a cabeça e gritaram: "Estão lançando-as!" Todo mundo olhou para o alto procurando aviões inimigos. O fato de eles não terem visto nenhum não contribuiu em nada para diminuir a histeria.

As pessoas correram para a estação de metrô Bethnal Green, onde mais de quinhentos cidadãos já tinham se refugiado. Nos dez minutos seguintes, quinhentos mais se juntariam a eles.

O problema começou quando muitas pessoas buscando segurança chegaram à escada da entrada ao mesmo tempo. Uma mulher carregando um bebê tropeçou em um dos 19 degraus irregulares que desciam da rua. A queda dela interrompeu o fluxo de pessoas, causando um efeito dominó de pessoas tropeçando por cima dela. Em segundos, centenas de pessoas horrorizadas foram jogadas juntas, se empilhando como roupa suja em uma cesta. As coisas pioraram quando os que chegaram depois pensaram que estivessem sendo deliberadamente barrados (não estavam). Então eles começaram a empurrar. O caos durou menos de 15 minutos.

O emaranhado de corpos ficou até meia-noite. No fim, 173 homens, mulheres e crianças morreram.

Nenhuma bomba havia sido jogada.

Bombardeios não mataram as pessoas. O medo as matou.[1]

O medo adora uma boa disparada. O pagamento do medo é o pânico cego, a inquietação infundada, noites sem dormir. O medo vem ganhando bem ultimamente.

Aqui está um teste. Até onde você consegue ir até ouvir o lembrete "Tenha medo"? Quão próximo está o seu próximo memorando "Você está em apuros"? Uma virada de página do jornal? Um giro do sintonizador do rádio? Uma olhada na atualização da internet no monitor do computador? De acordo com a mídia o mundo é um lugar apavorante.

E nós suspeitamos de uma campanha para mantê-lo assim. O medo vende. O medo mantém os espectadores colados em seus assentos, esvazia as prateleiras de revistas e enche de dinheiro os bolsos do sistema. Noticiários aprenderam a confiar em um glossário de expressões apavorantes para manterem nossa atenção: "A seguir, a verdade amedrontadora sobre ficar parado no trânsito." "O homem que deixou sua mulher comprar demais." "O que você pode fazer para evitar o medo." "O que você pode não saber sobre a água que você bebe."

Frank Furedi documentou o uso crescente do medo na mídia contando as vezes em que o termo *em risco* aparecia em jornais britânicos. Em 1994, o termo apareceu 2.037 vezes. Ao final do ano seguinte, o total tinha dobrado. Aumentou mais da metade em 1996. Durante o ano 2000, a expressão *em risco* foi impressa mais de 18 mil vezes.[2] Honestamente, o perigo mundial aumentou nove vezes em seis anos? Somos bombardeados com más notícias. Aquecimento global, ataque de asteroides, síndrome respiratória aguda grave (SARS), genocídios, guerras, terremotos, tsunamis, AIDS... Isso não acaba nunca? As más notícias estão cobrando seu preço. Somos a cultura mais preocupada da história. Pela primeira vez desde a Segunda Guerra Mundial, pais esperam uma vida da próxima geração pior do que a deles.[3]

Ainda que a expectativa de vida tenha dobrado e a pesquisa científica para doenças esteja a todo vapor, parece que a peste bubônica está devastando as ruas. O repórter Bob Garfield pesquisou artigos de saúde em grandes publicações e descobriu que, entre outras doenças,

- 59 milhões de norte-americanos têm doenças do coração,
- 53 milhões de norte-americanos têm enxaquecas,
- 25 milhões de norte-americanos têm osteoporose,
- 16 milhões sofrem com a obesidade,
- 3 milhões têm câncer,
- 2 milhões têm problemas cerebrais graves.

Conforme registrado, ao todo, 543 milhões de norte-americanos se consideram gravemente doentes — um número perturbador, já que existem 266 milhões de pessoas no país. Como notou Garfield, "Ou somos uma sociedade amaldiçoada, ou alguém está contando dobrado".[4]

Existe uma corrente de medo por aí. Não sejamos aprisionados por ela. Estejamos entre aqueles que ficam calmos. Vamos reconhecer o medo, mas não nos deixemos apavorar. Vamos reconhecer as ameaças, mas recusemo-nos a ser definidos por elas. Deixe os outros respirarem o ar poluído da ansiedade, não nós. Vamos ficar entre os que ouvem uma voz diferente, a de Deus. Chega desses gritos de desespero, berros de mau agouro. Por que prestar atenção àquele que anuncia o juízo final na Wall Street ou ao fornecedor das sombras no jornal? Vamos inclinar nossos ouvidos em uma outra direção: para cima. Vamos nos virar para nosso Criador e, ao fazê-lo, temeremos menos.

A coragem não entra em pânico; ela ora. A coragem não lamenta; acredita. A coragem não se enfraquece; ouve. Ouve a voz de Deus chamando 366 vezes[5] nas Escrituras, uma para cada dia de um ano bissexto: "Não temam." Ouve a voz de Cristo confortando através dos corredores de hospital, cemitérios e zonas de guerra:

> Tenha bom ânimo, filho; os seus pecados estão perdoados. (Mateus 9:2)
>
> Coragem! Sou eu. Não tenham medo! (Mateus 14:27)
>
> Vocês ouvirão falar de guerras e rumores de guerras, mas não tenham medo. (Mateus 24:6)

> Não se perturbe o coração de vocês. (João 14:1)
>
> Não se perturbe o seu coração, nem tenham medo. (João 14:27)
>
> Não tenham medo; vocês valem mais do que muitos pardais! (Lucas 12:7)

Seguiremos o fantástico exemplo de William Fariss que, com sete anos de idade, viu sua casa arder em chamas. Ele é o filho de tradutores pioneiros da Bíblia na África ocidental, um jovem brilhante com um interesse voraz em dinossauros e animais. Sua família morava em uma casa de telhado de latão coberto por uma camada de palha. Um dia, o vento levantou faíscas de um fogo próximo e elas deixaram o telhado de palha dos Fariss em chamas. A família tentou salvar a casa, mas não teve nenhuma chance com o ar seco e com o sol quente da África. Enquanto viam o fogo reduzir sua casa a cinzas e tijolos carbonizados, a mãe de William o ouviu orando. Ela notou que as palavras eram como um Salmo e, quando ela o ouviu repeti-las alguns dias depois, ela escreveu o que ele disse.

> Através do vento e da chuva
> Através do fogo e da lava
> O Senhor nunca o abandonará.
> Através de terremotos e enchentes
> Através de aumentos no nível do mar e cinzas queimando
> O Senhor nunca o abandonará.
> Se você o amar, ele o abençoará
> E ele lhe dará muitas coisas.
>
> Quem pode parar o Senhor?
> Quem pode alcançar uma chita pelas planícies da África?
> O Senhor, ele pode.
> Quem pode ficar no Monte Everest?
> Quem pode enfrentar um rinoceronte?
> O Senhor.
> O Senhor pode lhe dar ovelhas e bodes e vacas e patos e galinhas e cachorros e gatos.
> O Senhor pode lhe dar qualquer coisa que ele queira.

Quem pode parar o Senhor?
Quem pode enfrentar um elefante?
Quem é corajoso o bastante para enfrentar um leão?
O Senhor.
Quem é rápido como um cavalo?
Quem pode capturar uma baleia azul?
Quem é corajoso o bastante para enfrentar uma lula gigante?
O Senhor.
Assim como Jesus morreu na cruz,
O Senhor também o fez.
O Senhor nunca deixará seu povo.
A Bíblia é a palavra dele.
O Senhor é um bom líder.

O Senhor que ama você.
E ele não abandonará seu povo.
Fim.[6]

Embora as chamas fossem ameaçadoras, o menino viu Deus nas chamas. William confiou em Deus e temeu menos. Nós também o podemos.

Amém, William. E amém.

Notas

Capítulo 1: Por que temos medo?

1. Forbes.com ["Our Most Common Fears." Disponível em http://www.forbes.com/2006/12/13/most-common-fears-forbeslife-cx_avd_1214commonfears.html.
2. Shelley Wachsmann. *The Sea of Galilee Boat: An Extraordinary 2000 Year Old Discovery* [O mar do barco da Galileia: Uma extraordinária descoberta de 2000 anos]. Nova York: Plenum Press, 1995, pp. 326–28.
3. Walter Brueggemann. "The Liturgy of Abundance, the Myth of Scarcity" [A liturgia da abundância, o mito da escassez]. *Christian Century* [Século cristão], 24 a 31 de março de 1999. Disponível em http://www.religion-online.org/showarticle.asp?title=533.

Capítulo 2: Os habitantes de Stiltsville — a cidade das estacas

1. Rabino Shmuley Boteach. *Face Your Fear: Living with Courage in an Age of Caution* [Enfrente seu medo: Vivendo com coragem em um tempo de alerta]. Nova York: St Martin's Griffin, 2004, p. 21.
2. John Bentley, mensagem por e-mail ao autor.
3. Mensagem por e-mail ao Women of Faith [Mulheres de fé], 6 de setembro de 2008.

Capítulo 3: Deus está zangado comigo

1. Ken Rodriguez. "History Keeps Digging Its Horns into Texas Receiver" [A história continua agarrando um apanhador do Texas]. *San Antonio Express-News*, 26 de outubro de 2001.
2. Calvin Miller, *Into the Depths of God: Where Eyes See the Invisible, Ears Hear the Inaudible, and Minds Conceive the Inconceivable* [Nas profundezas de Deus: onde os olhos veem o invisível, os ouvidos escutam o inaudível e as mentes concebem o inconcebível]. Minneapolis: Bethany House Publis-hers, 2000, p. 135.

Capítulo 4: Aflição, vá embora

1. Bradford Torrey, "Not So in Haste, My Heart" [Não tão rápido, coração]. *The Boston Transcript,* 1875, CyberHymnal.org. Disponível em http://www.cyberhymnal.org/htm/n/s/nsinhamh.htm.

Capítulo 6: Estou afundando rapidamente

1. Shelley Wachsmann. *The Sea of Galilee Boat: An Extraordinary 2000 Year Old Discovery* [O mar do barco da Galileia: Uma extraordinária descoberta de 2000 anos]. Nova York: Plenum Press, 1995, pp. 39 e 121.
2. C.S. Lewis. Cristianismo puro e simples. São Paulo: Martins Fontes, 2006.

Capítulo 7: Tem um dragão no meu armário

1. Max Lucado. *Seu nome é Salvador.* São Paulo: Vida Cristã, 1999.
2. Pierre Benoit. *The Passion and Resurrection of Jesus Christ* [A paixão e Ressurreição de Jesus Cristo]. Trans. Benet Weatherhead. Nova York: Herder and Herder, 1969, 10, conforme citado por Frederick Dale Bruner. *Matthew: A Commentary* [Mateus comentado], vol. 2, *The Churchbook: Matthew 13-28* [O livro da igreja: Mateus 13-28]. Dallas: Word Publishing, 1990, p. 979.
3. Bruner. *The Churchbook* [O livro da igreja], p. 978.
4. Yann Martel. *Life of Pi* [A vida de Pi]. Orlando, FL: Harcourt, 2001, pp. 155-56.
5. Yann Martel. *Life of Pi* [A vida de Pi], p. 156.
6. Robert Wheler Bush. *The Life and Times of Chrysostom* [A vida e o tempo de Crisóstomo]. London: Religious Tract Society, 1885, p. 245.

Capítulo 8: Este planeta brutal

1. Charles Colson. *Loving God* [Deus amoroso]. Grand Rapids: Zondervan, 1983, pp. 27-34.
2. Martin Luther. "A Mighty Fortress" [Uma fortaleza poderosa]. Hymnsite.com. Disponível em http://www.hymnsite.com/lyrics/umh110.sht.
3. Rabino Shmuley Boteach. *Face Your Fear: Living with Courage in an Age of Caution* [Enfrente seu medo: vivendo com coragem em um tempo de cuidado]. Nova York: St Martin's Griffin, 2004, p. 86.
4. Philip Gourevitch. *We Wish to Inform You That Tomorrow We Will Be Killed with Our Families: Stories from Rwanda* [Gostaríamos de informá-los de que amanhã seremos mortos com nossas famílias]. Nova York: Farrar, Straus, and Giroux, 1998, p. 123.

5. Peter Lewis. *The Glory of Christ* [A glória de Cristo]. London: Hodder and Stoughton, 1992, p. 235.
6. Aleksandr I. Solzhenitsyn. *The Gulag Archipelago, 1918–1956: An Experiment in Literary Investigation* [O arquipélago Gulag, 1918-1956: Um experimento em investigação literária]. Trad. Para o inglês: Thomas P. Whitney. Nova York: HarperPerennial, 2007, pp. 309–10.
7. Aleksandr I. Solzhenitsyn, *The Gulag Archipelago* [O arquipélago Gulag], p. 312.

Capítulo 9: Dinheiro de faz de conta

1. Michael P. Mayko, "Stamford Man Faces Federal Charges in Bomb Threat" [Homem em Stamford acusado de ameaça de bomba]. *Connecticut Post,* 9 de outubro de 2008. Disponível em http://www.sonneteighteen com.blogspot.com/2008/10/stamford-man-faces-federal-charges-in.html.
2. Walter Brueggemann. "The Liturgy of Abundance, the Myth of Scarcity" [A liturgia da abundância, o mito da escassez]. *Christian Century* [Século cristão], 24 a 31 de 1999. Disponível em http://www.religion online.org/showarticle.asp?title=533.
3. Anup Shah. "Poverty Facts and Stats" [Fatos e estatísticas da pobreza], citando os indicadores do World Bank Development 2008 [Banco de Desenvolvimento Mundial]. Disponível em http://www.globalissues.org/article/26/poverty-facts-and-stats.
4. Thomas Carlyle, QuoteWorld.org. Disponível em http://www.quoteworld.org/quotes/2411.
5. "The Politics of Investing" [A política do investimento]. *Leading the Way: A Publication of Hartford Leaders Suite of Variable Annuities* [Guiando: uma publicação mensal da Hartford Leaders Suite], terceiro trimestre, 2008.
6. Bob Russell. "Favorites of Bob Russell" CD [CD "Favoritas de Bob Russell"]. Louisville, KY: Southeast Christian Church, 2005.

Capítulo 10: Morto de medo

1. Donald G. Bloesch. *The Last Things: Resurrection, Judgment, Glory* [As últimas coisas: ressurreição, julgamento, glória]. Downers Grove, IL: InterVarsity Press, 2004, p. 125.
2. Donald G. Bloesch. *The Last Things: Resurrection, Judgment, Glory* [As últimas coisas: ressurreição, julgamento, glória]. Downers Grove, IL: InterVarsity Press, 2004, p. 125.
3. John Blanchard. *Whatever Happened to Hell?* [O que aconteceu com o Inferno?]. Wheaton, IL: Crossway Books, 1995, p. 63.

4. John Blanchard. *Whatever Happened to Hell?* [O que aconteceu com o Inferno?]. Wheaton, IL: Crossway Books, 1995, p. 62.
5. William Shakespeare, *Hamlet*, em *The Complete Works of Shakespeare* [Obras completas de Shakespeare], ed. Hardin Craig. Glenview, IL: Scott, Foresman and Company, 1961). 3.1.78–80. Referências são a ato, cena e linha.
6. N.T. Wright. *Christian Origins and the Question of God* [Origens cristãs e a questão de Deus], vol. 3. *The Resurrection of the Son of God*. Minneapolis: Fortress Press, 2003, pp. 205-6.
7. Benjamin P. Browne. *Illustrations for Preaching* [Ilustrações para pregação]. Nashville, TN: Broadman Press, 1977, p. 85.

Capítulo 12: A sombra da dúvida

1. Jennie Yabroff. "Take the Bananas and Run" [Tire as bananas e corra]. *Newsweek*, 18 a 25 de agosto de 2008, p. 57.
2. N.T. Wright. *Christian Origins and the Question of God* [Origens cristãs e a questão de Deus], vol. 3. *The Resurrection of the Son of God*. Minneapolis: Fortress Press, 2003, p. 647.
3. Walter Liefiled, p. 1050.
4. Armand M. Nicholi Jr. *Deus em questão: C.S. Lewis e Sigmund Freud debatem sobre Deus, amor, sexo e o sentido da vida*. Viçosa, MG: Ultimato, 2005.

Capítulo 13: E se as coisas piorarem?

1. Joanna Bourke. *Fear: A Cultural History* [O medo: uma história cultural]. Emeryville, CA: Shoemaker and Hoard, 2005, p. 195.
2. John Zarrella e Patrick Oppmann. "Pastor with 666 Tattoo Claims to Be Divine" [Pastor com 666 tatuagens alega ser divino]. CNN.com, 19 de fevereiro de 2007. Disponível em http://www.cnn.com/2007/US/02/16/miami.preacher.
3. dc Talk and the Voice of the Martyrs. *Jesus Freaks* [Loucos por Jesus]. Tulsa, OK: Albury Publishing, 1999, pp. 133, 167, 208.
4. Global Evangelization Movement [Movimento de evangelização global]. "Status of Global Mission, 2001, in Context of 20th and 21st Centuries" [*Status* da missão global, 2001, no contexto dos séculos XX e XXI]. Worldwide Persian Outreach. Disponível em http://www.farsinet.com/pwo/world_mission.html.
5. Jim Collins. *Good to Great: Why Some Companies Make the Leap . . . and Others Don't* [Empresas feitas para vencer — Good To Great]. Nova York: Harper Collins, 2001, pp. 83-85.

6. Frederick Dale Bruner. *Matthew: A Commentary* [Mateus comentado], vol. 2, *The Churchbook: Matthew 13–28* [O livro da igreja: Mateus 13-28]. Dallas: Word Publishing, 1990, p. 878.
7. William J. Broad. "Scientists' New Findings Link Titanic's Fast Sinking to Rivets" [Novos achados de cientistas ligam o afundamento rápido do Titanic a rebites]. *San Antonio Express-News,* 15 de abril de 2008.
8. Dorothy Bernard, The Quotations Page [A página das citações]. Disponível em http://www.quotationspage.com/quote/29699.html.
9. Bruner. *The Churchbook* [O livro da igreja], p. 847.

Capítulo 14: O único terror saudável

1. Thomas Howard. *Christ the Tiger* [Cristo, o Tigre]. Filadélfia: J.B. Lippincott, 1967, p. 10.
2. Ellen F. Davis. *Getting Involved with God: Rediscovering the Old Testament* [Se envolvendo com Deus: redescobrindo o Antigo Testamento]. Cambridge, MA: Cowley Press, 2001, pp. 102–3.
3. C.S. Lewis. *Príncipe Caspian — As crônicas de Nárnia.* São Paulo: Martins Fontes, 2005.

Conclusão: O salmo de William

1. Joanna Bourke. *Fear: A Cultural History* [Medo: uma história cultural]. Emeryville, CA: Shoemaker and Hoard, 2005, pp. 232–33.
2. Frank Furedi. *Culture of Fear Revisited: Risk-taking and the Morality of Low Expectation* [A cultura do medo revisitada: os riscos e a moralidade das poucas expectativas]. 4ª ed. Nova York: Continuum Books, 2006, p. xviii.
3. Frank Furedi. *Culture of Fear Revisited: Risk-taking and the Morality of Low Expectation* [A cultura do medo revisitada: os riscos e a moralidade das poucas expectativas]. 4ª ed. Nova York: Continuum Books, 2006, p. 68.
4. John Ortberg. *If You Want to Walk on Water, You've Got to Get Out of the Boat* [Se você quiser andar na água, terá que sair do barco]. Grand Rapids: Zondervan, 2001, p. 132.
5. Lloyd Ogilvie, conforme citado em Ortberg. *If You Want to Walk on Water, You've Got to Get Out of the Boat* [Se você quiser andar na água, terá que sair do barco] Grand Rapids: Zondervan, 2001, p. 118.
6. Greg Pruett. "President's Blog" [o blog do presidente]. Pioneer Bible Translators [Tradutores pioneiros da Bíblia], 27 de fevereiro de 2008, *Príncipe Caspian.* Disponível em http://www.pioneerbible.org/cms/tiki-view_blog_post.php?blogld=2&postld=9.

TODO DIA É UM DIA ESPECIAL

DESCUBRA O QUE A VIDA TEM DE MELHOR APROVEITANDO TODAS AS OPORTUNIDADES DE SEU DIA

Sumário

1

Todo dia é um dia especial

Areia macia sob os pés, a brisa fresca na face. Um lenço azul turquesa com uma barra mais azul ainda. Ondas batem e quebram. Pássaros cantam e arrulham. Ilhas aparecem no horizonte. Palmeiras dançam.

Enquanto escrevia este livro, saboreava a manhã. Refleti: *existe jeito mais fácil de dar uma chance ao dia que começá-lo bem aqui?* Recostei-me em uma cadeira de praia, entrelacei meus dedos por trás da cabeça e fechei os olhos.

Foi aí que um pássaro escolheu meu peito para praticar tiro ao alvo. Nenhum aviso. Nenhuma sirene. Nenhum grito de "bomba!" Apenas *ploft.*

Olhei para cima bem a tempo de ver uma gaivota comemorando com seus amigos de bando. Que nojo! Joguei água na camisa três vezes. Mudei para uma cadeira longe das árvores. Fiz tudo que pude para recuperar a magia da manhã, mas não conseguia parar de pensar no ataque aéreo do pássaro.

Tinha tudo para ser fácil. As ondas ainda quebravam. As nuvens ainda flutuavam. O mar continuava azul, e a areia, branca. As ilhas ainda estavam lá, e o vento ainda sussurrava. Mas nada me tirava da cabeça o torpedo da gaivota.

Pássaro idiota.

Os pássaros têm o poder de estragar tudo, não têm? Pode apostar: deu problema, lá estão eles.

O trânsito ficará congestionado.

Aeroportos fecharão.

Amigos nos esquecerão.

Casais discutirão.

E as filas. Caramba, as filas. Prazos, filas enormes, cabelos caindo, companhias aéreas que perdem malas, cantadas ridículas, linhas de expressão no rosto, fila do seguro-desemprego, e os benditos ultimatos.

E aqueles dias recheados de problemas? Aqueles dias em que toda esperança vai pelos ares por causa de uma crise? Você nunca sai do leito do hospital ou da cadeira de rodas. Você acorda e se dá conta de que está na mesma cela ou na mesma guerra. O enterro daquela pessoa querida mal acabou, a carta de demissão ainda está dobrada no seu bolso, o outro lado da cama continua vazio... quem consegue ter um dia bom em dias como esses?

A maioria das pessoas não consegue... mas será que não poderíamos tentar? Dias como esses trazem uma boa oportunidade. Uma chance. Um teste. Uma virada de mesa. Então? Será que todo dia não merece uma chance e, assim, passar a ser um bom dia?

Afinal de contas: "Este é o dia em que o SENHOR agiu; alegremo-nos e exultemos neste dia" (Salmo 118:24). A primeira palavra nos deixa curiosos. "*Este* é o dia em que o SENHOR agiu"? Talvez os feriados sejam os dias em que o Senhor agiu. Domingos de Páscoa... sábados de liquidações... dias de férias... os primeiros dias das temporadas de caça — esses são os dias em que o Senhor agiu. Mas "*este* é o dia"?

"Este é o dia" inclui todos os dias. Dias de divórcio, dias de provas finais, dias de cirurgias, dias de pagar os impostos, dias de mandar seu filho mais velho para a universidade em outra cidade.

Esse dia, por exemplo, derrubou-me. Surpreendentemente. Fizemos as malas de Jenna, botamos tudo no carro dela e deixamos dezoito anos de nossa vida para trás. Uma página foi virada. Menos um prato sobre a mesa, menos uma voz na casa, menos uma filha sob nosso teto. Aquele dia foi necessário. Planejado. Mas, ainda assim, acabou comigo.

Fiquei arrasado. Arranquei com o carro na saída do posto de gasolina com a mangueira ainda no tanque, arrancando-a à força da bomba. Perdi-me em uma cidade de apenas um cruzamento. No caminho para a faculdade, eu fiquei remoendo esse problema. Enquanto desfazíamos as malas, eu engolia em seco. Arrumamos o quarto do dormitório dela e eu, enquanto isso, planejava sequestrar minha própria filha de volta para casa, de onde ela nunca deveria ter saído. Parecia que meu peito fora congelado. Foi quando eu vi o versículo que algum anjo colocara no mural do dormitório.

Este é o dia em que o Senhor *agiu; alegremo-nos e exultemos neste dia.*

Parei, olhei e permiti que as palavras penetrassem meu ser. Deus agiu neste dia, ordenou este momento difícil, criou os detalhes deste momento de sofrimento. Ele não está de férias. Ele ainda segura a alavanca do maquinista do trem, senta na cabine do piloto e ocupa o único trono do universo. Cada dia vem do departamento de criação de Deus. Incluindo este.

Assim, decidi dar uma chance a este dia, mudar minha perspectiva e imitar a solução do salmista: "Vou me alegrar e exultar neste dia."

Epa, mais uma palavra que gostaríamos de corrigir: *neste.* Talvez possamos trocar por *após*? Nós nos exultaremos após este dia. Ou *fim.* Nós nos exultaremos se conseguirmos chegar ao fim deste dia. Por que não?

Mas exultar *neste* dia? Isso é o que Deus nos convida a fazer. Como Paulo exultou *na* prisão; Davi escreveu salmos *no* deserto; Jonas orou na barriga do peixe; Paulo e Silas cantaram *na* prisão; Sadraque, Mesaque e Abede-Nego permaneceram firmes *na* fornalha ardente; João viu o paraíso *no* seu exílio; e Jesus orou *em* seu martírio... Será que nós poderíamos exultar bem *durante* este dia?

Imagine a diferença se nós pudéssemos.

Suponha que, "atolado até o pescoço no pior dos dias",[1] você resolve dar uma chance a este dia. Você escolhe não beber, nem trabalhar, nem se preocupar, mas dar a ele uma oportunidade justa. Você confia mais. Se estressa menos. Aumenta sua gratidão. Silencia os resmungos. E o que acontece? Logo o dia acaba, e o mais surpreendente, de modo tranquilo.

Tão tranquilo, na verdade, que você resolve dar a mesma chance ao dia seguinte. Ele chega com seus tropeços, torpedos de pombos, manchas na camisa, mas, em geral, caramba, dar uma chance ao dia funciona! Você faz a mesma coisa no dia seguinte. E no seguinte. E os dias viram uma semana. As semanas, meses. Os meses, anos de bons dias.

É disso que são feitas as vidas felizes. Um bom dia de cada vez.

Uma hora é muito pouco, um ano é demais. Os dias são porções perfeitas de vida, uma espécie de módulos de organização projetados por Deus.

Oitenta e quatro mil batidas do coração.

Mil quatrocentos e quarenta minutos.

Uma rotação da Terra.

Uma volta completa no relógio de sol.

Vinte e quatro viradas da ampulheta.

Um nascer *e* um pôr do sol.

Um dia novinho em folha.

A dádiva de vinte e quatro horas não vividas, inexploradas.

E, se você puder acumular um bom dia após o outro, conseguirá juntar os pedaços de uma boa vida.

Mas aqui vai o que você precisa ter sempre em mente.

O ontem não existe mais para você. Ele desapareceu enquanto você dormia. Já era. Será mais fácil agarrar uma nuvem de fumaça. Você não pode mudá-lo nem melhorá-lo. Sinto muito, segundas chances não são permitidas. A areia da ampulheta não volta para cima. O ponteiro dos segundos do relógio se recusa a andar para trás. O calendário mensal se lê da esquerda para a direita, e não ao contrário. O ontem não existe mais para você.

O amanhã ainda não existe. A não ser que você acelere a órbita da Terra ou convença o Sol a nascer duas vezes antes de se pôr, você não pode viver o amanhã hoje. Você não pode gastar o dinheiro de amanhã, celebrar as conquistas de amanhã, nem resolver os problemas de amanhã. Você só tem o hoje. *Este* é o dia em que o Senhor agiu.

Viva nele. Você tem de estar presente para ganhar. Não sobrecarregue o hoje com os arrependimentos de ontem nem o estrague com os problemas de amanhã. Mas não é o que fazemos?

Fazemos com o nosso dia o que eu fiz com um passeio de bicicleta. Um amigo e eu participamos de um passeio ciclístico em uma região serrana. Em apenas alguns minutos, comecei a ficar cansado. Meia hora depois, minhas coxas doíam, e meus pulmões arfavam como se eu fosse uma baleia encalhada. Mal podia pedalar. Tudo bem que não sou nenhum ciclista profissional, mas também não sou nenhum principiante, e estava me sentindo um novato nesse passeio. Depois de quarenta e cinco minutos, precisei descer da bicicleta para retomar o ar. Foi aí que meu amigo descobriu qual era o problema. Os freios traseiros estavam prendendo o pneu de trás! Garras de borracha dificultavam cada pedalada. O passeio estava fadado a ser difícil.

Não fazemos o mesmo? A culpa aperta de um lado. O medo arrasta do outro. Não é de admirar que fiquemos tão cansados. Sabotamos nosso dia, levando-o ao desastre, carregando os problemas do ontem, antecipando os problemas do amanhã. Remorso pelo passado, ansiedade pelo futuro. Não estamos dando uma chance ao dia.

Como podemos? O que podemos fazer? Aqui vai minha proposta: consultar Jesus. O Ancião dos Dias tem algo a dizer sobre nossos dias. Ele não usa a palavra *dia* muitas vezes nas Escrituras. Mas as poucas vezes em que a usa servem para dar uma deliciosa fórmula para elevar cada um dos nossos dias à posição de campeão.

Preencha seu dia com a graça dele.
Jesus lhe respondeu: "Eu lhe garanto:
Hoje você estará comigo no paraíso."
(Lucas 23:43)

Confie seu dia aos cuidados dele.
"Dá-nos cada dia o nosso pão cotidiano."
(Lucas 11:3)

Aceite as orientações dele.
"Se alguém quiser acompanhar-me,
negue-se a si mesmo, tome diariamente
a sua cruz e siga-me."
(Lucas 9:23)
Direção. E graça. Único. Soberano.
D-E-U-S

Preencha seu dia com Deus. Dê uma chance ao dia. E, enquanto isso, fique de olho naquela gaivota com um sorriso engraçadinho.

Para começar bem o dia

Da próxima vez em que você estiver imerso em um dia ruim, faça estas três perguntas a você mesmo:

1. Por que me sinto culpado?
2. Com o que estou preocupado?
3. Quem sou eu?

Reflita sobre suas respostas com estes lembretes:

Ontem... perdoado.
Amanhã... entregue.
Hoje... clarificado.

Os planos de Jesus para um bom dia fazem muito sentido. Sua graça tira a culpa.

Sua direção acaba com a confusão. Sua soberania nos livra do medo.

Seção 1

Preencha seu dia com a graça do Senhor

Ontem você pisou na bola. Falou o que não devia, pegou a rua errada, apaixonou-se pela pessoa errada, reagiu de forma inadequada.

Falou quando deveria ter escutado, se apressou quando deveria ter esperado, julgou quando deveria ter confiado, entregou-se quando deveria ter resistido.

Ontem tudo deu errado. Mas você terá muitos outros dias como esse se deixar os erros de ontem afetarem sua atitude de hoje. As misericórdias de Deus se renovam a cada manhã. Receba-as. Aprenda uma lição com a floresta Cascade do Estado de Washington. Algumas das árvores de lá têm mais de cem anos, ultrapassando a expectativa de vida de cinquenta a sessenta anos. Uma árvore cheia de folhas data de sete séculos atrás! O que faz a diferença? Chuvas diárias e abundantes mantêm o chão úmido, as árvores molhadas e os relâmpagos fracos.[2]

Relâmpagos afetam você também. Trovões de lamentações podem paralisá-lo e consumi-lo. Reaja a eles com chuvas da graça de Deus e com doses diárias de perdão. Uma vez por ano não basta. Uma vez por mês é insuficiente. Chuviscos só uma vez por semana deixam você seco. Nevoeiros esporádicos deixam-no sem energia. Você precisa se renovar todos os dias. "Graças ao grande amor do Senhor é que não somos consumidos, pois as suas misericórdias são inesgotáveis. Renovam-se cada manhã; grande é a sua fidelidade!" (Lamentações 3:22,23).

2

Misericórdia para os dias de vergonha

O ladrão vê. Paredes sujas e um chão encardido. A luz do sol racionada se comprimindo por entre rachaduras. A cela na prisão é escura. Os dias dele, mais ainda. Ratos se escondem apressadamente em buracos nos cantos. Se pudesse, ele faria o mesmo.

O ladrão ouve. Pés de soldados se arrastando. A porta da prisão se abrindo com um estrondo. Um guarda com a compaixão de uma viúva negra.

— Levante-se! Sua hora chegou!

O ladrão vê. Rostos desafiadores, lado a lado, ao longo de um caminho de pedras. Homens cuspindo, revoltados, mulheres virando a cara. Enquanto o ladrão sobe ao cimo da montanha, um soldado o puxa para baixo. Outro pressiona seu antebraço contra uma tora e o segura com um joelho. Ele vê o soldado pegar a marreta e um prego grande.

O ladrão ouve. Batidas. Batidas do martelo que ressoam na cabeça. Batidas do coração. Os soldados bufam enquanto levantam a cruz. A base faz um estampido ao ser encaixada no buraco.

O ladrão sente. Dor. De tirar o fôlego, de parar o coração. Todas as suas fibras pegando fogo.

O ladrão ouve. Grunhidos. Gemidos guturais. Morte. Nada mais. A morte dele mesmo. Gólgota — que quer dizer lugar da Caveira, o monte onde Jesus foi crucificado — toca essa morte como um acorde menor. Nada de canções de esperança. Nada de sonetos de vida. Apenas os acordes dissonantes da morte.

Dor. Morte. Ele as vê; ele as ouve. Mas, a seguir, o ladrão vê e ouve outra coisa:

— Pai, perdoa-lhes, pois não sabem o que estão fazendo (Lucas 23:34).

Uma flauta soa alegremente no campo de batalha. Uma nuvem de chuva encobre o sol do deserto. Uma rosa desabrocha no monte da morte.

Jesus ora em uma cruz romana.

Eis como o ladrão reage. Zombaria. "Igualmente o insultavam os ladrões que haviam sido crucificados com ele" (Mateus 27:44).

Tendo sido ferido, o ladrão fere. Tendo sido machucado, o ladrão machuca. Até no Gólgota há alguma hierarquia, e esse ladrão se recusa a ficar no degrau de baixo. Ele se une aos zombadores, que dizem:

— Salvou os outros, mas não é capaz de salvar a si mesmo! E é o rei de Israel! Desça agora da cruz, e creremos nele. Ele confiou em Deus. Que Deus o salve agora, se dele tem compaixão, pois disse: "Sou o Filho de Deus!" (Mateus 27:42,43).

Mas Jesus se recusa a retaliar. O ladrão, pela primeira vez naquele dia (pela primeira vez em quantos dias?), vê bondade. Não olhares arremetedores nem palavras amaldiçoadoras, mas paciência.

O ladrão se comove. Ele pára de zombar do Cristo e tenta fazer os outros pararem também:

— Nós estamos sendo punidos com justiça, porque estamos recebendo o que os nossos atos merecem. — Ele confessa ao criminoso na outra cruz. — Mas este homem não cometeu nenhum mal (Lucas 23:41).

O ladrão sente que está ao lado de um homem enviado pelos céus e faz um pedido:

— Jesus, lembra-te de mim quando entrares no teu Reino (Lucas 23:42).

E Jesus, cujo trabalho envolve aceitar imigrantes ilegais e levá-los para seu Salão Oval, responde:

— Eu lhe garanto: Hoje você estará comigo no paraíso (Lucas 23:43).

E o mau dia do ladrão encontra a dádiva graciosa de um Deus misericordioso.

O que o ladrão vê agora? Ele vê um filho confiar sua mãe a um amigo e honrar seu amigo com sua mãe (João 19:26, 27). Ele vê o Deus que escreveu um livro sobre graça. O Deus que convenceu Adão e Eva a sair detrás dos arbustos e um sanguinário Moisés a sair do deserto. O Deus que reservou um lugar para Davi, embora Davi tenha cometido adultério com Bate-Seba. O Deus que não desistiu de Elias, embora Elias tivesse desistido de Deus. Isso é o que o ladrão vê.

O que ele ouve? Ele ouve o que Moisés ouviu quando era um fugitivo no deserto, o que Elias ouviu quando estava deprimido no deserto, o que o Davi ouviu depois de seu adultério com Bate-Seba. Ele ouve o que...

um Pedro inconstante ouviu após o galo cantar,
os discípulos atirados pela tempestade ouviram após
o vento parar,
a mulher que traía o marido ouviu depois que os homens
foram embora,
a samaritana que se casou várias vezes ouviu antes de os
discípulos chegarem,
o endurecido Saul ouviu depois que a luz brilhou,
o paraplégico ouviu quando seus amigos o passaram
pela abertura no telhado,
o cego ouviu quando Jesus o encontrou na rua,
os discípulos logo ouviriam de Jesus na praia um dia
de manhã cedo.

Ele ouve a língua oficial de Cristo: Graça. Imerecida. Inesperada. Graça. Jesus lhe respondeu: "'Eu lhe garanto: Hoje você estará comigo no paraíso'" (Lucas 23:43).

Paraíso. O céu intermediário. A casa dos justos até o retorno de Cristo. A árvore da vida está lá. Os santos estão lá. Deus está lá. E agora o ladrão, que começou o dia em uma prisão romana, estará lá.

Com Jesus. Não há entrada pelos fundos. Não há chegadas tarde da noite. No paraíso não existe noite nem cidadãos de segunda classe. O ladrão passa pelos portões pisando no tapete vermelho de Jesus.

Hoje. Imediatamente. Sem se purificar no Purgatório. Sem reabilitação no Hades. A graça vem como a luz do sol e ilumina o dia sombrio do ladrão. O monte da execução vira o monte da transfiguração.

Talvez você precise do mesmo. Os erros de ontem fazem o papel do esquadrão da morte romano: eles o acompanham ao calvário da vergonha. Os rostos do passado estão no caminho. Vozes berram seus crimes enquanto você passa:

Você negligenciou seu pai e eu!

Você deixou o vício roubar sua juventude!

Você prometeu que voltaria!

Logo você é crucificado na cruz de seus erros. Erros idiotas. O que você vê? Morte. O que você sente? Vergonha. O que você ouve?

Ah, essa é a pergunta. O que você ouve? Você consegue escutar Jesus no meio de seus acusadores? Ele garante: "Hoje você estará comigo no paraíso."

Hoje. Este é o dia. No meio desse dia angustiante, Jesus faz um milagre. Enquanto outros crucificam seu passado, ele abre as portas para seu futuro. Paraíso. Jesus trata com misericórdia seus dias de vergonha.

Ele levará sua culpa, se você lhe pedir isso. Tudo que ele espera é que você peça. As palavras do ladrão bastam. "Nós estamos sendo punidos com justiça, porque estamos recebendo o que os nossos atos merecem. Mas este homem não cometeu nenhum mal..."

Nós estamos errados. Ele está certo.

Nós pecamos. Ele é o Salvador.

Nós precisamos de graça. Jesus pode nos dar.

Então peça ao Senhor: "Lembra-te de mim quando entrares no teu Reino."

E quando você pedir, aquele que falou novamente proferirá estas palavras: "Hoje você estará comigo no paraíso."[3]

Para começar bem o dia

Da próxima vez que seu dia tomar a direção errada, aqui está o que você deve fazer. Mergulhe na graça de Deus. Preencha seu dia com o amor dele. Tempere sua mente na misericórdia do Senhor. Ele pagou suas dívidas. "Ele mesmo levou em seu corpo os nossos pecados sobre o madeiro" (1 Pedro 2:24).

Quando você perder a paciência com seu filho, Cristo intervém: "Eu paguei por isso." Quando você conta uma mentira, e todo o céu treme, seu Salvador levanta a voz: "Minha morte cobriu esse pecado." Quando você pratica a luxúria, cobiça, inveja ou julga, Jesus se posiciona diante do tribunal e aponta para a cruz ensanguentada. "Eu já provi. Já tirei os pecados do mundo."

Que dádiva ele lhe deu! Você ganhou a melhor loteria da história da humanidade, sem ter de pagar pelo bilhete! Sua alma está protegida, sua salvação é garantida. Seu nome está escrito no único livro que interessa. Você está apenas a alguns grãos da ampulheta de ter uma existência sem lágrimas, sem escuridão, sem dor. Do que mais você precisa?

3

Gratidão para os dias de ingratidão

Trechos do diário de um cachorro:

8:00 Oba, ração — gosto muito disso.
9:30 Oba, um passeio de carro — gosto muito disso.
9:40 Oba, uma caminhada — gosto muito disso.
10:30 Oba, outro passeio de carro — gosto muito disso.
11:30 Oba, mais ração — gosto muito disso.
12:00 Oba, as crianças — gosto muito disso.
13:00 Oba, o quintal — gosto muito disso.
16:00 Oba, as crianças novamente — gosto muito disso.
17:00 Oba, ração de novo — gosto muito disso.
17:30 Oba, Mamãe — gosto muito disso.
18:00 Oba, apanhar a bola — gosto muito disso.
20:30 Oba, dormir na cama quentinha do meu dono — gosto muito disso.

Trechos do diário de um gato:

Dia 283 no cativeiro. Meus sequestradores insistem em zombar de mim balançando uns objetos pequenos e estranhos. Enquanto eles comem carne fresca, sou forçado a comer cereais secos. Só aguento isso por causa da esperança de escapar e da leve satisfação que tenho ao destruir alguns móveis. Amanhã, provavelmente, comerei outra planta da casa. Planejei matar meus sequestradores de manhã ao me enroscar por entre os pés deles enquanto andavam. Quase consegui. Talvez eu deva tentar isso no topo da escada. Em uma tentativa de enojar e de causar repulsa nesses vis opressores, induzi, novamente, vômito na cadeira favorita deles. Acho que devo tentar isso na cama deles. Para mostrar minha índole diabólica, decapitei um camundongo e coloquei o corpo, sem cabeça, no chão da cozinha. Eles só bateram palmas e me incentivaram, acariciando minha cabeça e chamando-me de "gatinho valente". Hum — isso não estava de acordo com o plano. Durante uma reunião com seus cúmplices, eles me confinaram em uma solitária. Consegui ouvir que fora preso por causa do meu poder de causar alergias. Devo aprender o que isso quer dizer e usar essa arma a meu favor.

Estou convencido de que os outros cativos da casa estão com eles, talvez sejam informantes. O cachorro, muitas vezes, é solto e parece ingenuamente feliz quando volta. Ele, com certeza, não é muito inteligente. O pássaro fala com regularidade com os humanos e aposto que é um informante. Estou certo de que ele relata cada minuto da minha vida para eles. Por causa do seu atual confinamento em uma gaiola de metal, sua segurança está garantida, mas eu posso esperar. É só uma questão de tempo.[4]

O dia de um cachorro. O dia de um gato. Um feliz, o outro apenas aturando. Um na paz, outro em guerra. Um agradecido, o outro rabugento. A mesma casa. As mesmas circunstâncias. O mesmo dono. Ainda assim duas atitudes completamente diferentes.

Qual diário se parece mais com o seu? Se os seus pensamentos mais íntimos fossem expostos, com que frequência as palavras: "Oba, gosto muito disso", apareceriam ali?

"Oba, o sol nascendo — gosto muito disso."
"Oba, café da manhã — gosto muito disso."
"Oba, engarrafamento — gosto muito disso."
"Oba, aspirar a casa — gosto muito disso."
"Oba, tratamento de canal — gosto muito disso."

Bem, nem mesmo um cachorro apreciaria um tratamento de canal. Mas não gostaríamos de apreciar mais nosso dia? E podemos fazer isso.

Comece com a graça de Deus. Quando aceitamos o perdão do Senhor, nosso dia de mau-humor e de lamentações se torna um dia de gratidão.

Sim, gratidão. Gratidão é o filho primogênito da graça, a resposta apropriada do abençoado. Tão apropriada, de fato, que a sua falta surpreende Jesus. Nós sabemos disso por causa dos dez homens que ele curou.

"A caminho de Jerusalém, Jesus passou pela divisa entre Samaria e Galileia. Ao entrar num povoado, dez leprosos dirigiram-se a ele. Ficaram a certa distância e gritaram em alta voz: 'Jesus, Mestre, tem piedade de nós!'" (Lucas 17: 11-13).

Leprosos. Um monte de rostos parcialmente cobertos e corpos encurvados. Quem poderia dizer onde um acabava e outro começava, se eles se apoiavam uns nos outros? No entanto, em quem poderiam se apoiar?

A aparência deles enoja as pessoas: calombos nas bochechas, no nariz, nos lábios, na testa. Cordas vocais ulceradas faziam com que a voz ficasse áspera. A ausência de sobrancelhas transformava os olhos em olhares vazios. Músculos atrofiados e tendões contraídos faziam com que as mãos parecessem garras. As pessoas evitavam os leprosos.

Mas Cristo teve compaixão deles. Assim, enquanto as pessoas davam um passo para trás quando os viam, o Mestre dava um para frente.

> Ao vê-los, ele disse: "Vão mostrar-se aos sacerdotes."
> Enquanto eles iam, foram purificados (Lucas 17:14).

Você não adoraria ter presenciado o milagre? Sem terapia. Sem tratamento. Sem remédios. Apenas uma oração para um homem e bum! A cura completa. Mãos retorcidas esticadas. Feridas abertas se fechando. Energia pulsando nas veias. Dez capuzes jogados para trás, e vinte muletas abandonadas. Uma massa disforme de doença se torna um coral de pulos e comemorações de saúde.

Você consegue imaginar como os leprosos se sentiram? Se você estiver em Cristo, você consegue. O que ele fez no físico dos leprosos, ele fez por você espiritualmente.

Os pecados nos tornam todos leprosos, tornam-nos cadáveres espirituais. Para os cristãos efésios, Paulo escreveu: "Vocês estavam mortos em suas transgressões e pecados" (Efésios 2:1). Os não salvos, argumentou

Paulo, vivem "na inutilidade dos seus pensamentos. Eles estão obscurecidos no entendimento e separados da vida de Deus por causa da ignorância em que estão, devido ao endurecimento do seu coração." (Efésios 4:17-18).

Poderia haver uma situação mais sombria?

Mortos em transgressões.

Fúteis nos pensamentos.

Obscurecidos no entender.

Separados de Deus.

Legistas dão relatórios melhores. Mas Paulo não havia terminado. Sem Cristo nós estamos "sem esperança e sem Deus no mundo" (Efésios 2:12), "controlados pela carne, as paixões pecaminosas" (Romanos 7:5), e escravos do Diabo (2 Timóteo 2:26). O que Jesus viu no corpo dos leprosos, ele vê na alma dos pecadores — devastação. Mas o que ele fez para eles, ele faz para o coração preparado. "Deus, que é rico em misericórdia, pelo grande amor com que nos amou, deu-nos vida com Cristo, quando ainda estávamos mortos em transgressões" (Efésios 2: 4,5).

Ele fecha as feridas de nosso coração e estica os membros retorcidos de nosso ser interior. Ele transforma tecidos pecaminosos em vestidos brilhantes. Ele ainda cura. E ele ainda procura por gratidão.

> Um deles, quando viu que estava curado, voltou, louvando a Deus em alta voz. Prostrou-se aos pés de Jesus e lhe agradeceu. Este era samaritano. Jesus perguntou: "Não foram purificados todos os dez? Onde estão os outros nove? Não se achou nenhum que voltasse e desse louvor a Deus, a não ser este estrangeiro?" (Lucas 17:15-18).

Esse leproso que retornou para agradecer chamou a atenção de Cristo. Assim como a ausência dos outros. Não perca a manchete dessa história. Deus conhece o coração grato. Por quê? Ele tem um ego inflado? Não. Mas nós temos. A gratidão tira nossos olhares das coisas que não temos para que possamos ver as bênçãos que recebemos. Nada espanta o inverno do dia como a brisa caribenha da gratidão. Você precisa de uns ventos alísios?

Forme-se na graça de Deus. Quando Paulo enviou Timóteo para a universidade espiritual, ele falou para ele se formar na graça de Deus:

"Portanto, você, meu filho, *fortifique-se na graça* que há em Cristo Jesus" (2 Timóteo 2:1, grifo do autor).

Faça o mesmo. Concentre-se na cruz de Cristo. Fique fluente na língua da redenção. Permaneça mais tempo ao pé da cruz. Mergulhe no currículo da graça. É tão fácil se distrair. Tão fácil ser ingrato, cometer o erro do assistente de Scott Simpson.

Scott é um jogador de golfe profissional que, com frequência, joga no Masters Golf Tournament [Torneio de Mestres de Golfe], sediado no Augusta National Golf Club. O Augusta Nacional é o que uma enciclopédia é para os que amam História: uma experiência suprema. O campo é extremamente belo. Você poderia pensar que estava andando em uma pintura a óleo. Jardineiros tratam do campo como se ele fosse uma noiva. Ao descrever a perfeição ao seu assistente, Scott comentou:

—Você não vai encontrar nenhuma erva-daninha aqui a semana toda.

Imagine a surpresa de Scott quando, no domingo, depois de cinco dias andando pelo campo de golfe, seu assistente apontou para o chão e disse:

— Eu encontrei uma!

Nós não fazemos o mesmo? Habitamos em um jardim de graça. O amor de Deus brota a nossa volta como orquídeas e se eleva sobre nós como pinheiros, mas insistimos em caçar ervas-daninhas. Quantas flores perdemos no caminho?

Se você procurar bastante, encontrará um motivo para reclamar. Então, pare de procurar! Tire seus olhos das ervas-daninhas. Forme-se na graça de Deus. E...

Meça as dádivas de Deus. Colecione suas bênçãos. Catalogue sua gentileza. Reúna suas razões para agradecer e recite-as. "Alegrem-se sempre. Orem continuamente. Deem graças em todas as circunstâncias, pois esta é a vontade de Deus para vocês em Cristo Jesus"(1 Tessalonicenses 5:16-18).

Veja a totalidade destes termos. *Alegrem-se sempre. Orem continuamente. Deem graças em todas as circunstâncias.* Aprenda com Sidney Connell. Quando sua bicicleta nova foi roubada, ela deu essa má notícia ao pai. Ele esperava que sua filha estivesse chateada. Mas ela o surpreendeu.

— Pai, de todas as bicicletas que eles poderiam roubar para eles, escolheram a minha.

Gratidão é sempre uma opção. Assim o fez Matthew Henry. Quando o famoso acadêmico foi cercado por ladrões e teve sua pasta roubada, ele escreveu em sua agenda: "Deixe-me agradecer, primeiramente, porque nunca fora roubado antes; segundo, embora eles tenham roubado minha pasta, eles não tiraram a minha vida; terceiro, embora eles tenham levado tudo que eu tinha no momento, não era muito; e, finalmente, porque fui eu que fui roubado, não quem roubou."[5]

Torne a gratidão sua atitude padrão e você se pegará agradecendo pelos problemas de sua vida. O consultor Robert Updegraff escreveu:

> Você deve ficar feliz pelos problemas em seu trabalho porque eles pagam metade do seu salário. Se não fosse pelas coisas que dão errado, pelas pessoas difíceis com as quais você lida e pelos problemas do dia a dia, achariam alguém para resolvê-los por metade do que você ganha. Então, procure por mais problemas. Aprenda a lidar com eles com alegria e com bons olhos, como oportunidades, em vez de irritações, e você se pegará indo em frente em um ritmo surpreendente. Pois há muitos grandes empregos por aí procurando pessoas sem medo de problemas.[6]

Precisa de um tempero em seu dia? Agradeça a Deus por todos os problemas que aparecem na estrada. Alguma situação é tão terrível que a gratidão é eliminada? Algumas senhoras que estavam presentes no congresso das Mulheres de Fé aparentemente acharam. Essa organização reúne milhares de mulheres, e mulheres com esperança. A presidente, Mary Graham, falou-me sobre um final de semana em particular no qual a falta de espaço testou a paciência de todos.

O lugar tinha 150 assentos a menos. O pessoal do estádio tentou resolver o problema usando cadeiras mais estreitas. Assim, todas as mulheres poderiam sentar, mas todas estavam apertadas. As reclamações contaminavam o ambiente, como se fossem o odor de um curral. Mary pediu a Joni Eareckson Tada, uma das palestrantes da noite, se ela poderia acalmar a plateia. Joni era extremamente qualificada para fazer isso. Um acidente de mergulho na infância a deixou sobre uma cadeira de rodas. Ela foi levada ao palco, e Joni dirigiu-se à multidão inquieta:

— Compreendo que alguns de vocês não gostem das cadeiras nas quais vocês estão. Eu também não. Tenho por volta de mil amigos paraplégicos que trocariam de lugar alegremente com vocês neste instante.

Os murmúrios acabaram.

Os seus também podem cessar. Forme-se na graça de Deus. Meça as bênçãos de Deus. Quem sabe o que pode aparecer escrito em seu diário:

"Segundas-feiras, oba — gosto muito disso."

"Dia de pagar impostos, oba — gosto muito disso."

"Dia de relatório de final de ano, oba — gosto muito disso."

Isso parece impossível? Como você sabe? Como você pode saber se não der uma chance para cada dia?

Para começar bem o dia

Dois tipos de vozes chamam sua atenção hoje. As negativas preenchem sua mente com dúvidas, amargura e medo. As positivas fornecem esperança e força. Quais você escolherá ouvir? Você sabe que você tem escolha. "Levamos cativo todo pensamento, para torná-lo obediente a Cristo" (2 Coríntios 10:5).

Você deixa qualquer um que bate em sua porta entrar em sua casa? Não deixe todo pensamento que surge permanecer em sua mente. Mantenha-o aprisionado... faça-o obedecer a Jesus. Se ele se negar, não pense nele.

Pensamentos negativos nunca o fortalecem. Quantas vezes você resolveu o congestionamento do trânsito com suas reclamações? Reclamar das contas faz com que elas desapareçam? Por que remoer suas dores, seus problemas e suas tarefas?

"Acima de tudo, guarde o seu coração, pois dele depende toda a sua vida" (Provérbios 4:23).

4

Perdão para os dias de amargura

Nós costumamos guardar coisas. Fotos favoritas, artigos interessantes... todos nós guardamos alguma coisa. Homer e Langley Collyer, dois irmãos excêntricos de Nova York, guardavam muitas coisas. Tudo. Jornais, cartas, roupas — tudo que você pensar, eles guardavam.

Nascidos no final do século XIX, filhos de um influente casal de Manhattan, os irmãos viviam em uma luxuosa casa de três andares na Quinta Avenida com a rua 128. Homer tornou-se engenheiro, e Langley, advogado. Tudo parecia bem na família Collyer.

Mas, em 1909, os pais se separaram. Os meninos, na época por volta dos 20 anos de idade, permaneceram na casa com a mãe. A criminalidade aumentou. A vizinhança se deteriorou. Homer e Langley se isolaram do mundo, como uma forma de retaliação. Por motivos que terapeutas gostam de discutir em jantares, os irmãos se enclausuraram na mansão herdada.

Eles passaram despercebidos por quase quarenta anos. Até que, em 1947, alguém relatou a suspeita de um corpo no endereço deles. Foram precisos sete policiais para arrombar a porta. A entrada estava bloqueada por uma pilha de jornais, camas dobráveis, metade de uma máquina de costura, cadeiras velhas, parte de uma prensa de espremer uvas e outras quinquilharias. Após diversas horas cavando, os policiais encontraram o corpo de Homer, sentado no chão, com a cabeça entre os joelhos e seu longo cabelo branco na altura dos ombros.

Mas onde estava Langley? Essa pergunta foi uma das mais intrigantes na história da investigação de Manhattan. Quinze dias de buscas produziram 103 toneladas de lixo. Lamparinas a gás, um cavalete de serrador, o chassi de um carro velho, um piano Steinway, o osso de um maxilar de cavalo, e, finalmente, o irmão que estava faltando. As coisas que ele juntou despencaram e o mataram.[7]

Estranho! Quem quer viver com as tralhas de ontem? Quem quer guardar o lixo do passado? Você não quer, não é mesmo?

Ou quer?

Certamente, não em sua casa; mas e quanto a seu coração? Não pilhas de papel e caixas, mas os vestígios de raiva e sofrimento. Você guarda dor? Acumula ofensas? Arquiva indiferença?

Um passeio por seu coração pode ser revelador. Um monte de rejeições empilhadas em um canto. Insultos acumulados preenchendo outro. Imagens de pessoas indelicadas ocupam a parede toda, deixando sujo o chão.

Ninguém pode culpar você. Pessoas que levam sua inocência, quebram promessas, o machucam — você já teve sua cota. E, ainda assim, não faz sentido se livrar do lixo deles? Quer dar uma chance a cada dia? Jesus diz: *Dê a graça que você recebeu.*

Leia atenciosamente a resposta dele à pergunta de Pedro:

— Senhor, quantas vezes deverei perdoar a meu irmão quando ele pecar contra mim? Até sete vezes?

Jesus respondeu:

— Eu lhe digo: Não até sete, mas até setenta vezes sete. (Mateus 18:21,22)

Esse barulho que você ouve são as teclas da calculadora. Aí você percebe que setenta vezes sete é igual a quatrocentas e noventa ofensas. *Eu posso me livrar do meu marido! Ele ultrapassou esse número na nossa lua de mel.*

Mas, a seguir, Jesus diminui nossa ingratidão ao relatar uma peça de dois atos:

Ato I: Deus perdoa o imperdoável.

> Por isso, o Reino dos céus é como um rei que desejava acertar contas com seus servos. Quando começou o acerto, foi trazido à sua presença um que lhe devia uma enorme quantidade de prata. Como não tinha condições de pagar, o senhor ordenou que ele, sua mulher, seus filhos e tudo o que ele possuía fossem vendidos para pagar a dívida (Mateus 18:23-25).

Um débito enorme. Algumas traduções mais literais dizem que o servo devia dez mil talentos. Um talento era o mesmo que seis mil denários. Um denário era igual a um dia de trabalho (Mateus 20:2). Um talento, portanto, equivalia a 6.000 dias de trabalho. Dez mil talentos representariam sessenta milhões de dias ou duzentos e quarenta mil anos de trabalho. Se uma pessoa ganhasse cem dólares por dia, teria seis bilhões de dólares.

Que quantia astronômica! Jesus está exagerando, não é mesmo? Ele exagera para passar uma mensagem. Ou será que não exagera? Uma pessoa jamais deveria tal quantia para outra. Mas será que Jesus não estaria se referindo ao débito que temos com Deus?

Calculemos nosso débito com ele. Quantas vezes você peca, digamos, em uma hora? Pecar é destituir-se da glória de Deus (Romanos 3:23). A preocupação é destituída de fé. A impaciência é destituída de gentileza. O espírito crítico é destituído de amor. Quantas vezes você está destituído de Deus? Só para ter uma ideia, digamos que seja dez vezes por hora e vejamos os resultados. Dez pecados por hora vezes as dezesseis horas em que estamos acordados (partindo do princípio de que não pecamos enquanto dormimos), vezes 365 dias em um ano, vezes a expectativa de vida média de um homem de setenta e quatro anos. Arredondando, dá um total de 4.300.000 pecados por pessoa.

Diga-me, como você pretende pagar a Deus pelos seus 4,3 milhões de pecados? Essa quantia é astronômica. Você nada em um oceano de dívidas do tamanho do Pacífico. Exatamente o que Jesus queria dizer. O devedor da história? Você e eu. O rei? Deus. Veja o que Deus faz.

> Como [o servo] não tinha condições de pagar, o senhor ordenou que ele, sua mulher, seus filhos e tudo o que ele possuía fossem vendidos para pagar a dívida. O servo prostrou-se diante dele e lhe implorou: 'Tem paciência comigo, e eu te pagarei tudo'. O senhor daquele servo teve compaixão dele, cancelou a dívida e o deixou ir (Mateus 18:25-27).

Deus perdoa os zilhões de pecados da humanidade egoísta. Perdoa nossos sessenta milhões de pecados. "Justificados gratuitamente por sua graça, por meio da redenção que há em Cristo Jesus" (Romanos 3:24).

Deus perdoa o imperdoável. Se esse fosse o único assunto da história, nós teríamos vários assuntos para discutir. Mas esse é o Ato I da peça. O principal ainda está por vir.

Ato II: Fazemos o inimaginável

O perdoado se recusa a perdoar.

> Mas quando aquele servo saiu, encontrou um de seus conservos, que lhe devia cem denários. Agarrou-o e começou a sufocá-lo, dizendo: "Pague-me o que me deve!" Então o seu conservo caiu de joelhos e implorou-lhe: "Tenha paciência comigo, e eu lhe pagarei." Mas ele não quis. Antes, saiu e mandou lançá-lo na prisão, até que pagasse a dívida (Mateus 18:28-30).

Comportamento incompreensível. Um perdão de milhões de dólares deveria produzir um perdoador de milhões de dólares, não deveria? O servo perdoado pode perdoar um débito pequeno, não pode? Esse não perdoou. Note, ele não pode esperar (18:30). Ele se recusa a perdoar. Ele poderia. Ele deveria. O perdoado deve perdoar. Isso nos faz pensar, será que esse servo realmente aceitou o perdão do rei?

Tem alguma coisa faltando nessa história. Gratidão. Claramente, o que falta na parábola é a alegria do servo perdoado. Como os nove leprosos ingratos que lemos no último capítulo, esse homem nunca agradeceu ao rei. Ele não oferece palavras de apreciação, canções de celebração. Sua vida foi poupada, sua família libertada, a sentença suspensa, o débito astronômico esquecido — e ele não diz nada. Ele deveria oferecer um desfile de Ação de Graças. Ele implora por misericórdia como um aluno prestes a ser jubilado de sua universidade. Mas assim que recebe essa misericórdia, age como se nunca tivesse tirado uma nota menor que nove.

Seu silêncio poderia passar a mensagem mais importante da parábola? "Mas aquele a quem pouco foi perdoado, pouco ama" (Lucas 7:47). Esse homem ama pouco, aparentemente, porque tinha recebido pouca graça.

Sabe quem eu acho que esse camarada é? Alguém que sempre rejeita as graças. Ele nunca aceita a graça do rei. Ele deixa a sala do trono com um sorriso fingido, como uma pessoa que acabou de desviar de uma bala perdida, achou uma brecha, dobrou o sistema, enganou alguém. Escapou de um problema. Ele traz a marca dos não perdoados — se recusa a perdoar.

Quando o rei descobre que o coração do servo é mesquinho, ele dá um murro na coroa de raiva. Ele esbraveja:

> Servo mau, cancelei toda a sua dívida porque você me implorou. Você não devia ter tido misericórdia do seu conservo como eu tive de você?
>
> Irado, seu senhor entregou-o aos torturadores, até que pagasse tudo o que devia. Assim também lhes fará meu Pai celestial, se cada um de vocês não perdoar de coração a seu irmão (Mateus 18:32-35).

A cortina cai no ato II, e somos deixados a ponderar sobre os princípios da história. E o maior deles vem rapidamente. *Os que recebem graças dão graças a seus irmãos.* Pessoas perdoadas perdoam. Os que receberam misericórdia são misericordiosos. "Ou será que você despreza as riquezas da sua bondade, tolerância e paciência, não reconhecendo que a bondade de Deus o leva ao arrependimento?" (Romanos 2:4).

Nós não somos como a esposa que não mudou. Antes de se converter a Cristo, ela chateava, perturbava e dava broncas em seu marido. Quando ela se tornou cristã, nada mudou. Ela continuou a aborrecê-lo. Finalmente, ele disse a ela:

— Não me importo que você tenha nascido de novo. Só queria que você não tivesse nascido de novo como você mesma.

Fica a dúvida se a mulher realmente nasceu de novo. Macieiras dão maçãs, campos de trigo dão trigo, e pessoas perdoadas perdoam os outros. A graça é o produto natural da graça.

Os perdoados que não perdoam podem esperar um destino triste — uma vida repleta de muitos dias ruins e amargos. Seu "senhor entregou-o aos torturadores, até que pagasse tudo o que devia" (Mateus, 18:34).

O acúmulo dói em seu coração e espera o nível de alegria de um campo de concentração. Um amigo compartilhou comigo o fim de uma avó que acumulava coisas. Como os irmãos Collyer, ela se recusava a descartar as coisas. A família dela testemunhou duas consequências terríveis: ela perdeu o sono e seus tesouros. Ela não podia dormir porque sua cama estava coberta de tralhas. Ela perdeu tesouros porque eles estavam escondidos atrás de montanhas de tralhas. Joias, retratos, livros favoritos — tudo escondido.

Sem descanso. Sem tesouros. Acumule suas dores e espere o mesmo. Ou limpe sua casa e dê ao dia uma chance!

— Mas, Max, a dor é muito profunda!

Eu sei. Muito nos foi tirado. Sua inocência, sua juventude, sua velhice. Mas por que deixá-los continuar a tirar ainda mais de você? Recusar-se a perdoar os mantém por perto, e eles continuam tirando coisas de você.

— Mas, Max, o que eles fizeram foi muito ruim!

Pode apostar que foi. Perdoar não quer dizer aprovação. Você não apoia um comportamento ruim. Você entrega seu agressor "àquele que julga com justiça" (1 Pedro 2:23).

— Mas, Max, já faz tanto tempo que estou com raiva!

E o perdão não vem da noite para o dia. Mas você pode engatinhar em direção à graça. Perdoe em etapas. Pare de amaldiçoar o nome daquele que o ofendeu. Comece a orar por ele. Tente entender a situação dele.

Deixe Antwone Fisher inspirá-lo. Ele tinha todas as razões para viver com um coração cheio de tralhas. Nos primeiros trinta e três anos de sua vida, não conheceu seus pais. Seu pai morreu antes que Antwone tivesse nascido. E sua mãe, por razões que ele ansiava saber, o abandonara quando ele ainda era um garoto. Cresceu em um orfanato em Cleveland, maltratado, negligenciado e desesperado para conhecer um único membro de sua família.

Procurou o sobrenome de seu pai na lista telefônica de Cleveland e começou a telefonar para as pessoas que tinham o mesmo sobrenome. Sua vida mudou quando sua tia atendeu ao telefone. Ele disse a ela sua data de nascimento e a identidade de seu pai. Descreveu os percalços por que tinha passado: foi expulso por sua mãe adotiva, serviu um tempo na Marinha, agora ganhava a vida como segurança em Los Angeles.

A voz dela era calorosa:

—Você tem uma família grande.

Logo outra tia convidou-o para que fosse a Cleveland a fim de participar de uma reunião familiar no dia de Ação de Graças e, por uma semana, vivenciou aquele amor pelo qual sempre ansiara.

E depois, após dias de telefonemas e tentativas, sua família achou o irmão de sua mãe. Ele ofereceu para levá-lo ao conjunto habitacional onde ela morava. No caminho, Antwone ensaiou as perguntas que desejou fazer nas últimas três décadas:

Por que você não me procurou?

Você nunca pensou a meu respeito?

Você não sentiu a minha falta nem um pouquinho?

Mas as perguntas nunca foram feitas. A porta se abriu, e Antwone entrou em um apartamento escuro com móveis velhos. Virou-se e viu uma mulher frágil que parecia velha demais para ser sua mãe. Ela estava com o cabelo despenteado. Estava de camisola.

O tio de Antwone lhe disse:

— Este é Antwone Quenton Fisher.

A mãe de Antwone ligou o nome à pessoa e começou a gemer, perdeu seu equilíbrio e teve de se segurar em uma cadeira.

— Oh, meu Deus, por favor... Oh, Deus...

Virou seu rosto envergonhada e saiu da sala correndo, chorando.

Antwone descobriu que sua mãe tentara se casar para poder criá-lo, mas não conseguira. Tivera quatro outros filhos, também criados em orfanatos. Ao longo dos anos, ela fora hospitalizada, passara um tempo na prisão e, depois, fora solta em liberdade condicional. E quando ele percebeu o quanto os anos dela haviam sido dolorosos, ele escolheu perdoar.

Ele escreve: "Embora minha estrada tenha sido longa e árdua, finalmente percebi que a da minha mãe foi mais longa e mais árdua. [...] Hoje, em meu ser, há apenas compaixão no lugar da dor do abandono."[8]

No final das contas, escolhemos o que vive dentro de nós.

Que você escolha o perdão.

Para começar bem o dia

Aqui está a agenda de Deus para o seu dia: torná-lo mais parecido com Jesus.

"Deus [...] os predestinou para serem conformes à imagem de seu Filho" (Romanos 8:29). Consegue ver o que Deus faz? Molda você para que seja conforme "à imagem de seu Filho".

Jesus não sentiu culpa; e Deus não quer que você sinta nenhuma culpa.

Jesus não tinha maus hábitos; e Deus quer que você se livre dos seus.

Jesus encarou os medos dele com coragem; e Deus quer que você faça o mesmo.

Jesus sabia a diferença entre o certo e o errado; e Deus quer que você saiba isso também.

Jesus serviu ao próximo e deu a vida pelos perdidos; podemos fazer o mesmo.

Jesus lidou com a ansiedade em relação à morte; você também pode fazer isso.

O desejo de Deus, o plano dele, o objetivo máximo dele é tornar você a imagem de Cristo.

Seção 2

Confie seu dia aos cuidados do Senhor

Em um de meus momentos não muito inteligentes, participei de uma corrida que começava com uma prova de natação, de quase dois quilômetros, no mar. Seiscentos de nós se juntaram na praia ao nascer do sol, alguns esperavam ganhar uma medalha. Eu esperava acabar antes do jantar. Seis boias alaranjadas marcavam nosso caminho. Meus companheiros de corrida me disseram o segredo para ficar no caminho certo: a cada quatro ou cinco braçadas, levante a cabeça para fora da água e tome o rumo certo. A última coisa que você quer fazer é sair do caminho certo e ter de nadar uma distância a mais para voltar.

Parecia simples. Eu já tinha praticado a técnica do "levantar e olhar" à exaustão na piscina. Mas não no mar agitado pelo vento.

E já mencionei o vento? Todos nós engolimos em seco ao vermos a bandeira lá em cima toda esticada, e os ventos soprando mais fortes. Rajadas de vento faziam com que o mar da baía se parecesse com uma cordilheira de águas salgadas. E o que era pior, o vento soprava para o sul. Nós nadaríamos para o norte. "Sem problemas", eu disse a mim mesmo para me tranquilizar. "É só nadar de uma boia a outra."

Depois de alguns minutos, a tática de nadar de "uma boia a outra" se transformou em: "Quero minha mãe!" Este peixinho aqui não tinha a menor chance. Cada vez que eu levantava e olhava, tudo o que eu via era a próxima onda. Foi um desastre. Até onde pude perceber, nadava em círculos.

Então, de repente, a ajuda veio nadando até mim. Uns seis competidores fizeram meu corpo de ponte. Primeiro, fiquei muito irritado. Depois, eu me toquei: *eles sabem aonde estão indo*, e fui atrás deles. Tão mais fácil. Sem procurar por marcadores nas ondas; só ficar com a turma. E foi o que eu fiz. Deslizamos pela baía com a confiança de um bando de golfinhos, conferindo o rumo dos companheiros a cada dez minutos, cada braçada nos levando mais próximos do fim.

Mas minha mão bateu no bote de salvamento. Parei e olhei para um dos juízes. Um a um, meus novos companheiros de corrida vieram e bateram em mim ou no barco. Engavetamento em pleno mar.

— Aonde vocês estão indo? — perguntou o cara na canoa. Pela primeira vez em algum tempo, olhei a minha volta. Estávamos pelo menos uns quinhentos metros fora do curso, bem no meio do caminho para chegar à China. Olhamos uns para os outros. Ninguém disse nada, mas eu sei que todos pensamos. Bem, sei o que pensei. *Achei que vocês soubessem aonde estavam indo.*

Éramos tantos nadadores que não podíamos estar todos errados, não é mesmo? Podíamos sim.

Um pouco frustrados e bastante envergonhados, nós nos viramos na direção da praia e nos juntamos ao evento novamente. Não fui o último a sair da água.

Já teve dias assim? Dias em que você de repente percebe que está a quilômetros distante de seu caminho? Deus manda um bote de resgate em dias assim. Jesus, posicionado acima das ondas e desfrutando de uma visão privilegiada da praia, oferece-nos seus cuidados: "Quer uma ajuda para voltar ao caminho certo?"

Sábios são os que aceitam e nadam na direção que ele aponta.

5

Paz para os dias de ansiedade

Faremos uma lista. *As vantagens da ansiedade.* Temos tantas oportunidades para praticar. É só olhar para a primeira página de qualquer jornal.

Fiz isso. Comecei a preparar este capítulo no dia onze de abril. Como um teste, procurei por catástrofes nas manchetes daquele dia. Não é um exercício que recomendo. Um artigo descrevia uma guerra do outro lado do mundo. Em outro, críticos questionavam as decisões e estratégias do presidente. Políticos exigiam que um líder militar renunciasse a seu cargo. Uma base militar na Ásia foi atacada.

Como se conflitos globais não bastassem, tragédias pessoais também eram relatadas aos montes. Um tenente-coronel de 40 anos tinha morrido de um ataque do coração uma semana depois de se aposentar e comprar sua fazenda. Um vendedor derrapou com seu carro e saiu da estrada, ficando seriamente ferido. Mais uma área verde foi sacrificada no altar do progresso depois que a prefeitura emitiu uma licença de edificação para uma construtora.

Que manchetes deprimentes! Guerra. Uma base bombardeada. Ataques do coração. Acidentes de carro. Urbanização desenfreada. Cruze suas mãos e tome seus antiácidos. A ansiedade é a resposta natural a este caos. Depois começaremos a fazer a lista.

Eis aqui a primeira vantagem: *preocupar-se faz bem à saúde*. Perca seu sono e viva mais tempo. Um estômago que se contrai por causa do nervosismo é um estômago feliz, não é mesmo? Na verdade, não é bem assim. A preocupação, em inúmeras doenças, já foi citada como um dos fatores causadores da disfunção: problemas cardíacos, pressão alta, reumatismo, úlceras, resfriados, mau funcionamento da tireoide, artrite, enxaqueca, cegueira e um sem-número de doenças do estômago.[9] Preocupar-se é prejudicial à saúde. Mas, pelo menos, ela nos faz sentir melhor.

Preocupar-se traz alegria. Preocupar-se torna o céu mais azul, a primavera mais florida e faz os pássaros cantarem. Uma dose de ansiedade tempera o dia, certo? Por essa razão é que nós planejamos "férias de preocupação". Outros acampam, pescam, vão às compras ou fazem passeios turísticos. Você e eu planejamos uma semana de preocupação.

Segunda-feira: estressar-se por causa da economia.

Terça-feira: ficar ansioso imaginando a carga de trabalho que vem no próximo ano.

Quarta-feira: enumerar todas as doenças contagiosas a que estamos vulneráveis.

Quinta-feira: listar as razões pelas quais podemos estar desempregados no fim do ano.

Sexta-feira: calcular o número de maneiras de se morrer em um avião.

Sábado: imaginar a vida após um acidente de carro.

Domingo: escrever todas as características que as pessoas não gostam em nós. A primeira delas? O fato de vivermos nos preo-cupando de forma exagerada.

Você não faz isso? Você não pega um solzinho nas praias do mar da Aflição? Ops! Acho que me confundi. Nós preferimos férias sem preocupação, e não férias *de* preocupação. A preocupação é para a alegria o que um aspirador de pó é para a poeira: é a mesma coisa que colocar seu coração em um sugador de felicidade e apertar o botão "ligar".

Continuaremos com nossa linha de pensamento. Claro que a ansiedade tem seu valor. Mesmo que ela tire nossa saúde e roube nossa alegria, a preocupação não nos ajuda de alguma forma? Que tal esta aqui: *a preocupação resolve nossos problemas?* Dê a seus problemas uma boa dose de preocupação e veja como eles evaporam. Correto?

Errou de novo. Lembra-se das manchetes que citei? A guerra do outro lado do mundo. Sabotagem política. Urbanização desenfreada, ataques do coração e batidas de carro. Falei a data do jornal. Esqueci-me de dar o ano da publicação: 1956. A guerra era a Guerra da Coreia. O líder militar dispensado, Douglas MacArthur, general americano que participou da Segunda Guerra Mundial. Ataques do coração, acidentes de carro e desafios da urbanização — nossos pais e avós também se preocuparam com tudo isso.

A ansiedade deles não acabou com os problemas. A nossa também não tem condições de fazer isso. Encararemos os fatos. A ansiedade não tem vantagens. Acaba com a saúde, rouba a alegria e não muda nada.

Nossos dias não têm a menor chance contra os terroristas da Terra da Ansiedade. Mas Cristo oferece uma bazuca antipreo-cupação. Lembra-se de como ele nos ensinou a orar? "Dá-nos cada dia o nosso pão cotidiano" (Lucas 11:3).

Esta simples declaração revela o plano providencial de Deus: *viva um dia de cada vez*. Deus passou a estratégia a Moisés e aos israelitas no deserto. Os céus sabiam do que eles precisavam. Os escravos libertos tinham transformado a ansiedade em uma nova forma de arte. Você poderia pensar que eles davam seminários sobre fé. Eles testemunharam as pragas, andaram em solo seco no meio do mar Vermelho e assistiram ao afogamento dos soldados egípcios. Eles viram um milagre após o outro e, ainda assim, preocupavam-se: "No deserto, toda a comunidade de Israel reclamou a Moisés e Arão. Disseram-lhes os israelitas: 'Quem dera a mão do SENHOR nos tivesse matado no Egito! Lá nos sentávamos ao redor das panelas de carne e comíamos pão à vontade, mas vocês nos trouxeram a este deserto para fazer morrer de fome toda esta multidão!'" (Êxodo 16:2,3).

Espere aí um minuto. Essas são as mesmas pessoas que os egípcios torturaram e escravizaram? Os mesmos hebreus que imploraram a Deus por libertação? E agora, apenas um mês depois de terem sido libertados, falam como se o Egito representasse um período de férias na vida deles. Eles se esqueceram de tudo. Eles se esqueceram dos milagres que viram e do sofrimento que viveram.

O esquecimento é o pai da ansiedade.

Mas Deus, paciente como é com as perdas de memória, manda lembretes. "Disse, porém, o SENHOR a Moisés: 'Eu lhes farei chover pão do céu. O povo sairá e recolherá diariamente a porção necessária para aquele dia. Com isso os porei à prova para ver se seguem ou não as minhas instruções. No sexto dia, trarão para ser preparado o dobro do que recolhem nos outros dias'" (Êxodo 16:4,5).

Note os detalhes do plano providencial de Deus.

Ele supre as necessidades diárias diariamente. Codornizes cobriam o pátio à noite; maná brilhava como geada de manhã. Carne para o jantar. Pão para o café da manhã. A comida caía todos os dias. Não todo ano, todo mês ou toda hora, mas todos os dias. E tem mais.

Ele supre as necessidades diárias miraculosamente. Quando as pessoas viram o pão no chão pela primeira vez, "começaram a perguntar uns aos outros: 'Que é isso?', pois não sabiam do que se tratava" (Êxodo 16:15).

As pessoas atordoadas chamaram os pães de *man-hu*, hebraico para "o que é isso?". Deus tinha recursos que eles desconheciam, soluções fora da realidade deles, provisões fora da possibilidade deles. Eles viram a terra ressecada; Deus viu a cesta de pão do céu. Eles viram a terra seca; Deus viu uma ninhada de codornizes atrás de cada arbusto. Eles viram problemas; Deus viu providência.

A ansiedade desaparece à medida que nossa memória da bondade de Deus aparece.

Quando minhas filhas tinham idades de um só algarismo — dois, cinco e sete — eu as impressionei com um milagre. Eu lhes contei a história de Moisés e do maná e as convidei para me seguir em um passeio pelo deserto, na nossa casa.

— Quem sabe — sugeri — não cai maná do céu de novo?

Nós nos cobrimos com uns lençóis, e calçamos sandálias, e fizemos nossa melhor caminhada beduína pelos quartos. As meninas, seguindo minhas instruções, reclamaram comigo, Moisés, de fome, e exigiram que eu as levasse de volta para o Egito, ou pelo menos para a cozinha. Quando entramos no escritório, pedi que elas fizessem seus papéis: reclamar, murmurar e implorar por comida.

— Olhe para cima! — encorajei. — O maná pode cair do céu a qualquer momento!

Sara, com dois anos, ajudou-me e não fez perguntas, mas Jenna e Andrea tinham suas dúvidas. Como o maná pode cair de um teto?

Exatamente como os hebreus. "Como Deus pode nos alimentar no deserto?"

Exatamente como você? Você olha para as demandas de amanhã, as contas da semana que vem, o calendário silencioso do mês que vem. Seu futuro parece tão árido como o monte Sinai. "Como posso encarar meu futuro?" Deus diz a você o que eu disse a minhas filhas: "Olhe para cima."

Quando as minhas filhas olharam, caiu maná! Bem, não maná, mas biscoitos de baunilha caíram do teto bem no carpete. Sara deu um grito de alegria e começou a comer. Jenna e Andrea já tinham idade suficiente para exigir uma explicação.

Minha resposta foi simples. Eu sabia o itinerário. Sabia que entraríamos nesta sala. Biscoitos de baunilha podiam ser seguramente acomodados na parte de cima das pás do ventilador de teto. Eu os colocara lá com antecedência. Quando elas reclamaram e murmuraram, liguei o ventilador.

A resposta de Deus aos hebreus foi parecida. Ele sabia o itinerário deles? Ele sabia que eles teriam fome? Sim e sim. E, no momento certo, ele derrubou a cesta de maná na terra.

E você? Deus sabe do que você precisa e onde você estará. Será que há alguma chance de ele ter uns biscoitos de baunilha nas pás dos ventiladores de nosso dia de amanhã? Confie nele. "Busquem, pois, em primeiro lugar o Reino de Deus e a sua justiça, e todas essas coisas lhes serão acrescentadas. Portanto, não se preocupem com o amanhã, pois o amanhã trará as suas próprias preocupações. Basta a cada dia o seu próprio mal" (Mateus 6:33,34).

O termo grego para preocupação, *merimnao*, vem do verbo *merizo* (dividir) e de *nous* (mente). A preocupação parte a mente em duas, dividindo os pensamentos entre hoje e amanhã. O hoje não tem a menor chance de resolver o dia de amanhã. Desesperar-se hoje com os problemas de amanhã drena a energia de que você precisa para o agora, deixando-o anêmico e fraco.

A preocupação faz com que problemas pequenos tenham grandes sombras. Montaigne, grande pensador e escritor humanista da renascença francesa, disse: "Minha vida foi cheia de infortúnios terríveis, a maioria dos quais nunca aconteceu."[10] Corrie ten Boom, sobrevivente do holocausto que ajudou muitos judeus a escaparem dos nazistas na Segunda Guerra Mundial, comentou: "A preocupação não tira os pesares do amanhã; tira a energia do hoje."[11] A preocupação afoga nossa vida, fere-nos e, infelizmente, desonra a Deus.

Deus diz: "Sabemos que Deus age em todas as coisas para o bem daqueles que o amam, dos que foram chamados de acordo com o seu propósito" (Romanos 8:28).

A preocupação vê as catástrofes e diz: "Tudo está em processo de destruição."

A palavra de Deus diz: "(Deus) faz tudo muito bem. Faz até o surdo ouvir e o mudo falar" (Marcos 7:37).

A preocupação discorda: "O mundo enlouqueceu."

A palavra de Deus o chama de "bendito e único Soberano, o Rei dos reis e Senhor dos senhores" (1 Timóteo 6:15).

A preocupação se pergunta se há alguém no comando.

A palavra de Deus declara: "O meu Deus suprirá todas as necessidades de vocês, de acordo com as suas gloriosas riquezas em Cristo Jesus" (Filipenses 4:19).

A preocupação sussurra esta mentira: "Deus não sabe do que você precisa."

A palavra de Deus argumenta: "Se vocês, apesar de serem maus, sabem dar boas coisas aos seus filhos, quanto mais o Pai de vocês, que está nos céus, dará coisas boas aos que lhe pedirem" (Mateus 7:11).

A preocupação vem e desconta: "Você está sozinho. É você contra o mundo."

A preocupação faz guerra contra sua fé. Você sabe disso. Você odeia se preocupar. Mas o que você pode fazer para parar com isso? Estes três destruidores da preocupação merecem sua atenção:

Ore mais. Ninguém pode orar e se preocupar ao mesmo tempo. Quando nós nos preocupamos, não estamos orando. Quando nós oramos, não estamos nos preocupando. "Tu, SENHOR, guardarás em perfeita paz aquele cujo propósito está firme, porque em ti confia" (Isaías 26:3).

Quando você ora, você "confia" sua mente a Cristo, resultando em paz. Ajoelhe-se e elimine a ansiedade.

Queira menos. A maior parte da ansiedade vem não daquilo de que precisamos, mas do que queremos. Como Charles Spurgeon, pastor batista inglês, escreveu há mais de um século:

> O suficiente para hoje é tudo que podemos apreciar. Nós não podemos comer ou beber ou usar mais do que a cota de hoje de comida e roupas.

> O excedente nos dá o trabalho de guardar e leva à ansiedade de que alguém possa vir e roubar. Um barril ajuda um viajante; vários barris são uma carga pesada demais para se carregar. O suficiente é tão bom quanto um banquete e mais do que a gula pode apreciar. O suficiente é tudo que deveríamos esperar, mas cobiçar mais é ingratidão. Quando nosso Pai não lhe der mais, contente-se com seu quinhão diário.[12]

"Alegrem-se sempre no Senhor. Novamente direi: Alegrem-se!" (Filipenses 4:4). Se Deus é suficiente para você, então você sempre terá o suficiente, porque você sempre terá Deus.

Viva o hoje. Os céus ainda têm a casa de maná. Os arbustos ainda têm codornizes. E você ainda tem o hoje. Não o sacrifique no altar da ansiedade. "Viva apenas para a hora e para o trabalho da hora... Leve a sério a pequena tarefa que você tem em mãos... nossa tarefa é meramente 'não olhar para o que está lá longe, mas fazer o que está bem à mão.'"[13]

Posso encorajá-lo a fazer o mesmo? "Assim, aproximemo-nos do trono da graça com toda a confiança, a fim de recebermos misericórdia e encontrarmos graça que nos ajude no *momento da necessidade*" (Hebreus 4:16, grifo do autor).

Alguns de meus amigos tiveram um exemplo da escolha do momento perfeito de Deus durante uma viagem para Natal, no Brasil. Havia um seminário para crianças em uma congregação encantadora chamada Refúgio da Graça. A igreja é situada a cinco minutos de uma ponte bem alta que se tornou infame por causa de tentativas de suicídio. Tantas pessoas já tiraram sua vida pulando daquela estrutura que a igreja tinha uma vigília de oração especialmente para a ponte. As orações deles viraram frutos quando meus amigos passavam por ali no exato momento em que uma mulher estava prestes a pular. Ela já subira no parapeito e estava a apenas um passo da morte. Com muita persuasão e esforço, eles a convenceram a desistir de pular e salvaram a vida daquela mulher.

Surpreendentemente, aquela caminhada pela ponte não estava nos planos originais deles. Eles almoçaram em um restaurante e precisavam voltar ao prédio da igreja para a sessão da tarde. Mas a pessoa que ficara de pegá-los se atrasara; assim, eles escolheram voltar a pé. O anfitrião deles estava atrasado, mas Deus chegou bem na hora.

E ele não chega sempre na hora? Ele envia ajuda na hora em que precisamos dela.

Você não sabe nada sobre os problemas de amanhã. Mas saberá amanhã. Você não tem os recursos para as necessidades de amanhã. Mas terá amanhã. Você não tem coragem para os desafios de amanhã. Mas terá quando o amanhã chegar.

O que você tem é maná para de manhã e codorniz à noite; pão e carne para o dia. Deus supre as necessidades diárias todos os dias e de forma miraculosa. Ele fez outrora, ainda faz e sempre fará isso por você.

Para começar bem o dia

Um triatleta bem-sucedido me disse o segredo de seu sucesso. "Você consegue fazer a corrida longa ao correr várias pequenas distâncias." Não nade quatro quilômetros; nade só até a próxima boia. Em vez de pedalar cento e oitenta quilômetros, pedale dez, dê uma parada, e pedale mais dez. Nunca execute mais do que a tarefa à sua frente.

Jesus não deu o mesmo conselho? "Portanto, não se preocupem com o amanhã, pois o amanhã trará as suas próprias preocupações. Basta a cada dia o seu próprio mal" (Mateus 6:34).

Joel Henderson, quando indagado sobre como conseguia escrever tantos livros, explicou que nunca escrevera um livro. Tudo o que fazia era escrever uma página por dia.[14] Encare os desafios em etapas. Você não pode controlar seu gênio para sempre, mas pode controlá-lo a cada hora. Conseguir um diploma universitário pode parecer impossível, mas estudar um semestre é viável e passar uma boa semana é possível. "Você consegue fazer a corrida longa ao correr várias pequenas distâncias."

6

Esperança para os dias catastróficos

Vanderlei de Lima. É apenas um projeto de gente. Com sua altura de um metro e sessenta e cinco centímetros, é menor que alguns alunos de quinta série. Com seus cinquenta e quatro quilos, deveria ganhar descontos em passagens aéreas. Mas não se deixe enganar pelo tamanho deste brasileiro. O corpo pode ser pequeno, mas o coração é maior do que o estádio Olímpico de Atenas. E foi lá que ele recebeu a medalha de bronze da maratona em 2004.

Era para ele ganhar a de ouro. Ele liderava a corrida, mas, quando faltava pouco menos do que cinco quilômetros, um espectador o abordou. Um transtornado protestante irlandês, que já fora preso por sair correndo em uma pista de corrida de carros na Inglaterra no ano anterior, atirou-se contra o competidor, atirando-o para fora da pista, em direção à multidão. Embora estivesse aturdido e abalado, Vanderlei se recompôs e voltou à competição. Nesse meio tempo, ele perdeu seu ritmo, alguns segundos preciosos e sua posição.

Mas ele nunca perdeu sua alegria. O brasileiro de corpo pequeno e de coração enorme entrou no velho estádio de mármore vibrando como uma criança. Socou o ar com seus punhos e depois correu com os dois braços estendidos, como um avião humano procurando um lugar para aterrissar, correndo de um lado para o outro de alegria.

Mais tarde, com uma coroa de louros e adornado com um sorriso inabalável, ele explicou sua alegria: "É um momento festivo. É um momento único. A maior parte dos atletas jamais chega a este momento."

Verdade, mas também a maior parte deles não foi retirada à força da pista de corrida.

Vanderlei de Lima nunca sequer reclamou. "O espírito olímpico prevaleceu... eu consegui ganhar a medalha para mim e para o meu país."[15]

Estou de olho nesse cara. Como ele manteve essa atitude? Os obstáculos ainda rondam as multidões como em busca de uma presa. Você não precisa correr uma maratona para cair para trás. Pergunte às crianças que têm de visitar o túmulo da mãe. Ou aos pacientes que aguardam na fila de tratamento de câncer. Cemitério. Quimioterapia. Ao cônjuge que foi embora, ao soldado que voltou sem um braço ou uma perna, aos pais da menina que fugiu de casa, à família que perdeu sua casa por causa do furacão.

A vida, de forma catastrófica, saiu dos trilhos. Como se faz para voltar para o jogo?

Perguntaremos a outro corredor para ver se pegamos algumas ideias dele. Olhe para ele. Tente ver através da pequena janela na parede da prisão romana. Está vendo o homem acorrentado? Aquele homem envelhecido com os ombros curvados e nariz aquilino? Aquele é Paulo, o apóstolo aprisionado. O tempo todo preso às correntes. Os guardas nunca saem dali. E ele, provavelmente, pergunta-se se algum dia sairá dali.

Retirado da pista à força. Os problemas começaram uns dois anos antes em Jerusalém. Embora Paulo tenha feito de tudo para acalmar os ânimos dos judeus, os líderes religiosos o acusaram de blasfêmia. Eles quase o mataram e depois o aprisionaram injustamente. Denegriram seu nome, violaram seus direitos e interromperam seus planos.

Sua cidadania romana salvou seu pescoço. Tendo direito a um julgamento em Roma, viajou de Jerusalém a Roma. E não foi em um cruzeiro no Mediterrâneo. Sobreviveu a um furacão apenas para ser mordido por uma cobra; e acabou por ficar preso nessa ilha por três meses. Quando finalmente foi entregue a Roma, seu caso ficou emperrado por dois anos nas entranhas de um monstro burocrático chamado Império Romano.

Quando nós finalmente o encontramos em sua cela, ele já fora espancado, caluniado, atingido por tempestades, rejeitado, negligenciado.

Ah, mas pelo menos ele tem a Igreja. Pelo menos ele pode ter conforto sabendo que ajudou a fortalecer a congregação romana unificada, certo? Nem pensar. A Igreja romana está em apuros. Da cela, o apóstolo escreve: "É verdade que alguns pregam Cristo por inveja e rivalidade, [...]

pregam Cristo por ambição egoísta, sem sinceridade, pensando que me podem causar sofrimento enquanto estou preso" (Filipenses 1:15,17).

Pregadores sedentos de poder ocupam o presbitério. Poder-se-ia esperar esse tipo de idiotice de descrentes, mas cristãos pregando para obter ganhos pessoais? Paulo enfrenta problemas do tipo que exigiriam um antidepressivo.

E quem sabe o que o imperador Nero fará? Ele serve discípulos de almoço aos leões do Coliseu. Paulo pode ter alguma garantia de que o mesmo não acontecerá com ele? Seleções de suas epístolas escritas na prisão sugerem que não, que ele não tem essa garantia: "Também agora Cristo será engrandecido em meu corpo, quer pela vida, quer pela morte" (Filipenses 1:20). E logo depois: "porque para mim o viver é Cristo e o morrer é lucro" (Filipenses 1:21). Paulo não é ingênuo. Ele sabe que a única coisa entre ele e a morte é um aceno da cabeça de um temperamental Nero.

Paulo tem todas as razões para estar estressado.

Assim como você. Você, como Paulo, foi retirado à força da pista, encarcerado na soma de seus infortúnios. Cada tijolo é uma catástrofe. Cada barra, um acordo mal feito. E acorrentado junto a você não está um guarda romano, mas uma diligente legião de Lúcifer, cuja única missão é mexer na sua sopa de autopiedade. "Veja todas as coisas ruins que aconteceram a você", diz nosso inimigo. Ele tem razão. Ninguém questiona o fato de que seus infortúnios aconteceram. Mas alguém poderia sabiamente questionar a sabedoria de ensaiá-los.

Não Paulo. Em vez de contar o número de tijolos de sua prisão, ele planta um jardim dentro dela. Ele não enumera os maus tratos das pessoas, mas a lealdade de Deus.

"Quero que saibam, irmãos" (Filipenses 1:12). Essa expressão é o jeito que Paulo tem de destacar um parágrafo. Ele a usa em outro lugar para enfatizar suas ideias.[16] Nesse caso, é importante para os Filipenses saber "que aquilo que me aconteceu tem, ao contrário, servido para o progresso do evangelho" (Filipenses 1:12).

Você já perdeu sua voz, mas não sua saúde? Você está rouco, mas ainda se sente forte como um touro? As pessoas se solidarizam com sua doença apenas para ouvir você dizer: "Estou bem. Pode parecer que estou doente, mas na verdade..."

Paulo diz o mesmo. Pode parecer que ele foi jogado para fora da pista, mas ele ainda está firme em seus objetivos. Por quê? Por uma razão. A palavra de Cristo é pregada. A missão é cumprida. "Como resultado, tornou-se evidente a toda a guarda do palácio e a todos os demais que estou na prisão por causa de Cristo" (Filipenses 1:13).

A guarda do palácio, também chamada de guarda pretoriana, foi uma divisão escolhida a dedo entre os melhores das tropas imperiais. Eles recebiam salários em dobro mais benefícios. Eles eram os melhores dos melhores. E, na soberania de Deus, os melhores dos soldados de César estão acorrentados ao melhor de Deus. Quanto tempo se passou antes que Paulo percebesse o que estava acontecendo? Quanto tempo antes que Paulo olhasse para as correntes, olhasse para o brilhante aluno graduado pela melhor academia militar e desse um sorriso em direção aos céus? *Hummm. Plateia cativa.* Ele se vira para o soldado. "Tem um minuto para conversar?", ou: "Se importa de revisar esta carta que estou escrevendo?", ou ainda: "Posso lhe falar sobre um carpinteiro judeu que eu conheço?"

Suas palavras atingem seu objetivo. Leia esta frase da bênção filipense: "Todos os santos lhes enviam saudações, especialmente os que estão no palácio de César" (Filipenses 4:22).

O homem pode estar acorrentado, mas sua palavra não está. A prisão de Paulo se torna seu púlpito, e, para ele, tudo está bem. Qualquer método é bom se a palavra de Cristo é pregada.

E qualquer motivo é bom, desde que a palavra de Cristo seja pregada. Lembra-se do problema dos pregadores? "É verdade que alguns pregam Cristo por inveja e rivalidade, [...] pregam Cristo por ambição egoísta, sem sinceridade" (Filipenses 1:15,17). Paulo diz que eles estão "pensando que me podem causar sofrimento enquanto estou preso" (Filipenses 1:17).

Quem são esses falsos pregadores? Agitadores com línguas afiadas. Exatamente o tipo de pessoas que você poderia imaginar que deixariam Paulo com azia.

Nem tanto. Paulo não está preocupado com eles; ele é grato por eles. "Mas, que importa? O importante é que de qualquer forma, seja por motivos falsos ou verdadeiros, Cristo está sendo pregado" (Filipenses 1:18).

Poucas passagens nas Escrituras são pontuadas com tanta fé. Paulo mostra absoluta confiança nos cuidados de Deus. E daí que alguém possa pregar por motivos fúteis? Deus não é maior do que essas pessoas? Ele ganha de goleada dessas pessoas. O poder está nas mãos do autor, e não na caneta que ele usa.

Sabendo disso, Paulo pode escrever de sua cela fria: "E por isso me alegro. De fato, continuarei a alegrar-me" (Filipenses 1:18).

Aprisionado injustamente. Tratado com crueldade. Futuro incerto. E, no entanto, uma alegria sem limites.

Retirado à força da pista, mas ainda na corrida. Como? Podemos resumir todas as razões com uma palavra. Reduzir todas as respostas a um verbo. Concentrar as explicações em uma decisão. Qual é a palavra, o verbo e a decisão?

Confiar.

Paulo confiou nos cuidados de Deus. Ele não sabia por que coisas ruins tinham acontecido. Ele não sabia como elas seriam resolvidas. Mas ele sabia quem estava no comando.

Saber quem está no comando contrabalança o mistério do porquê e do como. Esta foi a descoberta de um judeu húngaro que conheci em Jerusalém.

Joseph não se enquadrava no protótipo de uma pessoa acolhedora. Não cheirava bem. Sua barba grisalha parecia ir até a cintura. Um chapéu de lã cobria seu cabelo ouriçado. Tinha perdido mais dentes do que lhe restavam. Outras igrejas poderiam ter colocado outra pessoa na porta da frente da igreja. Mas não a congregação judaico-messiânica Netivyah. Eles conheciam a história dele e amavam repeti-la.

Quando Hitler devastara a Europa oriental algumas décadas antes, Joseph fora capturado e aprisionado em um campo de concentração. Enquanto ele e centenas de outros eram levados à prisão, ele viu um livro para fora do bolso do corpo de um judeu que estava estirado do lado da estrada. Ele o pegou e o escondeu, mas só depois se deu conta de que era uma cópia do Novo Testamento. Ele conseguiu ler a maior parte dele antes que um guarda do campo o tirasse dele.

Após meses e meses de horrores inenarráveis, ele escapou e conseguiu sobreviver na selva por dois anos. Algum tempo depois, a fome e o frio comprometeram seu bom-senso, e ele foi bater à porta de uma casa em uma fazenda, procurando comida. Ele não tinha como adivinhar que havia uma festa da SS acontecendo lá dentro.

O oficial nazista que atendeu a porta soube em um instante que Joseph era um fugitivo. Ele saiu até a varanda e fechou a porta atrás de si.

—Você sabe quem eu sou?

Joseph conseguiu apenas dizer bem baixinho:

— Estou com fome.

O oficial colocou uma arma na cabeça de Joseph:

—Você sabe o que eu poderia fazer com você?

Joseph pôde apenas dizer:

— Estou com fome.

Depois do que pareceu uma eternidade, o alemão colocou a pistola de volta na cintura.

— Hitler está a milhares de quilômetros daqui e nunca saberá o que faço. — Ele entrou na casa e voltou com uma cesta de comida.

Joseph sabia que alguém o estava protegendo.

Depois da guerra, ele foi a Israel. A crueldade lhe custara caro para sua mente; ele tinha dificuldade para comer, manter uma conversação, manter-se em um emprego. De muitas maneiras, ele se retirara da civilização. No começo dos anos sessenta, Joseph pedia carona, e um pastor cristão parou para ele — Joe Shulan. Quando Joseph avistou um Novo Testamento no painel do carro do pastor, ele se lembrou daquele que ele pegara no campo de concentração e pediu ao pastor que lhe contasse sobre Jesus. Ele disse que não sairia do carro até ter ouvido a história inteira. O pastor atendeu de bom grado, e Joseph percebeu que, anos antes, Jesus tocara o coração do oficial nazista naquela varanda.

Joseph escolheu seguir a Cristo. Shulan levou-o à igreja, e Joseph nunca mais saiu de lá. Ele passou o resto de seus dias sob os cuidados da congregação, saudando convidados e escrevendo cartas para cristãos de todo o mundo.

Ele, como o apóstolo Paulo, viveu em uma prisão de infortúnios. E ele, como Paulo, transformou sua cela em um armazém de esperança. Não é fácil achar alegria na prisão. Não é fácil aproveitar uma vida que foi jogada para fora dos trilhos. Mas Deus nos envia bastante histórias de Paulo e de Joseph para nos convencer a tentar.

Mais de um século atrás, na Inglaterra, o distrito de West Stanley viveu uma grande tragédia. Uma mina desabou, prendendo e matando muitos dos trabalhadores lá dentro. O bispo de Durham, Dr. Handley Moule, foi chamado para dar uma palavra de conforto aos parentes e amigos das vítimas. Da entrada da mina, ele disse:

— É muito difícil para nós entender por que Deus deixou um desastre tão terrível acontecer, mas nós o conhecemos e confiamos nele, e tudo ficará bem. Eu tenho em casa — ele continuou — um marcador de livros que minha mãe me deu. É feito de seda, e quando eu vejo o avesso, não vejo nada além de um emaranhado de fios, cruzados e recruzados. Parece um grande erro. Alguns poderiam dizer que a pessoa que o fez não sabia o que estava fazendo. Mas, quando eu o viro e olho para o lado direito, vejo ali, lindamente bordada, a frase "DEUS É AMOR".

— Nós estamos olhando hoje — aconselhou ele — do lado do avesso. Um dia olharemos de outro ponto de vista e entenderemos.[17]

E realmente entenderemos. Até lá, concentre-se menos nos fios emaranhados e mais na mão do tecelão. Aprenda uma lição com Vanderlei de Lima: não permita que os impedimentos da corrida impossibilitem que você vá à cerimônia de premiação no final.

Para começar bem o dia

Onde está sua mente nos seus dias difíceis? Durante a sexta-feira de sofrimento, Jesus falou treze vezes. Dez delas foram a Deus ou sobre ele. Quase oitenta por cento de seus comentários foram emoldurados pelos céus. Jesus falou com Deus ou pensou nele o dia inteiro.

Da próxima vez que você passar por uma temporada difícil, como o foi a sexta-feira de Jesus, faça as contas. Deus consome oitenta por cento dos seus pensamentos? Ele quer que isso aconteça. Você pode sobreviver às mudanças pensando sobre a permanência dele. Sobreviva a rejeições meditando sobre a aceitação dele. Quando sua saúde falhar ou os problemas o perturbarem, tire uma folga deles! "Mantenham o pensamento nas coisas do alto, e não nas coisas terrenas" (Colossenses 3:2).

Siga a determinação de Paulo: "Assim, fixamos os olhos, não naquilo que se vê, mas no que não se vê, pois o que se vê é transitório, mas o que não se vê é eterno" (2 Coríntios 4:18). Cristo pode fazer seus piores dias virarem uma Semana Santa.

7

Força para os dias em que você está sem energia

Se algum dia você vir um homem caminhando na beira da estrada carregando um galão de gasolina, tire o seu chapéu em respeito. Ele está morrendo por dentro.

As mulheres veem o galão vazio como um inconveniente. Os homens como o pior dos fracassos. Quando ganhamos as chaves do nosso primeiro carro, elas vieram acompanhadas destas palavras: "Lembre-se de colocar gasolina." Desde esse momento, o padrão está estabelecido: cuide de seu carro.

Todas as outras regras da humanidade são inferiores em comparação. Não importa se você sabe transplantar um coração ou ganhar um pentatlo. Se você não mantém seu tanque cheio, as pessoas sentirão pena de você. Até mesmo Schwarzenegger chora diante de um motor engasgando. Momentos assim ficam gravados na mente masculina.

Eles ficam na minha. Antes de as minhas filhas terem habilitação, eu costumava ser o chofer matinal delas. Um dia, eu estava entrando no estacionamento da escola quando o carro começou a engasgar. Eu olhei para ver o ponteiro da gasolina que indicava que ele estava vazio. Sem querer que minhas filhas vissem o pai chorar, eu as coloquei rapidamente para dentro da escola. Foi um dos meus gestos mais nobres.

Depois, comecei a tentar resolver o problema do tanque vazio. Comecei olhando o medidor, desesperado para que se movesse. Não funcionou. Em seguida, culpei meus pais por me ensinar a usar o pinico cedo demais. E continuava sem combustível. Negar o problema foi minha próxima tentativa. Engrenei e acelerei como se o tanque estivesse cheio. O carro não se moveu.

Escolhas insensatas, você diria? O que você faz quando fica sem combustível? Talvez, sua gasolina não acabe, mas todos nós ficamos sem alguma coisa. Você precisa de gentileza, mas seu ponteiro indica vazio. Você precisa de esperança, mas a agulha está no vermelho. Você quer cinco galões de solução, mas só consegue algumas gotas. Quando seu gás acaba antes de o dia acabar, o que você faz? Olha seu indicador? Culpa sua criação? Nega o problema?

Não. Pena não fará o carro funcionar. Reclamações não abastecem um motor. Negação não faz o indicador subir. No caso de um tanque vazio, aprendemos a solução: leve o carro a um posto de gasolina o mais rápido possível. No caso de um casamento, vida ou coração vazio, tendemos a cometer os erros que os discípulos cometeram.

Eles não ficaram sem gasolina, mas sem comida. Cinco mil homens e suas famílias em volta de Jesus. Eles estão ficando com fome, e os discípulos, inquietos: "Já era tarde e, por isso, os seus discípulos aproximaram-se dele e disseram: 'Este é um lugar deserto, e já é tarde'" (Marcos 6:35).

Seus seguidores vieram até ele. As cinco palavras sugerem uma reunião encerrada. Um comitê foi formado, convocado e dispensado, tudo na ausência de Jesus. Os discípulos não consultaram seu líder, eles apenas descreveram os problemas e depois lhe disseram o que fazer.

Problema número um: localidade. "Este é um lugar deserto."

Problema número dois: tempo. "Já é tarde."

Problema número três: orçamento. Em uma passagem paralela, Filipe, o diácono responsável pelas finanças, produz um gráfico. "Duzentos denários não comprariam pão suficiente para que cada um recebesse um pedaço!" (João 6:7).

Você consegue perceber a atitude por trás dessas frases? "Este é um lugar deserto." (Quem escolheu esse lugar?) "Já é tarde." (Quem quer que tenha pregado, esqueceu-se de ficar de olho no relógio.) "Duzentos denários não comprariam pão suficiente para que cada um recebesse um pedaço." (Por que essas pessoas não trouxeram sua própria comida?) A frustração dos discípulos chega a beirar a irreverência. Em vez de *perguntar* a Jesus o que devem fazer, eles *dizem* a Jesus o que fazer. "Manda embora o povo para que possa ir aos campos e povoados vizinhos comprar algo para comer" (Marcos 6:36). Os discípulos dizem a Jesus para dispensar as pessoas.

Não foi um dos melhores momentos deles. Eles não deveriam saber que estavam errados? Esse não é o primeiro problema que eles viram Jesus encarar ou consertar. Volte a fita e liste os milagres que eles testemunharam. Água que virou vinho, um garoto curado em Cafarnaum, um barco cheio de peixes pegos na Galileia. Eles viram Jesus ressuscitar uma garotinha, expulsar pelo menos um demônio, curar diversos paraplégicos e a sogra de Pedro. Viram Jesus acalmar uma tempestade, ressuscitar o filho de uma viúva, e parar uma hemorragia de doze anos. Os feitos dele foram tão magníficos que as seguintes frases aparecem na sua Bíblia:

> Jesus curou muitos que sofriam de várias doenças. Também expulsou muitos demônios (Marcos 1:34).
>
> Jesus foi por toda a Galileia, ensinando nas sinagogas deles, pregando as boas novas do Reino e curando todas as enfermidades e doenças entre o povo. Notícias sobre ele se espalharam por toda a Síria, e o povo lhe trouxe todos os que estavam padecendo vários males e tormentos: endemoninhados, epiléticos e paralíticos; e ele os curou (Mateus 4:23,24).
>
> Todos procuravam tocar nele, porque dele saía poder que curava todos (Lucas 6:19).

Discípulos veteranos viram Jesus em ação. O país inteiro já viu Jesus em ação. Ele adquiriu uma reputação nacional por fazer o impossível. Mas os discípulos perguntam a opinião de Jesus? Alguém no comitê se lembra de perguntar ao milagreiro o que fazer? Por acaso João, Pedro ou Tiago levanta a mão e afirma: "Ei, tenho uma ideia. Vamos falar com o camarada que acalmou o temporal e ressuscitou os mortos. Talvez ele tenha uma sugestão"?

Note, por favor: o erro dos discípulos não foi o fato de terem avaliado o problema, mas de terem avaliado o problema sem Cristo. Ao não dar uma chance a Cristo, eles não deram uma chance ao dia deles. Eles reservaram uma mesa para doze no Restaurante do Dia Arruinado.

Que desnecessário! Se o seu pai fosse Bill Gates e o seu computador desse problema, a quem você pediria ajuda? Se Stradivarius fosse seu pai, e uma corda do seu violino arrebentasse, a quem você pediria ajuda? Se seu pai é Deus e você tem um problema, o que você faz?

As Escrituras nos dizem o que fazer.

Seu problema é grande demais? "[Deus] é capaz de fazer infinitamente mais do que tudo o que pedimos ou pensamos" (Efésios 3:20).

Sua necessidade é imensa? "Deus é poderoso para fazer que lhes seja acrescentada toda a graça, para que em todas as coisas, em todo o tempo, tendo tudo o que é necessário, vocês transbordem em toda boa obra" (2 Coríntios 9:8).

A tentação é grande demais? "Ele é capaz de socorrer aqueles que também estão sendo tentados" (Hebreus 2:18).

Seus pecados são muito numerosos? "Portanto, ele é capaz de salvar definitivamente aqueles que, por meio dele, aproximam-se de Deus" (Hebreus 7:25).

Seu futuro é assustador demais? "[Deus] é poderoso para impedi-los de cair e para apresentá-los diante da sua glória sem mácula e com grande alegria" (Judas 1:24).

Seu inimigo é forte demais? "Pelo poder que o capacita a colocar todas as coisas debaixo do seu domínio, ele transformará os nossos corpos humilhados, tornando-os semelhantes ao seu corpo glorioso" (Filipenses 3:21).

Faça desses versos parte de sua dieta diária. Deus pode fazer, acrescentar, socorrer, salvar, impedir, transformar... Ele pode fazer o que você não pode. Ele já tem um plano. Em relação às pessoas famintas, Jesus "já tinha em mente o que ia fazer" (João 6:6). Deus não está confuso. Vá a ele.

Meu primeiro pensamento quando a gasolina acabou foi: *Como eu posso levar este carro a um posto de gasolina?* Seu primeiro pensamento quando você tem um problema deve ser: *Como eu posso levar este problema a Jesus?*

Sejamos práticos. Você e seu cônjuge estão prestes a brigar de novo. A tempestade paira no horizonte. A temperatura está caindo e já está relampejando. Vocês dois precisam de paciência, mas os tanques estão vazios. E se um de vocês pedir uma trégua? E se um de vocês disser: "Vamos falar com Jesus antes de falarmos um com o outro. Melhor, vamos falar com Jesus até podermos nos falar?" Não custa nada tentar. Afinal, ele derrubou os muros de Jericó. Talvez ele possa fazer o mesmo com os seus.

Outro exemplo: seu colega de trabalho se irrita de novo e perde outro cliente.Você precisa de dez baldes de paciência, mas só tem algumas gotas. Em vez de se precipitar e gastar a pouca paciência que você ainda tem, vá primeiro a Cristo. Confesse sua fraqueza e peça ajuda. Quem sabe ele não pega suas poucas gotas e as multiplica em alguns galões?

Foi isso que ele fez por um garoto.Veja como a história acaba:

> Outro discípulo, André, irmão de Simão Pedro, tomou a palavra: Aqui está um rapaz com cinco pães de cevada e dois peixinhos, mas o que é isto para tanta gente?
>
> [...] Então Jesus tomou os pães, deu graças e os repartiu entre os que estavam assentados, tanto quanto queriam; e fez o mesmo com os peixes.
>
> Depois que todos receberam o suficiente para comer, disse aos seus discípulos: "Ajuntem os pedaços que sobraram. Que nada seja desperdiçado." Então eles os ajuntaram e encheram doze cestos com os pedaços dos cinco pães de cevada deixados por aqueles que tinham comido.
>
> Depois de ver o sinal miraculoso que Jesus tinha realizado, o povo começou a dizer: "Sem dúvida este é o Profeta que devia vir ao mundo" (João 6:8-14).

O garoto saiu como o herói da história. Tudo que ele faz é dar seu almoço a Jesus. Ele deixa o problema nas mãos daquele que tem condições de fazer algo a respeito.

Pode ser que você fique surpreso ao saber que esse garoto, embora silencioso nas Escrituras, foi muito verbal em vida. Na verdade, ele era a versão do primeiro século de um cantor de *rap*. Em minha extensa pesquisa arqueológica, consegui resgatar esta música de *rap* escrita pelo garoto dos pães e peixes. Para sentir bem o impacto da música, vista um short bem largo, vire seu boné para o lado e mostre seu melhor ritmo de *street dance*.

Abrir mão
Por 5 Pães

Eu tinha meus pães e meus peixes
Pronto para comer, seria gostoso demais,

Mas o mestre olhou para mim
E eu sabia por que eu estava lá naquela hora, para
Abrir mão...
Abrir mão...

Você tem suas batalhas, tem medo de algo?
Então preste atenção, me empreste seus ouvidos.
Tem uma pergunta, mas não sabe a quem fazer?
Faça com ela o que fiz com minha cesta —
Abrir mão...
Abrir mão...

Jesus tem uma força que você desconhece.
O coração dele transborda de amor por você.
Ele alimentou cinco mil com migalhas.
Ele pode satisfazer suas necessidades, tirar sua ansiedade.
Abrir mão...
Abrir mão...

Como quer que você diga essa poesia ou a cante, o ponto principal é o mesmo: Deus pode fazer o que você não pode. Portanto, entregue seus problemas a Jesus. Não cometa o mesmo erro dos discípulos. Eles analisaram, organizaram, avaliaram e calcularam — tudo sem Jesus. O resultado? Eles demonstraram ansiedade e autoritarismo.

Vá a Cristo primeiro. Sua gasolina está prestes a acabar. A de todos nós acaba. Da próxima vez que o ponteiro indicar vazio, lembre-se: aquele que alimentou as multidões está a apenas uma oração de distância.

Para começar bem o dia

Da próxima vez que os problemas da vida dominarem você, lembre-se desse conselho de Pedro: "Lancem sobre ele toda a sua ansiedade, porque ele tem cuidado de vocês" (1 Pedro 5:7).

"Lançando sobre ele toda a vossa ansiedade, porque ele tem cuidado de vós" (ARA).

"Entreguem todas as suas preocupações a Deus, pois ele cuida de vocês" (NTLH).

"Deixem com Ele todas as suas preocupações e cuidados" (BV).

Traduza a mensagem como desejar, o ponto principal é o mesmo: a solução de Deus está a apenas uma oração de distância!

8

Fé para os dias de medo

— Você acha que ele pode? Você acha que ele se importa? Você acha que ele virá?

Essas perguntas emergem do coração da mãe. O medo molda suas palavras e obscurece seu rosto.

O marido dessa mulher para à porta da casa e olha para trás, para os olhos cansados e amedrontados de sua esposa e, a seguir, por cima dos ombros desta, olha para a figura da filha doente deitada sobre a cama humilde. A garota treme de febre. A mãe treme de medo. O pai, em desespero, encolhe os ombros e responde:

— Eu não sei o que ele vai fazer, mas não sei mais o que eu posso fazer.

As pessoas no lado de fora da casa abrem espaço para o pai passar, o que também fariam em qualquer outro dia. Ele é o líder da cidade. Mas, nesse dia, eles o fazem porque a filha dele está morrendo.

— Deus o abençoe, Jairo! — oferece uma pessoa. Mas Jairo não para. Ele escuta apenas as perguntas da mulher dele.

— Você acha que ele pode? Você acha que ele se importa? Você acha que ele virá?

Jairo anda rapidamente pelo caminho através da vila de pescadores de Cafarnaum. O número de pessoas que o seguem aumenta a cada passo. Eles sabem aonde Jairo vai. Eles sabem quem ele procura. Jairo vai à praia procurar Jesus. Quando eles se aproximam da beira da água, eles avistam o Mestre, rodeado por uma multidão. Um cidadão se adianta para abrir uma trilha, anunciando a presença do soberano da sinagoga. Os aldeões aquiescem. Uma multidão do tamanho do Mar Vermelho se afasta, abrindo uma passagem ladeada de pessoas. Jairo não perde tempo. "Vendo Jesus, prostrou-se aos seus pés e lhe implorou insistentemente: 'Minha filhinha está morrendo! Vem, por favor, e impõe as mãos sobre ela, para que seja curada e que viva.' Jesus foi com ele. Uma grande multidão o seguia e o comprimia" (Marcos 5:22-24).

A boa-vontade instantânea de Jesus deixa Jairo com os olhos marejados. Pela primeira vez em muito tempo, um raio de sol aquece a alma desse pai. Ele quase corre para levar Jesus ao caminho que chega até sua casa. Jairo ousa acreditar que está a um instante de um milagre.

Sim, Jesus *pode* ajudar.

Sim, Jesus *se importa.*

Sim, Jesus *vem.*

As pessoas saem da frente e se juntam a eles. Servos se adiantam para avisar a mulher de Jairo. Mas, depois, Jesus, tão rapidamente quanto começou, para. Jairo, sem se dar conta, dá mais doze passos até perceber que está andando sozinho. As pessoas pararam quando Jesus parou. E todo mundo tenta entender a pergunta de Jesus: "Quem tocou em meu manto" (Marcos 5:30). A frase alvoroça a todos. As pessoas se viram umas para as outras; os discípulos respondem a Cristo. Alguém dá um passo para trás de modo que outro possa vir à frente.

Jairo não consegue ver quem era essa pessoa. E, muito francamente, não lhe importa quem seja ela. Segundos preciosos estavam passando. Sua preciosa filha agonizava. Alguns instantes atrás, ele liderava o Desfile da Esperança. Agora, ele assiste do lado de fora e vê sua frágil fé se desmoronar. Ele olha para sua casa e para Cristo, e se pergunta:

Será que ele pode?

Será que ele se importa?

Será que ele virá?

Nós conhecemos as perguntas de Jairo, porque já sentimos esse mesmo medo. A Cafarnaum dele é nosso hospital, nosso tribunal ou nossa estrada solitária. A filha dele à beira da morte é nosso casamento, nossa carreira difícil ou nosso amigo prestes a morrer. Jairo não é o último a pedir um milagre a Jesus.

Nós já fizemos o mesmo. Com a crença pesando somente uma pena a mais do que a descrença, nós nos jogamos aos pés de Jesus e imploramos por um milagre. Ele responde com esperança. Sua resposta traz luz. A nuvem se dissipa. O sol brilha... por um tempo.

Mas Jesus, no meio do caminho para o milagre, para. A doença volta, o coração endurece, a fábrica se fecha, o cheque volta, a crítica volta e nos encontramos com Jairo, bem ali, olhando de fora; nessa posição, sentimo-nos como um item sem importância na lista dos afazeres de Deus e perguntamo-nos se Jesus ainda se lembra de nossa aflição. Questionamo--nos se ele pode, se ele se importa ou se ele vem.

Jairo sente um toque em seu ombro. Ele se vira e vê a face pálida de um servo triste, que lhe diz: "Sua filha morreu. Não incomode mais o Mestre" (Lucas 8:49).

Já tive de desempenhar, em algumas ocasiões, o papel desse servo. Transmitir notícias de morte. Já informei a um pai sobre a morte de seu filho adolescente, a meus irmãos sobre a morte de nosso pai, a mais de uma criança sobre a morte de um pai.

Cada anúncio tem silêncio como resposta. Pode logo ser seguido de gritos ou desmaios, mas a primeira resposta é um silêncio envolto pela perplexidade do choque. Como se nenhum coração pudesse receber aquelas palavras e nenhuma palavra pudesse expressar o coração. Ninguém sabe o que dizer quando recebe a notícia da morte de alguém querido.

Não foi um silêncio desse tipo que Jesus interrompeu com estas palavras: "Não tenha medo; tão somente creia" (Marcos 5:36)?

Crer? Jairo deve ter pensado. *Crer em quê? Como? Em quem? Minha filha está morta. Minha mulher está histérica. Bem, e você, Jesus, chegou tarde. Se você tivesse vindo quando pedi, seguido quando o guiei... Por que você deixou minha menina morrer?*

Jairo não tinha como saber a resposta. Mas nós temos. Por que Jesus deixou a menina morrer? Para que, dois mil anos depois, batalhadores ouvissem a resposta de Jesus à tragédia humana. A todos que já estiveram onde Jairo esteve, Jesus diz: "Não tenha medo; tão somente creia."

Creia que ele pode. Creia que ele tem o poder de ajudar.

Note que a história apresenta uma reviravolta. Até esse ponto, Jesus seguiu Jairo; agora ele assume o controle. Ele comanda a cena. Ele se prepara para a batalha: "E não deixou ninguém segui-lo, senão Pedro, Tiago e João, irmão de Tiago" (Marcos 5:37).

Jesus diz aos que estão de luto para ficarem quietos. "Então entrou e lhes disse: 'Por que todo este alvoroço e lamento? A criança não está morta, mas dorme'" (Marcos 5:39).

Quando zombam dele, "ordenou que eles saíssem" (Marcos 5:40). A versão em português suaviza a ação. No original grego, o verbo utilizado descreve a ação com toda franqueza; *ekhallo* quer dizer livrar-se ou jogar fora. Jesus, o que limpa o templo e expulsa demônios, arregaça as mangas. Ele é o xerife em um *saloon* barulhento colocando uma mão em um colarinho branco e a outra no cinto, jogando na rua os desordeiros que espalham dúvida.

Ele, a seguir, vira sua atenção para o corpo da garota. Ele tem a confiança de Einstein somando dois e dois, a de Beethoven tocando o *Bife*, a do golfista Ben Hogan se aproximando de um buraco a dois centímetros. Jesus pode chamar os mortos à vida? Claro que pode.

Mas ele se importa? Ele pode ser poderoso *e* compassivo? Ter músculos *e* misericórdia? O apuro de uma menina de doze anos no meio do nada aparece na tela do radar do céu?

Na história, um momento antes revela a resposta. É sutil. Pode ter passado despercebida. "Não fazendo caso do que eles disseram, Jesus disse ao dirigente da sinagoga: 'Não tenha medo; tão somente creia'" (Marcos 5:36).

Jesus ouviu as palavras do servo. Ninguém tinha de avisá-lo da morte da menina. Embora separado de Jairo, ocupado com o caso da mulher, cercado de aldeões que o solicitavam, Jesus nunca tirou o ouvido do pai da menina. Jesus estava ouvindo o tempo todo. Ele ouviu. Ele se importou. Ele se importou o suficiente para falar ao medo de Jairo, para ir à casa de Jairo.

> Ele [...] tomou consigo o pai e a mãe da criança e os discípulos que estavam com ele, e entrou onde se encontrava a criança. Tomou-a pela mão e lhe disse: "Talita cumi!", que significa "menina, eu lhe ordeno, levante-se!" Imediatamente a menina, que tinha doze anos de idade, levantou-se e começou a andar. Isso os deixou atônitos (Marcos 5:40-42).

Um pronunciamento do meio do caminho teria funcionado. Uma declaração de longe teria acordado o coração da menina. Mas Jesus queria fazer mais do que levantar os mortos. Queria mostrar que não apenas pode e se importa, mas que vem.

Às casas dos Jairo. Ao mundo de seus filhos. Ele vem àqueles que são tão pequenos quanto o bebê de Maria e tão pobres quanto o filho de um carpinteiro. Ele vem àqueles tão jovens quanto um adolescente nazareno e tão esquecidos quanto um garoto despercebido em um vilarejo obscuro. Ele vem àqueles tão ocupados quanto o filho mais velho de uma família grande, àqueles tão estressados quanto o líder de discípulos inquietos, àqueles tão cansados quanto aquele que não tem onde repousar a cabeça.

Ele vem para todos. Ele fala para todos. Ele falou a mim esta semana. O livro que você está lendo voltou dos editores com uma hemorragia de tinta vermelha. Um tatuador deixa menos marcas do que eles deixaram. Por dois dias, tive pavor da quantidade de trabalho que tinha pela frente. Considerei seriamente arquivar o projeto. Foi quando me dei conta da ironia da minha atitude lamentável: escrever um livro sobre bons dias estava deixando o meu sem graça.

Denalyn sugeriu que eu desse uma pausa e a acompanhasse ao mercado. (Quando a ideia de empurrar um carrinho de mercado pelo departamento de carnes lhe parece boa, alguma coisa está errada com você.) Um membro de nossa congregação me avistou.

Após algumas amenidades, ele perguntou:

— Sabe aquelas lições que você ensinou sobre dar uma chance a cada dia?

Mais do que você pensa.

— Sei.

— Elas me ajudaram muito.

— Fico feliz em saber.

— Não, Max — disse ele, em um tom que apontava para o fato de que realmente falava sério — estou dizendo que elas realmente me ajudaram.

E lá se vai a ideia de arquivar os manuscritos. Algumas vezes, só precisamos de uma palavra, não é mesmo? E Deus ainda a dá. Aos oprimidos. Aos abatidos. Aos Jairos. A nós. Ele ainda insiste:

— Não tenha medo; tão somente creia.

Acredite que ele pode, acredite que ele se importa, acredite que ele virá. E como nós precisamos acreditar. O medo rouba tanta paz dos nossos dias.

Quando navegantes antigos desenhavam mapas dos oceanos, eles revelavam seus medos. Nas vastas águas inexploradas, cartógrafos escreviam palavras como estas:

"Aqui há dragões."

"Aqui há demônios."

"Aqui há sereias."

Se fosse desenhado um mapa do seu mundo, nós encontraríamos frases assim? Nas águas desconhecidas da idade adulta: "Aqui há dragões." Próximo ao mar do ninho vazio: "Aqui há demônios." Perto das mais longínquas latitudes da morte e eternidade, leremos: "Aqui há sereias?"

Se esse for o caso, conforte-se com o exemplo de Sir John Franklin. Ele era um fuzileiro sênior nos dias do rei Henrique V. Águas distantes eram um mistério para ele, assim como o eram para outros navegantes. Diferentemente de seus colegas, no entanto, Sir John Franklin era um homem de fé. Os mapas que adquiria tinham o selo da confiança. Neles ele riscou as frases: "Aqui há dragões"; "Aqui há demônios"; e "Aqui há sereias". No lugar delas ele escreveu a frase "Aqui está Deus".[18]

Lembre-se sempre disto. Você nunca irá aonde Deus não está. Pode ser transferido, alistado, posto em serviço, removido ou hospitalizado, mas — grave esta verdade em seu coração — você nunca pode ir aonde Deus não está. "E eu estarei sempre com vocês, até o fim dos tempos" (Mateus 28:20).

— Não tenha medo; tão somente creia.

A presença do medo não quer dizer que você não tenha fé. O medo está em todos. Até Cristo teve medo (Marcos 14:33). Mas faça de seu medo um visitante, e não um habitante. O medo já não lhe roubou muito? Sorrisos? Gargalhadas? Noites de descanso? Dias exuberantes? Confronte seus medos com fé.

Faça o que meu pai insistiu que meu irmão e eu fizéssemos. Os verões para a família Lucado sempre envolviam uma viagem do oeste do Texas para as Montanhas Rochosas. (Imagine do Purgatório ao Paraíso.) Meu pai adorava pescar trutas nas margens dos rios de águas cristalinas. No entanto, ele sabia que as correntezas eram perigosas, e que seus filhos poderiam ser descuidados. Assim que chegávamos, fazíamos uma exploração de reconhecimento para descobrir os lugares seguros para atravessar o rio. Ele nos levava pela margem até que achássemos uma fileira de rochas estáveis. Ele costumava até adicionar uma ou duas para compensar por nossas passadas curtas.

Assistíamos enquanto ele testava as rochas sabendo que, se elas aguentassem o peso dele, aguentariam o nosso. Quando já tivesse chegado ao outro lado, fazia um sinal para que o seguíssemos.

— Não tenha medo; — ele poderia ter dito — tão somente creia.

As crianças não precisam de convencimento. Mas nós, os adultos, frequentemente precisamos disso. Há um rio de medo correndo entre você e Jesus? Atravesse e vá a ele. Se Jairo tivesse mandado Jesus embora, a morte teria levado sua esperança. Se você mandar Jesus embora, a alegria morrerá, o riso perecerá, e o amanhã será enterrado na sepultura da ansiedade de hoje.

Não cometa esse erro. Dê uma chance ao dia. Acredite que ele pode. Acredite que ele se importa. Acredite que ele vem. Não tenha medo; tão somente creia.

Para começar bem o dia

Ilumine seu dia imaginando Deus correndo em sua direção.

Quando os patriarcas dele confiaram, Deus abençoou. Quando Pedro pregou, Paulo escreveu ou Tomé acreditou, Deus sorriu. Mas ele nunca correu.

Esse verbo foi reservado para a história do filho pródigo. "Estando ainda longe, seu pai o viu e, cheio de compaixão, correu para seu filho, e o abraçou e beijou" (Lucas 15:20).

Deus corre quando vê o filho chegando do cocho dos porcos à casa. Quando o viciado se levanta da sarjeta. Quando o adolescente vai embora da festa. Quando o executivo ambicioso se afasta de sua mesa de trabalho, o espiritualista vira as costas a seus ídolos, o materialista abandona seus pertences, o ateu deixa a descrença de lado, e o elitista se esquece da autopromoção...

Quando pródigos tomam o rumo, Deus não consegue ficar sentado. O salão do trono do céu ecoa com o som de sandálias e de pés ressoando no chão, e anjos assistem em silêncio enquanto Deus abraça seus filhos.

Você se vira para Deus, e ele corre em sua direção.

Seção 3

Aceite a orientação do Senhor

Postado do lado de fora do salão de ensaio do coral estava este cartaz:

Musical da escola de Ensino Médio:
Oklahoma!
Testes na próxima quinta-feira e sexta-feira

Finalmente a oportunidade que eu esperava! Se Buddy Holly e Roy Orbison puderam saltar do oeste do Texas para os palcos, por que eu não poderia? Eu estava no segundo ano do Ensino Médio, transbordando de talento que ainda não fora usado nem descoberto. Além do mais, eu já tinha as botas, o chapéu e o sotaque. Por que não tentar?

Meu teste foi deslumbrante, até eu abrir minha boca para cantar. O diretor musical tapou os ouvidos e botou a cabeça entre os joelhos. Do lado de fora da janela, um cachorro começou a uivar. Na parede, a tinta começou a enrugar. Ainda assim, o diretor disse que talvez tivesse algo para mim. Perguntou se eu tinha experiência com teatro. Respondi que ia ao cinema aproximadamente uma vez por mês. Era o suficiente para ele. Entregou-me um roteiro e o número da página em que eu acharia meu papel. É isso aí, o número da página. Não *os números* das páginas. Mas *o número* da página. Meu papel cabia em uma página. Veja só. Um parágrafo em uma página. Mais precisamente, uma linha em um parágrafo em uma página.

Décadas mais tarde, eu ainda me lembro das duas palavras. Ajoelhando-me sobre o corpo de um caubói que acabava de ser baleado, eu tinha de levantar minha cabeça e gritar desesperado: "Está morrrto!", com sotaque do interior. Não "está morto", mas: "Está morrrto".

Outros poderiam se ressentir com um papel tão diminuto. Não eu. Minhas palavras não foram essenciais? Alguém tem de anunciar uma morte no palco. Coloquei minha alma naquela fala. Ora bolas, se você tivesse olhado bem de perto, teria percebido uma pequena lágrima se formando no canto de meus olhos.

Rodgers e Hammerstein teriam se orgulhado. Mas, é claro, eles nunca ficaram sabendo. Quando escreveram essa história, eles não estavam pensando em mim. Mas quando Deus escreveu a dele, ele estava pensando em nós todos.

Qual é o seu papel? Não pense por um instante que você não tem um. Deus "forma o coração de todos" (Salmo 33:15). Cada um de nós é único. Ele pôs você na peça dele, escreveu a história dele com você. Nenhuma tarefa é pequena demais. Nenhuma fala, breve demais. Ele tem um planejamento completo para sua vida. Preencha-o e sinta-se preenchido. Desempenhe o papel que Deus preparou para você, e prepare-se para alguns dias maravilhosos.

9

Chamado para os dias sem propósito

Simão resmunga baixinho. Sua paciência é tão escassa quanto o espaço nas ruas de Jerusalém. Ele esperava uma Páscoa Judaica tranquila. A cidade está tudo, menos calma. Simão prefere seus campos abertos. E agora, para completar, os guardas romanos abrem caminho para um dignitário qualquer que vai marchar com seus soldados e passear a cavalo pelo povo.

— Lá está ele!

Simão e outras dezenas de pessoas viram a cabeça. Na hora eles perceberam. Não era nenhum dignitário.

"É uma crucificação", escuta alguém sussurrar. Quatro soldados. Um criminoso. Quatro lanças. Uma cruz. O canto interno da cruz apoia-se sobre um dos ombros do condenado. A base arrasta-se na terra. A parte superior balança no ar. Ele equilibra a cruz da melhor maneira que consegue, mas tropeça sob seu peso. Ele luta para se pôr de pé e cambaleia de novo antes de cair novamente. Simão não consegue ver o rosto do homem, apenas uma cabeça coroada com galhos cheios de espinhos.

Um centurião com cara de poucos amigos fica mais agitado a cada passo menor. Ele amaldiçoa o criminoso e a multidão.

— Mais rápido!

"Acho isso um pouco difícil", conjectura Simão consigo mesmo.

O homem que carrega a cruz para na frente de Simão com a respiração ofegante. Simão estremece ao vê-lo. A viga se arrastando nas costas já em carne viva. Pequenos riachos vermelhos riscando seu rosto. Sua boca está aberta, por causa do cansaço e da falta de ar.

— O nome dele é Jesus. — diz alguém baixinho.

—Vamos andando! — comanda o carrasco.

Mas Jesus não consegue. Seu corpo se inclina, e os pés tentam, mas ele não consegue se mexer. A viga começa a balançar. Jesus tenta segurá-la firme, mas não consegue. Como uma árvore que acaba de ser cortada, a cruz começa a tombar para cima da multidão. Todos se afastam, exceto o fazendeiro. Simão, instintivamente, estende suas mãos fortes e pega a cruz.

Jesus cai de cara na terra e ali fica. Simão empurra a cruz de volta para seu lado. O centurião olha para um Cristo exausto e para o corpulento transeunte e só precisa de um instante para tomar a decisão. Ele empurra o ombro de Simão com sua lança.

—Você! Pegue a cruz!

Simão ousa contestar.

— Senhor, eu nem conheço este homem!

— Não me importa! Levante a cruz!

Simão resmunga, posiciona-se no caminho, afasta-se da multidão e equilibra a cruz em seu ombro, saindo do anonimato e entrando para a história, e torna-se o primeiro em uma fila de milhões que toma a cruz e segue Cristo. "Certo homem de Cirene, chamado Simão, pai de Alexandre e de Rufo, passava por ali, chegando do campo. Eles o forçaram a carregar a cruz" (Marcos 15:21). "[Eles] lhe colocaram a cruz às costas, fazendo-o carregá-la atrás de Jesus" (Lucas 23:26).

Detalhes tão incompletos: um estrangeiro de Cirene, chegando dos campos, forçado a carregar a cruz. Simão já ouvira falar em Jesus? O que ele fazia em Jerusalém? Por que a referência a seus dois filhos? Não sabemos. Tudo que sabemos ao certo é o seguinte:

Ele pôs a cruz de Cristo nos ombros. Ele fez de forma literal o que Deus nos manda fazer de modo figurado: tomar a cruz e seguir Jesus. "Se alguém quiser acompanhar-me, negue-se a si mesmo, tome diariamente a sua cruz e siga-me" (Lucas 9:23).

A expressão "tome diariamente a sua cruz" não foi bem transmitida através das gerações. Peça por definições e ouvirá coisas como "minha cruz é minha sogra, meu emprego, meu casamento ruim, meu chefe mal-humorado ou o pregador chato". A cruz, assim imaginamos, é qualquer aflição que nos cerca ou nos importuna. Meu dicionário concorda com essa definição. Ele lista os seguintes sinônimos para cruz: frustração, provação, empecilho, dificuldade, fracasso. Tomar a cruz é encarar um desafio pessoal. Deus, pensamos, distribui cruzes da mesma maneira que um carcereiro distribui pás para os acorrentados. Ninguém quer uma. Cada um ganha uma. Todo mundo tem uma cruz para carregar, e é melhor nos acostumarmos com isso.

Mas fale sério. Jesus reduz a cruz a importunações e dores de cabeça? Desafia-nos a parar de reclamar da mosca na sopa ou de um outro incômodo qualquer? A cruz quer dizer muito mais. É a ferramenta de redenção de Deus, instrumento de salvação — prova do amor dele pelas pessoas. Tomar a cruz de Cristo, portanto, é tomar a aflição de Cristo pelas pessoas do mundo.

Embora nossas cruzes sejam parecidas, todas elas são diferentes umas das outras. "Se alguém quiser acompanhar-me, negue-se a si mesmo, tome diariamente *a sua cruz* e siga-me" (Lucas 9:23, grifo do autor).

Cada um de nós tem nossa própria cruz para carregar — nossos chamados individuais — à nossa espera como uma camisa confortável. Todos nós sabemos o desconforto de uma camisa que não cabe em nós. Sendo o caçula da família, herdei minha cota de roupas usadas do meu irmão. Elas cobriam minha pele, mas não cabiam em meu corpo. Mangas apertadas beliscavam meus ombros, e a gola se dobrava em meu pescoço. Foi um dia ótimo aquele em que minha mãe decidiu comprar roupas que cabiam em mim.

E é um dia melhor ainda quando você descobre a tarefa que lhe foi designada por Deus. Serve bem. Combina com suas paixões e obtém seus dons e talentos. Quer espantar a nuvem de seu dia cinzento? Aceite a orientação de Deus.

John Bentley fez isso. Ele carrega uma cruz por órfãos chineses. Esse advogado cristão pendurou sua placa em Pequim, onde ele e sua esposa tomam conta de um orfanato para bebês abandonados. Alguns anos atrás, uma mãe depositou um recém-nascido, vestido com roupas de enterro, em um campo nas redondezas. Sem notas, sem explicações, só o equivalente chinês a R$ 2,50: o preço de um enterro. A mãe abandonara seu filho. Um exame revelou a razão para isso. A criança estava severamente queimada dos pés à cabeça.

Os Bentleys não podiam deixar a criança morrer. Eles não só cuidaram do bebê até que melhorasse, mas o adotaram como seu filho. Eles carregam a cruz de Cristo pelas crianças da China.

Michael Landon Jr. carrega uma pela indústria de cinema. E ele é especialmente qualificado para isso. Filho de uma lenda da televisão, cresceu na indústria do cinema. Quando Cristo chamou seu coração de dezenove anos, ele começou a influenciar o mundo do entretenimento. Ele deposita sua energia diária e credibilidade em uma tarefa: criar filmes redentores. Poucos têm o treinamento ou a experiência para fazer o que ele faz. Mas como Michael tem ambos, ele carrega a cruz de Cristo por Hollywood.

Shawn e Xochitl Hughes carregam a cruz pela cidade central de San Antonio. Enquanto outros abandonavam essa cidade, eles se mudaram para lá. Eles escolheram uma vizinhança simples, em vez de uma extravagante, uma casa pequena, em vez de uma grande. Eles amam as almas no coração de nossa cidade. Chame isso de paixão, fardo... chame de cruz. Eles tomaram uma cruz.

"O ministério que o Senhor atribuiu a cada um" (1 Coríntios 3:5). Qual é o seu? Qual é o seu chamado, sua tarefa, sua missão singular?

Três questões podem ajudá-lo.

Em que direções Deus o levou? Enumere as experiências singulares para você. "Não sejam insensatos, mas procurem compreender qual é a vontade do Senhor" (Efésios 5:17). Em que cultura você foi criado? A que estilos de vida você foi exposto? Seu passado é uma sinalização de seu futuro. Pergunte a Moisés. Sua infância no Egito o preparou para ficar de pé diante do faraó. Davi cresceu cuidando de ovelhas. Não é um mau treinamento para quem foi chamado para ser o pastor de uma nação. O pedigree de Paulo como cidadão romano provavelmente estendeu a vida e o ministério dele. Seu passado não foi por acaso.

E quanto aos seus fardos? *Que necessidades Deus revelou a você?* O que faz seu coração disparar e seu sangue correr nas veias? Nem todo mundo chora quando você chora. Nem todo mundo sente dor quando você sente dor. Atenda às dores do seu coração. "Corramos com perseverança a corrida que nos é proposta" (Hebreus 12:1). Você conhece o seu evento?

Que habilidades Deus deu a você? "A cada um de nós foi concedida a graça, conforme a medida repartida por Cristo" (Efésios 4:7). O que você tem facilidade de fazer? Alguns de nós têm facilidade com números grandes. Outros com grandes ordens sacerdotais. Você se destaca em algo e o faz com relativamente pouco esforço. Daniel Sharp cresceu na igreja onde sirvo. Como parte de sua formação acadêmica, ele se mudou para Moscou, na Rússia, para estudar cálculo, eletricidade, magnetismo e poesia. Ele achou os cursos tão divertidos que mandou um e-mail para os pais: "Será que qualquer um não consegue fazer isso?" Acho que não. Mas o fato de que Daniel consegue nos diz algo sobre seu chamado singular na vida.[19]

Você tem facilidade com algo também. Identifique-o! "Cada um examine os próprios atos, e então poderá orgulhar-se de si mesmo" (Gálatas 6:4).

Direção. Necessidade. Habilidade. Seu DNA espiritual. Você no seu melhor. Você e sua cruz.

Embora nenhum de nós tenha sido chamado para carregar o pecado do mundo (Jesus fez isso), todos nós podemos carregar um fardo pelo mundo.

A propósito, é um fardo maravilhoso. Jesus declarou: "O meu jugo é suave e o meu fardo é leve" (Mateus 11:30). A cruz é de um bom peso, uma doce obrigação. Teste essa verdade. Visite pessoas no hospital. Veja se você não sai mais feliz do que quando entrou. Dê aulas para crianças. Veja se você não aprende mais do que eles. Dedique um sábado a ajudar os sem-teto. Você descobrirá esse mistério: enquanto você ajuda os outros a encarar seus dias, você põe vida em seu próprio dia. E vida é exatamente aquilo de que muitas pessoas precisam.

Este artigo fantástico apareceu em um jornal britânico:

> Os chefes de uma firma de publicidade tentam descobrir por que ninguém notou que um dos funcionários de lá estava sentado, já morto, em sua escrivaninha havia cinco dias antes que alguém lhe perguntasse se estava tudo bem.

> George Turklebaum, 51, revisor de textos em uma empresa em Nova York havia trinta anos, tivera um ataque do coração no escritório sem divisórias onde outros 23 funcionários também trabalhavam.
>
> Ele morreu calmamente na segunda-feira, mas ninguém percebeu o ocorrido até sábado de manhã, quando um faxineiro perguntou por que ele ainda estava trabalhando no fim de semana.[20]

O relato nos apresenta duas perguntas rápidas. Isso poderia realmente acontecer? Uma pessoa morta poderia se passar por uma pessoa viva? E segundo, isso poderia acontecer conosco? Poderíamos estar tão sem vida, sem emoção, sem energia que poderíamos morrer e ninguém notar?

Cheque seus sinais vitais. Algo o move. Algum chamado traz energia à sua voz, convicção ao seu rosto, e direção ao seu passo. Descubra-o e o abrace. Nada dá uma chance maior ao dia do que uma boa injeção de paixão.

Para começar bem o dia

Peça a Deus para injetar a paixão dele em seu dia.

Ore por todas as pessoas por quem passar. Não resmungue em engarrafamentos nem reclame em elevadores cheios. Esses momentos são de oração. Interceda por cada pessoa que você vir, "em todas as ocasiões, com toda oração e súplica" (Efésios 6:18). Faça como Epafras, que Paulo disse que estava "sempre batalhando por vocês em oração" (Colossenses 4:12). Ele laborava, empenhava-se e trabalhava em oração. Vejo um rosto cansado, faces banhadas em lágrimas, mãos bem apertadas.

Promova diálogo espiritual. Na hora certa, com o ânimo certo, pergunte a seus amigos e a sua família: "O que você acha que acontece depois que morremos? Qual é a sua visão de Deus?" Jesus fez esta perguntas: "Quem vocês dizem que eu sou?" (Marcos 8:29). Devemos fazê-la também.

Ame porque Deus ama. As pessoas podem ser difíceis de amar. Ame-as mesmo assim. "Quem ama a Deus, ame também seu irmão" (1 João 4:21).

10

Serviço para os dias de decisões difíceis

Dan Mazur considerava-se um homem de sorte. A MAIOR parte das pessoas o teria considerado louco. Ele estava a uma caminhada de duas horas do cimo do monte Everest, a trezentos metros da realização do sonho de uma vida inteira.

Todos os anos, os aventureiros em melhor forma da Terra voltam sua atenção para o pico de mais de 8.800 metros. Todos os anos alguns morrem nessa tentativa. O cimo do Everest é conhecido por sua total falta de hospitalidade. Alpinistas chamam a região acima dos 7.900 metros de "zona da morte".

As temperaturas caem e ficam abaixo de zero. Tempestades de neve tiram quase toda a visão. A atmosfera é rala em oxigênio. Cadáveres pontuam o cimo da montanha. Um alpinista britânico morrera dez dias antes da tentativa de Mazur. Quarenta alpinistas que poderiam ter ajudado escolheram não o fazer. Eles passaram por ele no caminho para o cimo.

O Everest pode ser cruel.

Ainda assim, Mazur se sentia com sorte. Ele e dois colegas já avistavam o cimo do monte Everest. Anos de planejamento. Seis semanas de escalada, e, agora, às 7h30min da manhã do dia 25 de maio de 2006, o ar estava parado, o sol da manhã brilhava, a energia e as expectativas estavam nas alturas.

Foi aí que um brilho amarelo chamou a atenção de Mazur: um pedaço de tecido amarelo no cimo da colina. Primeiro, ele pensou que fosse uma barraca. Logo ele viu que era uma pessoa, um homem precariamente empoleirado em uma rocha pontiaguda de 2.400. Estava sem luvas, de jaqueta aberta, mãos de fora, peito nu. A privação de oxigênio pode inchar o cérebro e causar alucinações. Mazur sabia que o homem não tinha a menor ideia de onde estava, então andou em sua direção e o chamou.

— Você pode me dizer seu nome?

— Sim — respondeu o homem, parecendo contente — eu posso. Meu nome é Lincoln Hall.

Mazur ficou chocado. Ele reconheceu aquele nome. Doze horas antes ele ouvira a notícia no rádio: "Lincoln Hall está morto na montanha. A equipe dele abandonou o corpo na subida."

E, no entanto, depois de passar a noite no frio de menos vinte graus e com pouco oxigênio, Lincoln Hall ainda estava vivo. Mazur estava cara a cara com um milagre.

Ele também estava cara a cara com uma escolha. Uma tentativa de resgate oferecia sérios riscos. A descida já era traiçoeira, ainda mais com o peso morto de um homem à beira da morte. Além do mais, quanto tempo mais Hall sobreviveria? Ninguém sabia. Os três alpinistas poderiam sacrificar seu Everest à toa. Eles tinham de escolher: abandonar o sonho deles ou abandonar Lincoln Hall.

Eles escolheram abandonar o sonho deles. Os três deram as costas para o pico e desceram lentamente a montanha.[21]

A decisão deles de salvar Lincoln Hall apresenta uma grande questão. Nós faríamos o mesmo? Deixaríamos a ambição de lado para salvar outra pessoa? Deixaríamos nossos sonhos de lado para resgatar outro alpinista? Daríamos as costas aos nossos cimos das montanhas pessoais para que talvez outra pessoa pudesse viver?

Todos os dias, tomamos decisões difíceis como essa. Não no Everest com aventureiros, mas em lares com cônjuges e filhos, no trabalho com colegas, nas escolas com amigos, nas igrejas com irmãos de fé. Regularmente nos deparamos com decisões sutis, mas relevantes, e todas elas caem na categoria de quem vem primeiro: eles ou eu?

Quando um pai escolhe a melhor escola para os filhos, em vez de uma boa oportunidade para a carreira que envolva transferência de cidade.

Quando o aluno almoça com os colegas negligenciados, em vez de com os legais.

Quando a filha crescida passa seus dias de folga com sua mãe idosa na unidade psiquiátrica.

Você, quando vira as costas a sonhos pessoais em prol de outros, está, nas palavras de Cristo, negando-se a si mesmo. "Se alguém quiser acompanhar-me, negue-se a si mesmo, tome a sua cruz e siga-me" (Mateus 16:24).

Eis o ingrediente mais surpreendente de um grande dia: autonegação.

Nós não imaginamos que o contrário é verdade? Grandes dias emergem do solo da auto indulgência, da auto expressão e autocelebração. Então, mime-se, dê-se a um luxo e promova-se. Mas se negar? Quando foi a última vez que você viu este anúncio: "Vá em frente. Negue-se e divirta-se muito!"?

Jesus poderia ter escrito essas palavras. Ele, muitas vezes, dá uma de contracultura, chamando-nos para baixo em vez de para cima, dizendo-nos para fazer algo quando a sociedade nos fala para fazer o contrário.

Na economia dele,
   os menores são os maiores (Lucas 9:48);
   os últimos serão os primeiros (Marcos 9:35);
   os lugares de honra são os preteridos (Lucas 14:8-9).
Ele nos manda
   honrar aos outros mais do que a nós mesmos (Romanos 12:10);
   considerar os outros superiores a nós mesmos (Filipenses 2:3);
   oferecer a outra face, dar nossas capas, andar a segunda milha (Mateus 5:39-41).

Essa última instrução certamente atingiu um nervo exposto na psique judaica. "Se alguém o forçar a caminhar com ele uma milha, vá com ele duas" (Mateus 5:41). Os concidadãos de Jesus viviam sob domínio estrangeiro. Soldados romanos impunham altos impostos e leis opressoras. Essa triste situação existia desde que os babilônios destruíram o templo em 586 a.C. e levaram os judeus ao cativeiro. Embora alguns tivessem retornado do exílio geográfico, o exílio teológico e o político permaneceram. Os judeus do século I atravessavam um pântano com séculos de existência: oprimidos por pagãos, procurando o Messias para libertá-los.

Alguns responderam a isso se vendendo, usando o sistema para benefício próprio. Outros escaparam. Os escritores dos Manuscritos do mar Morto, em Cunrã, escolheram se isolar do mundo perverso. Outros ainda decidiram revidar. A opção zelote era clara: ore, afie sua espada e lute uma guerra santa.

Três opções: se vender, escapar ou revidar.

Jesus apresentou uma quarta. Servir. Servir àqueles que o odeiam; perdoar aqueles que o machucaram. Tome o último lugar, não o mais alto; procure servir, e não ser servido. Retalie, não na mesma moeda, mas em bondade. Ele criou o que podemos chamar de Sociedade da Segunda Milha.

Os soldados romanos podiam legalmente coagir cidadãos judeus a carregar suas cargas por uma milha.[22] Com nada mais do que um comando, eles podiam requisitar que um fazendeiro saísse de seu campo ou um comerciante abandonasse sua loja.

Em tal caso, Jesus disse: "Dê mais do que lhe é pedido." Ande duas milhas. Ao fim de uma milha, continue andando. Faça cair o queixo do soldado, dizendo: "Ainda não fiz o bastante por você. Vou andar uma segunda milha." Faça mais do que é exigido. E o faça com alegria e graça!

A Sociedade da Segunda Milha ainda existe. Seus membros abandonam ambições do tamanho de um Everest para poder ajudar a salvar alpinistas fatigados.

Nós temos um servo da Sociedade da Segunda Milha na nossa igreja. De profissão, ele é arquiteto. De paixão, servo. Ele chega cerca de uma hora antes de cada culto e faz suas rondas nos banheiros masculinos. Ele limpa as pias, os espelhos, verifica os vasos e pega o papel do chão. Ninguém pediu para ele fazer isso; muito poucas pessoas sabem que ele faz isso. Ele não conta a ninguém e não pede nada em retorno. Ele pertence à Sociedade da Segunda Milha.

Outra serva dessa sociedade serve em nosso ministério infantil. Ela faz peças artesanais e brindes para crianças de quatro anos. No entanto, completar as peças artesanais não é o bastante. Ela tem de dar um toque de segunda milha. Quando uma aula seguiu o tema "seguir os passos de Jesus", ela fez biscoitos no formato de pés e, à moda da segunda milha, pintou unhas em cada biscoito. Quem faz uma coisa dessas?

Os membros da Sociedade da Segunda Milha fazem essas coisas. Eles limpam banheiros, decoram biscoitos e constroem salas de brinquedos em suas casas. Pelo menos, Bob e Elsie construíram. Eles construíram uma piscina interna, compraram uma mesa de pingue-pongue e uma de futebol totó. Eles criaram um paraíso infantil.

Não é tão incomum, você diz? Oh, esqueci-me de mencionar a idade deles. Eles fizeram isso com seus setenta anos. Eles fizeram isso porque adoravam a juventude solitária do centro da cidade de Miami. Bob não nadava. Elsie não jogava pingue-pongue. Mas os filhos de imigrantes cubanos nadavam e jogavam pingue-pongue. E Bob podia ser visto toda semana dirigindo seu Cadillac através de Little Havana, buscando os adolescentes que outras pessoas esqueceram.

A Sociedade da Segunda Milha. Deixe-me dizer-lhe como achar os membros dela. Eles não usam distintivos nem uniformes; eles usam sorrisos. Eles descobriram o segredo. A alegria está no esforço extra. A mais doce satisfação não está em escalar seu próprio Everest, mas em ajudar os outros alpinistas a chegar lá.

Os membros da Sociedade da Segunda Milha leem esta afirmação: "Há maior felicidade em dar do que em receber" (Atos 20:35) e concordam com um balançar de cabeça. Quando eles escutam a instrução "quem acha a sua vida a perderá, e quem perde a sua vida por minha causa a encontrará" (Mateus 10:39), eles compreendem. Eles descobriram esta verdade: "quem quiser salvar a sua vida, a perderá; mas quem perder a sua vida por minha causa, este a salvará" (Lucas 9:24).

A recompensa verdadeira está na base do poste da segunda milha.

Pense assim. Imagine-se com doze anos tendo de encarar uma pia cheia de pratos sujos. Você não quer lavá-los. Você preferiria brincar com seus amigos ou assistir à televisão. Mas sua mãe deixou bem claro: lave os pratos.

Você resmunga, murmura e imagina como seria se fosse posto para adoção. E, depois, sabe-se lá de onde, uma ideia louca passa pela sua cabeça. E se você surpreender sua mãe lavando não só os pratos, mas também a cozinha inteira? Você começa a sorrir. "Vou varrer o chão e limpar os armários. Talvez reorganizar a geladeira!" E de alguma fonte desconhecida surge uma enorme dose de energia, um ataque de produtividade. Uma tarefa tediosa se torna uma aventura. Por quê? Libertação! Você passou de escravo a voluntário.

Essa é a alegria da segunda milha.

Você a encontrou? Seu dia se move com a velocidade de uma massa de gelo flutuante e com a emoção de um torneio. Você faz o que é necessário — problemas de matemática e um capítulo de literatura —, mas não mais que isso. Você faz tudo certo, é digno de confiança e, muito possivelmente, está entediado. Você sonha com a sexta-feira, os feriados, uma família ou um emprego diferente, quando talvez tudo o de que você precisa é de uma atitude diferente. Dê uma chance ao seu dia.

Faça diariamente uma ação pela qual você não pode ser recompensado.

Nos dias finais da vida de Jesus, ele dividiu uma refeição com seus amigos Lázaro, Marta e Maria. Dentro de uma semana, ele sentiria a pontada do chicote romano, os espinhos da coroa de espinhos e o ferro do prego do carrasco. Mas naquela noite, ele sentiu o amor de três amigos.

Para Maria, no entanto, dar o jantar não era o suficiente. "Então Maria pegou um frasco de nardo puro, que era um perfume caro, derramou-o sobre os pés de Jesus e os enxugou com os seus cabelos. E a casa encheu-se com a fragrância do perfume" (João 12:3).

Os adeptos de apenas uma milha no grupo, como Judas, criticaram a ação como um desperdício. Não Jesus. Ele recebeu a ação como uma demonstração extravagante de amor, uma amiga entregando seu dom mais precioso. Enquanto estava pendurado na cruz, podemos nos perguntar, Jesus detectou a fragrância em sua pele?

Siga o exemplo de Maria.

Há um idoso na sua comunidade que acabou de perder a esposa. Uma hora do seu tempo representaria muito para ele.

Algumas crianças na sua cidade não têm pai. Não há um pai que as leve ao cinema ou ao estádio de futebol. Talvez você possa fazer isso. Eles não podem retribuir. Eles não têm nem dinheiro para a pipoca ou para o refrigerante. Mas eles abrirão um largo sorriso graças a sua bondade.

Ou que tal essa? No final do corredor do seu quarto tem uma pessoa com o mesmo sobrenome que você. Choque essa pessoa com bondade. Algo ridículo. Seu trabalho de casa feito sem reclamações. Café na cama antes de ele acordar. Uma carta de amor escrita para ela sem nenhuma razão especial. Sem motivo, simplesmente por fazer.

Quer recuperar seu dia das garras do tédio? Faça ações mais do que generosas, atos que não podem ser retribuídos. Bondade sem compensação. Faça algo pelo qual você não poderá ser pago.

Aqui está outra ideia. *Passe por cima de si.*

Moisés passou. Um dos primeiros líderes do mundo era "um homem muito paciente, mais do que qualquer outro que havia na terra" (Números 12:3).

Maria passou. Quando Jesus chamou o útero dela de lar, ela não se gabou; ela simplesmente confessou: "Sou serva do Senhor; que aconteça comigo conforme a tua palavra" (Lucas 1:38).

João Batista passou. Embora parente de sangue de Deus na Terra, fez esta escolha: "É necessário que ele cresça e que eu diminua" (João 3:30).

Acima de tudo, Jesus passou. "[Jesus] por um pouco foi feito menor do que os anjos" (Hebreus 2:9).

Jesus escolheu o lugar dos servos. E nós não podemos também escolher esse mesmo lugar?

Somos importantes, mas não essenciais; valiosos, mas não indispensáveis. Temos um papel na peça, mas não somos o ator principal. Uma canção para cantar, mas não a voz especial.

Deus o é.

Ele fez o bem antes de nascermos; e fará o bem também depois de nossa morte. Ele começou tudo, sustenta tudo e levará tudo a um glorioso ápice. Nesse meio-tempo, nós temos este alto privilégio: abrir mão dos Everests pessoais, descobrir a emoção da distância dobrada, fazer ações pelas quais não podemos ser pagos, procurar problemas que outros evitam, negar-nos, tomar nossa cruz e seguir a Cristo.

Lincoln Hall sobreviveu à viagem de descida do monte Everest. Graças a Dan Mazur, ele sobreviveu para se juntar à esposa e aos filhos na Nova Zelândia. Um repórter de televisão perguntou à esposa de Lincoln o que ela pensava dos salvadores, os homens que abriram mão de seus ápices para salvar a vida de seu marido. Ela tentou responder, mas as palavras lhe faltaram. Vários momentos depois, e com os olhos marejados, ela declarou: "Bem, há um ser humano maravilhoso. E também os outros que estavam com ele. O mundo precisa de mais gente assim."[23]

Que sejamos contados entre eles.

PARA COMEÇAR BEM O DIA

"Ensina-nos a contar os nossos dias para que o nosso coração alcance sabedoria" (Salmo 90:12).

Se hoje fosse seu último dia de vida, como você o passaria? Encarar a morte é um remédio amargo, mas a maioria de nós poderia provar uma colher bem cheia dele. A maioria de nós pode se beneficiar de uma lembrança de morte. Você não quer uma, nem gosto de dar uma, mas precisamos saber disto: hoje estamos um dia mais próximos da morte do que estávamos ontem.

Se hoje fosse seu último dia, você faria o que está fazendo? Ou você amaria mais, doaria mais, perdoaria mais? Então faça isso! Perdoe e doe como se fosse sua última oportunidade. Ame como se não houvesse amanhã, e se houver um amanhã, ame novamente.

Conclusão

A folha de cor incomum

Mantenham o pensamento nas coisas do alto,
e não nas coisas terrenas.

Colossenses 3:2

A poeira cobria todo o chão. Ratos passavam embaixo do respiradouro gradeado. Baratas passeavam pelas paredes e se arrastavam sobre prisioneiros adormecidos. A única fonte de luz eram os três furos perto do teto de quatro metros e meio. A cela não tinha camas, cadeiras nem mesas. Tampouco, havia uma possibilidade para o general americano Robbie Risner escapar. Por sete anos e meio, soldados norte-vietnamitas mantiveram-no preso, junto com dezenas de outros soldados, no zoológico, um campo de prisioneiros de guerra em Hanói.

O desespero era o padrão para eles. Confinamento solitário, fome, tortura e espancamentos eram sua rotina. Interrogadores torciam pernas quebradas, furavam a pele com baionetas, enfiavam varetas nas narinas e papel na boca. Gritos ecoavam pelo campo, gelando o sangue dos outros prisioneiros.

Escute a descrição de Risner: "Tudo era triste e sombrio. Era quase a essência do desespero. Se você pudesse ter extraído a essência da palavra *desespero*, ela teria saído cinza, triste e com cor de chumbo, manchada e suja."[24]

Como é possível sobreviver sete anos e meio em um buraco desses? Arrancado da família. Sem notícias do seu país. O que você faz? Eis o que Risner fez. Ele ficou olhando para uma folha de grama. Dias depois do encarceramento, ele arrancou à força a grade da ventilação, deitou-se com a barriga no chão, abaixou-se e colocou a cabeça na abertura, e, através de um buraco do tamanho de um lápis na parede e no cimento, ficou olhando para uma simples folha de grama. Tirando esse talo, o mundo dele não tinha cor. Então ele começava seus dias com a cabeça no respiradouro, o coração em oração, olhando para aquela única folha de grama. Ele chamou isso uma "transfusão de sangue para a alma".[25]

Você não tem de ir para Hanói para experimentar uma existência "cinza, triste e com cor de chumbo, manchada e suja". Você conhece o tom de um mundo sem cor? Se conhece, faça o que Risner fez. Vá em busca. Arranque com um pé de cabra a grade da sua cela e ponha a cabeça para fora. Fixe os olhos em uma cor fora de sua cela.

O que você vê define quem você é. "Os olhos são a candeia do corpo. Se os seus olhos forem bons, todo o seu corpo será cheio de luz. Mas se os seus olhos forem maus, todo o seu corpo será cheio de trevas. Portanto, se a luz que está dentro de você são trevas, que tremendas trevas são!" (Mateus 6:22,23).

Jesus está discutindo, não com os olhos da sua cabeça, mas com os olhos do seu coração — sua atitude, sua perspectiva, sua visão, não das coisas, mas da vida. Nós, como o general Risner, tomamos decisões diariamente. Fixamos nossos olhos na aspereza cinzenta ou procuramos a folha de uma cor diferente?

Jerry Rushford, todos os anos, dirige o ciclo de palestras de Pepperdine, em Malibu, Califórnia. Ele coordena com maestria uma semana de aulas em que tem de organizar tudo para os palestrantes, as centenas de professores e os milhares de espectadores. Você teria dificuldade para achar qualquer coisa errada com o evento, mas, inevitavelmente, sempre alguém acha algo errado. Por essa razão, Jerry sempre fecha a sessão final com sua frase irônica: "Se você olhar muito e bem de perto, tenho certeza de que achará alguma coisa sobre o que reclamar. Mas esperamos que você olhe para as boas."

Se você olhar muito e bem de perto, tenho certeza de que achará alguma coisa sobre o que reclamar.

Adão e Eva acharam. A mordida no fruto proibido não reflete um sentimento de descontentamento? Cercados por tudo de que precisavam, eles voltaram seus olhos para a única coisa que não podiam ter. Eles acharam alguma coisa do que reclamar.

Os seguidores de Moisés também acharam do que reclamar. Eles poderiam ter se concentrado nos milagres: o Mar Vermelho tornando-se a estrada de tijolos amarela, o fogo acompanhando-os de noite, a nuvem acompanhando-os de dia, o maná refletindo o nascer do sol, e as codornizes fugindo para o campo de noite. Em vez disso, eles se concentraram em seus problemas. Eles desenharam figuras do Egito, sonharam com pirâmides e reclamaram que a vida no deserto não era para eles. Eles acharam alguma coisa do que reclamar.

E você? Está olhando para quê? Para o único fruto que você não pode comer? Ou para os milhões que você pode? Para o maná ou para a desgraça? Para o plano dele ou para os seus problemas? Para cada dom ou fardo?

> Finalmente, irmãos, tudo o que for verdadeiro, tudo o que for nobre, tudo o que for correto, tudo o que for puro, tudo o que for amável, tudo o que for de boa fama, se houver algo de excelente ou digno de louvor, pensem nessas coisas. (Filipenses 4:8)

Essa é uma atitude mais que louvável, pois assim você vê o copo como meio cheio, em vez de meio vazio. Isso é uma admissão de que forças invisíveis favoráveis povoam e direcionam os assuntos da humanidade. Quando vemos como Deus quer que vejamos, vemos a mão de Deus no meio da doença, Jesus agindo em um jovem problemático, o Espírito Santo confortando um coração partido. Nós não vemos o que é visível, mas o que é invisível. Nós vemos com fé, e não com a carne, e já que a fé traz esperança, nós, de todas as pessoas, somos preenchidos de esperança. Pois sabemos que há mais na vida do que os olhos veem.

Nós vemos Cristo, que "os manterá firmes até o fim" (1 Coríntios 1:8).

Nós acreditamos que Jesus, "que começou boa obra em vocês, vai completá-la até o dia de Cristo Jesus" (Filipenses 1:6).

Nós acreditamos que nosso Salvador falou sério quando disse: "Meu Pai continua trabalhando até hoje" (João 5:17). E já que Deus está trabalhando, o apresentador do telejornal apresenta apenas algumas das notícias, e o prognóstico do médico oferece apenas uma opinião.

Nós vemos as pessoas de uma forma diferente. Não dispensamos a criança com dificuldade de aprendizado, o marido que bebe demais, o pregador com o problema de orgulho. Não desistimos das pessoas porque sabemos que por baixo da grade, além dos ratos, há um pé de grama e concentramo-nos nele.

Ninguém está dizendo que é fácil. Há cinco anos minha mãe está em um asilo perto da minha casa. Nos primeiros meses, achei difícil ver cor por entre as rugas, os andadores, as cadeiras de rodas e as dentaduras. Cada visita era um lembrete deprimente da saúde precária e da memória em processo de degeneração da minha mãe.

Portanto, tentei praticar a mensagem deste livro. Dar uma chance ao dia, até mesmo aos dias da velhice. Comecei a procurar folhas de grama entre as pessoas.

A lealdade de Elaine, também com oitenta e sete anos, que se senta com a minha mãe à mesa de almoço. Ela corta a comida para que minha mãe possa comer.

O entusiasmo inabalável de Lois, de quase oitenta anos, que apesar da artrite nos dois joelhos se apresenta de livre e espontânea vontade para servir o café matinal todos os dias.

O amor histórico de Joe e Barbara, comemorando setenta anos, não de vida, mas de casamento. Eles se alternam para empurrar a cadeira de rodas um do outro. A artrite deixou as juntas dos dedos das mãos dela enormes. Estávamos conversando a menos de cinco minutos quando ele mencionou o assunto para mim, demonstrando sua preocupação.

E há também o Bob, que perdeu a fala e parte dos movimentos por causa de um acidente vascular cerebral. A foto em sua porta mostra um Bob mais jovem, vestindo com elegância uma farda; costumava dar ordens para comandar tropas. Hoje a mão boa dele comanda a alavanca de sua cadeira de rodas, e ele vai de mesa em mesa desejar um bom dia a todos os residentes emitindo o único som que consegue: "Bmph".

Costumava ver idade, doença e decadência. Hoje vejo amor, coragem e indestrutível altruísmo.

E você? Você se sente como se seu mundo fosse a cela de prisioneiro de guerra do General Risner? Se você olhar muito e bem de perto, ele se parecerá com ela. Até o Jardim do Éden parece cinzento para alguns. Mas não precisa parecer cinzento para você. Aprenda uma lição com o prisioneiro. Dê uma chance a todos os dias. Olhe através dos tijolos, além dos ratos e ache a folha de grama. E quando a achar, não olhe para mais nada.

Notas

1. Meus agradecimentos a Judith Viorst e seu livro infantil *Alexander and the Terrible, Horrible, No Good, Very Bad Day* (Nova York: Simon and Schuster. 1972).
2. Gary L. Thomas. *Sacred Marriage: What If God Designed Marriage to Make Us Holy More Than to Make Us Happy?* (Grand Rapids: Zondervan, 2000), 46-47.
3. Esta é a primeira vez que você bebe no poço da graça de Deus? Se é, parabéns! Você acabou de entrar em uma relação que mudará sua eternidade. "Quem crê no Filho tem a vida eterna" (João 3:36). Agora que você começa sua vida nova, lembre-se destes três importantes aspectos: batismo, Bíblia e pertencer. O batismo demonstra nossa decisão de seguir a Jesus (veja 1 Pedro 3:21). A leitura regular da Bíblia guia e ancora a alma (veja Hebreus 4:12). Pertencer à família da Igreja nos engaja com os filhos de Deus (veja Hebreus 10:25). Peça a Deus para levá-lo a um grupo de seguidores de Cristo que possam celebrar seu batismo, ajudá-lo a estudar a Bíblia e servir como uma família da igreja.
4. Adaptado de Rick Atchley. When We All Get to Heaven (sermão, Richard Hills Church of Christ, North Richard Hills, Texas, 25 de maio de 2005). Fonte original desconhecida.
5. Archibald Naismith. 2400 Outlines, Notes, Quotes, and Anecdotes for Sermons (1967; repr., Grand Rapids: Baker Books House, 1991), n.º 1.063.
6. Alan Loy McGinis. The Balanced Life: Achieving Success in Work and Love (Minneapolis: Ausburg Fortress, 1997), 56-57.
7. Tripod. Useless Information: Stuff You Never Needed to Know but Your Life Would Be Incomplete Without: The Collyer Brothers, [http://earthdude1.tripod.com/collyer/collyer.html].
8. Antwone Q. Fisher. I Once Was Lost, Seleções da Reader's Digest, julho de 2001, 81-86.
9. John Haggai. How to Win Over Worry: A Practical Formula for Successful Living (Eugene, OR: Harvest House Publishers, 1987), 14.
10. Haggai. How to Win Over Worry, 109.

11. Bob Russell. Reinstated, Favorite Stories from Bob Russell. Vol. 5, CD-ROM, Southeast Christian Church, Louisville, KY, 2005.
12. Charles Spurgeon, citado em The NIV Worship Bible, New International Version (Dana Point, CA: Maranatha, 2000), 1302.
13. William Osler, citado em Haggai, How to Win Over Worry, 109.
14. Eugene H. Peterson. Run with the Horses: The Quest for Life at Its Best, (Madison, WI: InterVarsity Press, 1983), 115.
15. Mike Wise. Pushed Beyond the Limit, Washington Post, 30 de agosto de 2004.
16. Romanos 1:13; 1 Coríntios 11:3; 1 Tessalonicenses 4:13.
17. F. W. Boreham. Life Verses: The Bible's Impact on Famous Lives, Vol. Two, p. 114-155. Grand Rapids, MI: Kregel Publications, 1994.
18. Edward Beal. 1041 Sermon Illustrations, Ideas, and Expositions: Treasury of the Christian World, ed. A. Gordon Nasby (1953; repr. Grand Rapids: Baker Book House, 1976), 109.
19. Meus agradecimentos aos meus amigos John e Lisa Bentley, Michael Landon Jr., Shawn e Xochitl Hughes, e Daniel Sharp por permitir que eu compartilhasse suas histórias.
20. A Real Death. Birmingham (AL) Sunday Mercury, 17 de dezembro de 2000.
21. Miracle on Mount Everest. Dateline NBC, 25 de junho de 2006, http://www.msnbc.msn.com/id/13543799.
22. Frederick Dale Bruner. The Christbook: Matthew — A Commentary, rev. e exp. ed. (Dallas: Word Publishing, 1987), 210.
23. Miracle on Mount Everest. Dateline NBC.
24. Robinson Risner. The Passing of the Night: My Seven Years As a Prisoner of the North Vietnamese (1973; repr., Duncanville: World Wide Printing, 2001), e uma conversa com o autor, 24 de fevereiro de 2004.
25. Risner. The Passing of the Night e uma conversa pessoal.

FAÇA A VIDA VALER A PENA

VOCÊ FOI FEITO PARA FAZER A DIFERENÇA

Sumário

Encontrando o padre Benjamin: uma fábula

Ventos desfavoráveis sopram o navio para fora do curso, e, quando isso acontece, os marujos descobrem ilhas desconhecidas. Eles veem uma meia dúzia de morros se erguendo das águas azuis dos mares do Sul. O capitão ordena que os homens baixem a âncora e desembarca. É um homem robusto com peito em forma de barril, barba cheia e alma curiosa.

Na primeira ilha ele não vê nada além de tristeza. Crianças subnutridas. Tribos em conflito. Nenhuma criação de animais nem plantação, nenhum tratamento para os doentes, nenhuma escola. Só pessoas necessitadas.

A segunda e as demais ilhas revelam mais do mesmo. O capitão suspira com o que vê. — Isso não é vida para essas pessoas. — Mas o que ele pode fazer?

Então, ele pisa na última ilha, a maior de todas. As pessoas são saudáveis e estão bem alimentadas. Sistemas de irrigação dão vigor aos campos e estradas ligam as vilas. As crianças têm olhos brilhantes e são fortes. O capitão pede explicação para o chefe. Como essa ilha está tão mais evoluída do que as outras?

O chefe, que é menor que o capitão, mas equivalente em confiança, dá uma resposta curta:

— Padre Benjamin. Ele nos educou em tudo, de agricultura a saúde. Ele construiu escolas, clínicas e poços.

O capitão pergunta: — Você pode me levar para vê-lo?

O chefe faz que sim e sinaliza para que dois membros da tribo o acompanhem. Eles guiam o capitão pela estrada que atravessa a mata até uma clínica médica simples e ampla. O lugar está equipado com camas limpas e tem uma equipe de pessoas treinadas. Eles mostram as prateleiras com remédios ao capitão e o apresentam à equipe. O capitão, embora impressionado, não vê nem sinal do padre Benjamin. Ele repete seu pedido. — Eu gostaria de ver o padre Benjamin. Vocês poderiam me levar até onde ele vive?

Os três nativos parecem confusos. Eles conferenciam entre si. Depois de alguns minutos, o chefe convida:

— Siga-nos até o outro lado da ilha.

Eles caminham pelo litoral até chegarem a uma sucessão de tanques de peixe. Canais ligam os tanques ao mar. Conforme a maré sobe, os peixes passam do oceano para os tanques. Então, os nativos abaixam os portões do canal e capturam os peixes.

Mais uma vez o capitão fica impressionado. Ele encontra pescadores e trabalhadores, gente tomando conta dos portões e lançando redes. Mas nem sinal do padre Benjamin. Ele se pergunta se está sendo claro.

— Não estou vendo o padre Benjamin. Por favor, levem-me até onde ele vive.

O trio conversa a sós outra vez. Após certo debate, o chefe oferece:

— Vamos subir a montanha. — Eles conduzem o capitão por um caminho íngreme e estreito. Depois de muito serpentear, o caminho os coloca diante de uma capela coberta de plantas. A voz do chefe é baixa e séria:

— Ele nos ensinou sobre Deus.

O chefe escolta o capitão até o interior da capela e lhe mostra o altar, uma grande cruz de madeira, várias fileiras de bancos e uma Bíblia.

— É aqui que vive o padre Benjamin? — pergunta o capitão.

Os homens assentem com a cabeça e sorriem.

— Posso falar com ele?

O rosto deles fica sério de repente. — Isso seria impossível.

— Por quê?

— Ele morreu há muitos anos.

O perplexo capitão fita os homens.

— Eu pedi para vê-lo e vocês me mostraram uma clínica, algumas fazendas de peixe e esta capela. Vocês não falaram nada sobre sua morte.

— Você não perguntou sobre sua morte — explica o chefe. — Você pediu para ver onde ele vive. E nós mostramos para você.

1

Nossa chance de ouro

Quando se deu conta do que acontecia, você já estava envolvido até o pescoço. Você engatinhou e balbuciou, rabiscou paredes e brincou de bola, choramingou e gargalhou durante a passagem das fraldas para a infância.

Você notou que os rapazes não são como as garotas, que os cães não são gatos e que pizza cai melhor que espinafre. E depois, em algum lugar no meio de tudo isso, você teve um estalo. Talvez no funeral do seu avô. Talvez quando acenou se despedindo do seu irmão mais velho que foi embora para a marinha. Você percebeu que esses dias são mais do que passeios regados a sorvete, lição de casa e espinhas. Isso se chama vida. E essa é a sua.

Cheia de verões, canções, céus nublados e lágrimas, você tem uma vida. Você não pediu, mas tem. Um primeiro dia. Um último dia. E milhares entre eles. A você foi dada uma vida humana.

A você foi dada a *sua* vida. Ninguém mais tem a sua versão. Você nunca vai dar de cara com você mesmo na calçada. Você nunca encontrará alguém que tenha a sua combinação exata de ascendências, amores e lembranças. Sua vida nunca será vivida por outra pessoa. Você não é uma jaqueta em um sótão que pode ser reciclada depois que você se for.

E quem pisou no acelerador? Assim que um dia é vivido, *voilà*, logo vem outro. O passado passou, e os bons velhos tempos são exatamente isso: velhos tempos, o que ocupa espelhos retrovisores e álbuns de recortes. A vida está correndo, e, se não ficarmos atentos, levantaremos os olhos e o nosso tiro de largada já terá passado por nós.

Algumas pessoas não perdem tempo com tais pensamentos. Elas passam pesadamente pelos dias sem levantar os olhos para enxergar. Vivem e morrem e nunca perguntam por quê.

Mas você não pertence ao grupo delas, ou não estaria segurando um livro cujo título é *Faça a vida valer a pena*. Para você, fazer bem não basta. Você quer fazer o melhor. Você quer que sua vida seja significativa. Você quer viver de uma maneira tal que o mundo ficará feliz por você ter existido.

Mas como você pode fazer isso? Como eu posso? Deus pode nos usar?

Tenho cento e vinte respostas para essa pergunta. Cento e vinte habitantes da antiga Israel. Eles foram os membros fundadores da igreja de Jerusalém (Atos 1:15). Pescadores, alguns. Representantes do fisco, outros. Uma ex-prostituta e um revolucionário convertido, ou dois. Não tinham influência com César, nem amigos na cúpula do templo. Verdade seja dita, não tinham nada mais do que isto: um desejo tremendo de mudar o mundo.

Graças a Lucas é que sabemos como eles se saíram. Lucas registrou as histórias no livro de Atos. Vamos ouvi-lo. Está certo: *ouvir* o livro de Atos, que crepita com os sons da obra de Deus se expandindo. Pressione a orelha contra as páginas e ouça Deus insistindo nos cantos e nas frestas do mundo.

Ouça os sermões ecoando fora dos muros do templo. As águas batismais respingando, as almas recém-salvas rindo. Ouça a colher raspando a tigela enquanto outra boca faminta é alimentada.

Ouça as portas se abrindo e os muros desmoronando. Portas para Antioquia, Etiópia, Corinto e Roma. Portas em palácios, prisões e nas cortes romanas.

E muros. O antigo preconceito entre judeus e samaritanos: derrubado! A divisão fincada e encravada entre judeus e gentios: quebrada! As separações que mantinham isolados os homens das mulheres, os donos de terra dos miseráveis, os senhores dos escravos, os africanos negros dos judeus mediterrâneos: Deus demoliu tudo isso.

Atos anuncia: — Deus está em ação!

— Ainda está? — nos perguntamos. — Deus faria conosco o que fez com seus primeiros seguidores?

O céu sabe que assim esperamos. Estes são tempos devastadores: 1,75 bilhão de pessoas são desesperadamente pobres,[1] um bilhão de famintos,[2] milhões são traficados como escravos e as doenças pandêmicas estão devastando nações inteiras. A cada ano, cerca de dois milhões de crianças são exploradas pelo comércio sexual no mundo todo.[3] E, nos cinco minutos que você levou para ler estas páginas, quase noventa crianças morreram de doenças evitáveis.[4] Mais de metade da população africana não tem acesso a instalações sanitárias modernas e, por consequência, todo ano dez milhões de pessoas morrem de diarreia, doença respiratória aguda, malária e sarampo. Muitas dessas mortes poderiam ser evitadas facilmente.[5]

No meio de toda essa ruína, aqui estamos, a versão moderna da igreja de Jerusalém. Você, eu e nossa vida única, nossa chance de ouro.

Somos a geração mais próspera de cristãos de todos os tempos. Somos brilhantes, educados e experientes. Podemos viajar pelo mundo em vinte e quatro horas ou enviar uma mensagem em milésimos de segundo. Temos a medicina mais sofisticada ao alcance das mãos. Temos amplos recursos. Meros 2% da produção total de grãos seriam suficientes, se divididos, para acabar com os problemas de fome e desnutrição do mundo.[6] Há comida suficiente no planeta para oferecer a todas as pessoas 2.500 calorias de alimentos por dia.[7] Temos bastante comida para alimentar os famintos.

E temos quartos suficientes para abrigar os órfãos. Vejamos os cálculos:

Existem 145 milhões de órfãos no mundo.[8] Cerca de 236 milhões de pessoas nos Estados Unidos se dizem cristãs.[9] De um ponto de vista puramente estatístico, os cristãos americanos sozinhos têm os recursos necessários para hospedar os órfãos do mundo todo.

Claro, muitas pessoas não estão em condição de fazer isso. São idosas, estão enfermas, desempregadas ou simplesmente não se sentem prontas para a adoção. Mas e se uma pequena porcentagem delas se dispusesse a adotar órfãos? Hummm, digamos 6%. Nesse caso, poderíamos oferecer lares acolhedores para mais de 14,1 milhões de crianças da África subsaariana que ficaram órfãs pela epidemia de AIDS.[10] Entre as causas nobres da igreja, como esta seria vista? "Cristãos americanos lutam pelos órfãos da AIDS." Essa manchete não seria bem-vinda?

Não pretendo simplificar demais essas questões tão complicadas. Não podemos simplesmente estalar os dedos e esperar que os grãos escoem através das fronteiras ou que os governos permitam adoções por estrangeiros. As políticas paralisam o melhor dos esforços. As relações internacionais são tensas. Os funcionários corruptos atrapalham os sistemas. Sei disso.

Mas uma coisa é clara: os silos estão abarrotados. O problema não está no fornecimento, mas, sim, na distribuição. Deus deu a esta geração, *a nossa geração*, tudo o que é necessário para alterar o curso do sofrimento humano.

Alguns anos atrás, três perguntas chacoalharam meu mundo. Elas vieram de pessoas diferentes no curto espaço de um mês. A primeira pergunta foi: se você fosse um cristão alemão durante a Segunda Guerra Mundial, teria se posicionado contra Hitler? A segunda foi: se vivesse no sul dos Estados Unidos durante o conflito pelos direitos civis, você teria se posicionado contra o racismo? E finalmente a terceira: quando seus netos descobrirem que você viveu em um tempo em que 1,75 bilhão de pessoas eram pobres e 1 bilhão passava fome, como irão julgar sua reação?

Não me preocupei com as duas primeiras perguntas, pois eram hipotéticas. Gosto de pensar que eu teria me posicionado contra Hitler e lutado contra o racismo. Mas esses dias já passaram e as escolhas não foram minhas. A terceira pergunta, porém, me tirou o sono. Eu vivo o hoje, assim como você. A nós foi dada uma escolha, a oportunidade de fazer uma diferença enorme durante um tempo difícil. E se fizéssemos de fato diferença? E se chacoalhássemos o mundo com esperança? Se infiltrássemos o amor e a vida de Deus em todos os cantos do mundo? E se seguíssemos o exemplo da igreja de Jerusalém? Esse grupo minúsculo se expandiu em uma força para mudar o mundo. Como fizeram isso? O que podemos aprender com as suas prioridades e paixões?

Vamos refletir sobre as histórias dessas pessoas, encontradas nos primeiros doze capítulos de Atos. Vamos examinar cada acontecimento pelas lentes desta oração: *Faça de novo, Jesus. Faça de novo.* Afinal, "foi Deus quem nos fez o que somos agora; em nossa união com Cristo Jesus, ele nos criou para que fizéssemos as boas obras que ele já havia preparado para nós" (Efésios 2:10, NTLH). Fomos criados por um Deus grande para fazer boas obras. Ele nos convida a fazer a vida valer a pena, não só no céu, mas aqui na terra.

Eis as minhas palavras de saudação para uma vida longa: bondade que sobreviva à sepultura, amor que sobreviva ao suspiro final. Que você viva de maneira tal que sua morte seja apenas o começo da sua vida.

Na verdade, Davi, no seu tempo, cumpriu os planos de Deus. Depois morreu, foi sepultado ao lado dos seus antepassados e apodreceu na sepultura.

(Atos 13:36, NTLH)

Ó, Senhor, que oportunidade maravilhosa você colocou diante de mim: uma chance de fazer a diferença para você em um mundo desesperadamente ferido. Ajude-me a ver os necessitados que você quer que eu veja, a reagir de maneira que o honre e a abençoar os outros ao servi-los de boa vontade com expressões práticas do seu amor. Ajude-me a ser as mãos e os pés de Jesus, e por seu Espírito dê-me a força e a sabedoria necessárias para que eu cumpra seu plano para mim em minha própria geração. Em nome de Jesus eu oro, amém.

2

Chamando João-Ninguém

[Vocês] serão minhas testemunhas em Jerusalém, em toda a Judeia e Samaria, e até os confins da terra.

Atos 1:8

À primeira vista, não parecem grande coisa. Ninguém jamais os acusou de serem superqualificados. De serem desajeitados, sim. De serem obstinados e de se esquecerem de algumas coisas, também. Mas chamá-los embaixadores? De líderes vanguardistas? De arautos da esperança?

Não exatamente.

O alto no canto: aquele é Pedro. A Galileia intensificou seu sotaque. As redes de pesca engrossaram suas mãos. A obstinação adensou seu cérebro. Suas maiores conquistas na vida até agora se relacionaram a nadadeiras e guelras. Estranho. O camarada que se levantou para conduzir a próxima grande obra de Deus sabe mais sobre peixes e barcos do que sobre cultura romana ou líderes egípcios.

E seus companheiros: André, Tiago, Bartolomeu. Nunca viajaram além de uma semana de caminhada de casa. Não estudaram os costumes da Ásia nem a cultura da Grécia. O passaporte deles não está gasto; o estilo deles não é sofisticado. Eles frequentaram a escola?

Na prática, o que os distingue? Humildade? Usaram de todos os meios para chegar a posições importantes. Conhecem teologia? Pedro disse a Jesus para esquecer-se da cruz. Sensibilidade? João quis pôr fogo nos gentios. Lealdade? Quando Jesus precisou de orações, eles cochilaram.

Quando Jesus foi preso, correram. Graças à covardia deles, Cristo teve mais inimigos do que amigos na sua execução.

Olhe para eles seis semanas após a morte de Jesus, apinhados no segundo andar de uma casa em Jerusalém, alvoroçados como se tivessem ganhado entradas para as finais da Copa do Mundo. Felizes, mas ainda surpresos. Imaginando o que, afinal, Jesus tinha em mente com sua incumbência última: "[Vocês] serão minhas testemunhas em Jerusalém, em toda a Judeia e Samaria, e até os confins da terra" (Atos 1:8).

Vocês, homens do campo, serão minhas testemunhas.

Vocês, pessoas incultas e simplórias, serão minhas testemunhas.

Vocês, que uma vez me chamaram de louco, que gritaram comigo no barco e que duvidaram de mim no cenáculo.

Vocês, temperamentais, meros lançadores de redes e coletores de impostos.

Vocês serão minhas testemunhas.

Vocês irão liderar um movimento que explodirá como um hidrante recém-aberto de Jerusalém até os confins da terra: nas ruas de Paris, nos distritos de Roma, nos portos de Atenas, Istambul, Xangai e Buenos Aires. Vocês farão parte de algo tão poderoso, controverso e vertiginoso que daqui a dois milênios um autor de meia-idade, sentado na fila da saída de emergência de um voo de Boston para Dallas, escreverá esta pergunta em seu *laptop*:

Jesus ainda faz isso?

Ele ainda usa gente simples como nós para mudar o mundo? Sofremos com tal mediocridade. O vizinho da direita cochila de boca aberta. A senhora grisalha perto dele usa fones de ouvido e chacoalha a cabeça de um lado para outro. (Acho que ouço Frank Sinatra.) Eles não têm auréolas nem asas. E, excetuando-se o reflexo da calvície do homem, não emitem luz.

A maioria não. Somos joões-ninguém. Gente comum. Sentamos na arquibancada, jantamos, trocamos fraldas e vestimos a camisa do nosso time favorito. Os fãs não acenam quando passamos. Os serviçais não correm quando chegamos em casa. Choferes não dirigem nossos carros; mordomos não abrem portas nem preparam nosso banho. O porteiro não nos recebe e os seguranças não nos protegem. Somos, como os discípulos de Jerusalém, gente comum.

Deus usa o João-Ninguém?

Edith diria que sim.

Edith Hayes tinha um cabelo branco ralo aos 80 anos, em um corpo magro de um metro e meio, e uma compaixão insaciável pelos pacientes de câncer do sul da Flórida. Eu tinha acabado de sair do seminário em 1979 e estava sentado em um escritório repleto de livros desempacotados quando ela entrou e se apresentou:

— Meu nome é Edith e ajudo pacientes de câncer. — Ela estendeu a mão. Eu ofereci uma cadeira, da qual ela declinou delicadamente.

— Estou com pressa. Você verá minha equipe aqui na igreja todas as terças-feiras pela manhã. Você será bem-vindo aqui, mas, se vier, nós o poremos para trabalhar.

Sua equipe, como vim a saber, era composta de umas cem mulheres de cabelos grisalhos que se ocupavam do cuidado nem um pouco glamuroso de ulcerações purulentas. Elas faziam das feridas de câncer sua missão, costurando juntas toneladas de curativos absorventes toda terça-feira, para depois entregá-los aos pacientes no decorrer da semana.

Edith alugava um apartamento em um beco, vivia da pensão do marido falecido, usava óculos cujas lentes aumentavam suas pupilas e se esquivava dos aplausos como se fossem fogo de artilharia. Ela teria combinado bem com Pedro e sua gangue.

Joe e Liz Page também se enquadrariam nesse grupo. O batalhão deles tinha um objetivo diferente: roupas para bebês prematuros. Transformaram uma das salas da nossa igreja em uma fábrica com costureiras voluntárias. Nunca me ocorrera a necessidade de um guarda-roupa para bebês do tamanho de bonecas, mesmo porque meus filhos não nasceram pesando pouco mais de um quilo. Joe e Liz garantem que tais bebês tenham algo para vestir, mesmo que seja para o próprio enterro.

Joe é aposentado do serviço militar. Liz já dera aulas. Ele tem problemas cardíacos. Ela tem deformidades no pé. Mas ambos têm uma chama no coração pelas crianças mais necessitadas.

O mesmo ocorre com Caleb. Aos 9 anos, ele joga basquete, se esquiva das garotas e quer que as crianças de El Salvador tenham água limpa para beber. Durante uma aula na escola dominical, o professor contou sobre a realidade de vida na paupérrima América Central. Por falta de água limpa para beber, todos os dias crianças morrem de doenças evitáveis. Caleb ficou chocado e entrou em ação. Pegou os vinte dólares que economizara para um videogame novo, doou-os para a causa e pediu que o pai fizesse o mesmo. Depois, Caleb desafiou toda a equipe do ministério infantil de sua igreja a seguir o seu exemplo. O resultado? Dinheiro suficiente para cavar dois poços em El Salvador.

Edith, Joe, Liz e Caleb são gente comum. Não levitam quando andam nem veem anjos quando oram. Não têm assento na ONU nem solução para o sofrimento em Darfur. Mas abraçam esta convicção: Deus não chama os qualificados. Ele qualifica os chamados. Não deixe Satanás convencê-lo do contrário. Ele tentará. Ele lhe dirá que Deus exige um QI ou uma taxa de entrada. Dirá que ele emprega apenas especialistas e peritos, governos e personalidades muito poderosas. Quando Satanás sussurrar tais mentiras, dispense-o com esta verdade: Deus debandou a sociedade do século I com jumentos de lombos arqueados, não com puros-sangues. Antes de Jesus vir, os discípulos eram caminhoneiros, varredores de rua e vendedores de picolés na praia. Usavam uniformes de operários e suas mãos eram calejadas, e não há nenhuma evidência de que Jesus os tenha escolhido porque fossem mais inteligentes ou mais bonitos do que o indivíduo ao lado. A única coisa que tiveram a seu favor foi a disposição de dar um passo quando Jesus disse: "Siga-me".

Você está mais para barquinho do que para navio de cruzeiro? Mais para figurante do que para estrela de cinema? Mais para encanador do que para executivo? Mais para macacão azul do que para sangue azul? Parabéns. Deus muda o mundo com gente como você.

Basta perguntar para as 22 pessoas que viajaram para Londres em uma manhã de outono de 2009 para agradecer a Nicholas Winton. Elas poderiam ter passado por um grupo de idosos de algum asilo fazendo turismo. Todos tinham 70 ou 80 anos. Muitos com cabelos grisalhos e passos mais atrapalhados do que lépidos.

Mas não era uma viagem de turismo. Era uma jornada de agradecimento. Vieram para agradecer o homem que salvou a vida deles: um centenário recurvado que os recebeu em uma plataforma de trem, assim como o fizera em 1939.

Na época, ele tinha 29 anos e era corretor na bolsa de valores. As tropas de Hitler devastavam a Tchecoslováquia, separando as famílias judias e encaminhando os pais para os campos de concentração. Ninguém estava cuidando das crianças. Winton tomou conhecimento desse problema e resolveu ajudá-las. Aproveitou as férias e viajou para Praga, onde encontrou pais que, por incrível que pareça, estavam dispostos a confiar o futuro dos filhos a seus cuidados. Após retornar à Inglaterra, Winton trabalhou em seu emprego na bolsa durante o dia e intercedeu pelas crianças à noite. Ele convenceu a Grã-Bretanha a permitir a entrada delas. Encontrou lares para a adoção e angariou fundos. Depois, programou o primeiro transporte para 14 de março de 1939, e realizou outros sete no decorrer dos cinco meses seguintes. O último comboio chegou em 2 de agosto, perfazendo o total de 669 crianças resgatadas.

Em 1º de setembro, aconteceu o maior transporte de todos, mas Hitler invadiu a Polônia e a Alemanha fechou suas fronteiras para a Europa. Nenhuma das 250 crianças daquele trem jamais foi vista novamente.

Passada a guerra, Winton não contou a ninguém sobre seus esforços de resgate, nem à própria mulher. Em 1988, ela encontrou um álbum no sótão com fotos de todas as crianças e uma lista completa de nomes. E o incentivou a contar a história. Quando ele contou, as crianças resgatadas voltaram para agradecer. O grupo resgatado inclui um diretor de cinema, um jornalista canadense, um correspondente de notícias, um ex-ministro do gabinete britânico, um executivo do ramo de revistas e um dos fundadores da Força Aérea de Israel. São umas sete mil pessoas, entre filhos, netos e bisnetos, que devem sua existência à bravura de Winton. Ele usa um anel que lhe foi dado por alguma das crianças que salvou. Tem um verso do Talmud, o livro da lei judaica, que diz: "Salve uma vida. Salve o mundo".[1]

Mais uma pra botar na conta de sujeitos comuns.

Irmãos, pensem no que vocês eram quando foram chamados. Poucos eram sábios segundo os padrões humanos; poucos eram poderosos; poucos eram de nobre nascimento. Mas Deus escolheu as coisas loucas do mundo para envergonhar os sábios, e escolheu as coisas fracas do mundo para envergonhar as fortes.

(1 Coríntios 1:26,27)

Pai amado, você me fez e sabe muito bem que não sou nada além de pó. Apesar disso, você me chamou para o seu reino, para servi-lo neste lugar específico, neste tempo específico, com um propósito muito específico. Apesar da minha mediocridade, eu pertenço a você. E você é tudo menos medíocre! Ajude-me a espalhar sua graça e sua compaixão sobre os outros para que eles também possam experimentar a riqueza do seu amor. Através de mim, Pai, mostre aos outros como você pode usar uma vida ordinária para trazer bênçãos extraordinárias ao mundo. Em nome de Jesus eu oro, amém.

3

Deixe Deus tirá-lo da sua concha

Nós os ouvimos declarar as maravilhas de Deus em nossa própria língua!

Atos 2:11

Posso lhe mostrar a minha concha nova? Acabou de chegar. A velha estava gasta demais. Você sabe como elas ficam gastas. Finas como as paredes de um motel barato. A minha estava tão lascada que eu consiga ver perfeitamente através dela. E o barulho? Ela já não conseguia nem bloquear o som de um chorinho de bebê.

Então, comprei este modelo novo. Remessa especial. Feita sob medida. *Top* de linha. Posso ficar de pé dentro dela. Sentar dentro dela. Dormir, se quiser. Vá em frente, dê uma olhada. Está vendo a prateleira que levanta e abaixa à esquerda? Porta-copo! Experimente os fones de ouvido. Como se o isolamento da concha não fosse suficiente, posso aumentar a música e desligar o mundo. Tudo o que preciso fazer é entrar, puxar a maçaneta ali em cima e fechar.

Melhor que armadura, grossa como um tanque de guerra. Pense nela como um *bunker* para a alma. Nela, o mundo não tem famintos nem órfãos. E pobreza? Esta concha vem de fábrica revestida com um filtro para a tristeza. Racismo? Injustiça? Ricocheteiam na minha concha como a chuva no casco da tartaruga.

Vou lhe contar como essa proteção é boa. Hoje de manhã, fui a uma loja de conveniência tomar um café e comprar jornal. Estava esperando na fila do caixa, pensando com meus botões, quando reparei que o colega da frente estava pagando com cupons de auxílio-alimentação.[1] Ele usava um boné de beisebol, uma bermuda cargo e chinelos, e tinha três crianças ao redor dos joelhos. Perto o suficiente para detectar seu sotaque pesado, classifiquei-o como imigrante. Geralmente, consigo dar uma risadinha falsa e deixar essas pessoas de lado tão rapidamente quanto você consegue dizer: "Um fardo para a sociedade". Mas essa família começou a mexer comigo. As menininhas eram um doce, com a pele da cor de leite achocolatado e olhos amendoados. Uma delas sorriu para mim. Antes que eu pudesse reagir, sorri para ela.

Nessa hora, o caixa balançou a cabeça e devolveu os cupons. Aparentemente o valor não era suficiente para pagar a compra. O pai lhe dirigiu um olhar perplexo. Foi quando a coisa me atingiu. *Eu posso ajudá-lo.* Mal sabia eu que uma nuvem de bondade em vapor tinha invadido a loja. Meu corpo começou a reagir. Um nó se formou na minha garganta. Uma lagoa de lágrimas no canto dos olhos. Comecei a experimentar uma sensação no peito: *cordis gelatinosus*, mais conhecido como coração mole.

Então, vieram os reflexos involuntários. A mão esquerda se ergueu indicando minha disposição. A outra revolveu meu bolso em busca de dinheiro. E aí eu caí em mim e percebi o que estava acontecendo. Eu estava tendo um ataque de compaixão. Imediatamente ergui a tampa da minha concha e me enfiei dentro. Reparei que outros clientes já tinham se protegido. Escapei por pouco. O que faríamos sem as nossas conchas?

Não sei o que faria sem a minha. Quando os noticiários descrevem os refugiados afegãos, é para a minha concha que eu vou. Quando um mendigo aparece com um cartaz de papelão, eu simplesmente fecho a tampa. Quando os missionários relatam as multidões de almas perdidas e solitárias, me enfio nela. Nossa, justamente na semana passada, alguém me contou sobre regiões do planeta que não têm água limpa. Sem a minha concha para me proteger, quem sabe o que eu teria feito? Eu podia ter feito um cheque!

Esse é um escudo perfeito. Você provavelmente tem o seu. A maioria das pessoas aprendeu a se isolar da dor do doente. Não aprendemos? Não *tivemos* de aprender? Afinal, o que podemos fazer em relação à fome no Sudão, ao problema do desemprego ou a uma pandemia de malária?

Conchas. Nós as ganhamos honestamente. Não pretendemos fugir do mundo nem enfiar a cabeça em um buraco. Queremos ajudar. Mas os problemas são imensos (Você disse um bilhão de pobres?), complexos (Quando a ajuda acaba machucando?) e intensos (Já tenho problemas suficientes.).

É verdade. Nós temos nossos próprios problemas. Casamentos em frangalhos, ambições efêmeras, contas bancárias em declínio e corações inflexíveis. Como podemos mudar o mundo se não conseguimos nem mudar nossos maus hábitos? Não temos o que é preciso para resolver esses problemas. Melhor nos enfiarmos na concha e fecharmos a tampa, certo?

Você teria tido tempos difíceis vendendo essa estratégia para a igreja de Jerusalém. Sobretudo depois que Deus tirou a concha deles no dia de Pentecoste.

O Pentecoste era o dia mais atarefado do ano em Jerusalém, um dos três dias de festa em que todos os homens judeus, em algum momento da vida, eram convocados a comparecer na cidade. Eles vinham da Europa, da Ásia e da África. É difícil saber a população das cidades de antigamente, mas alguns sugerem que durante essa temporada a população de Jerusalém pulava de 100 mil para 1 milhão de habitantes.[1] As ruas estreitas ficavam apinhadas de pessoas de todas as tonalidades de pele, do ébano dos etíopes à cor de oliva dos romanos. Uma dúzia de dialetos ricocheteava pelos muros de pedra, e o tesouro do templo transbordava de moedas e notas.

Depois, havia os habitantes locais. O açougueiro e sua carne. O cardador de lã e seu tear. O sapateiro martelando as sandálias. O alfaiate manejando a agulha. Sacerdotes com túnicas brancas e mendigos vestidos de trapos. Todos os elementos da humanidade se comprimiam nos 120 hectares da cidade de Davi.[2]

E, em algum lugar em meio a tudo isso, os seguidores de Jesus estavam reunidos em oração. "Chegando o dia de Pentecoste, estavam todos reunidos num só lugar" (Atos 2:1). Esta é a apresentação inicial da igreja. Considere o local onde Deus colocou suas pessoas. Não isoladas em um deserto nem aquarteladas em um *bunker*. Não separadas da sociedade, mas diretamente no centro dela, no coração de uma das maiores cidades em seu dia mais atarefado. E então, uma vez que ele os tinha onde precisava deles...

De repente veio do céu um som, como de um vento muito forte, e encheu toda a casa na qual estavam assentados. E viram o que parecia línguas de fogo, que se separaram e pousaram sobre cada um deles. Todos ficaram cheios do Espírito Santo e começaram a falar noutras línguas, conforme o Espírito os capacitava (Atos 2:2-4).

O Espírito Santo pousou sobre eles *de repente*. Não como o esperado, como o previsto ou como de costume, mas de repente. Bem-vindo ao mundo de Atos e ao "repentino" Espírito de Deus, soberano e livre, nunca subordinado ao momento certo ou ao processo operacional. Ele cria sua própria agenda, determina seu próprio calendário e cumpre seu próprio horário.

Fogo e vento agora. Casa sacudindo depois. Visitando os samaritanos após o batismo com água. Caindo sobre os gentios em face do batismo com água. E aqui, rugindo como um tornado por Jerusalém. "[O som] encheu toda a casa" (Atos 2:2) e se espalhou pelas ruas. O som sibilante, impetuoso e explosivo de um vento.

O Espírito veio primeiro como vento, depois parecendo como línguas de fogo, que "pousaram sobre cada um deles" (Atos 2:3). Não era uma tocha sobre a sala inteira, mas línguas de fogo pairando sobre cada pessoa.

E então a coisa mais inesperada aconteceu.

[Eles] começaram a falar noutras línguas, conforme o Espírito os capacitava.

Havia em Jerusalém judeus, tementes a Deus, vindos de todas as nações do mundo. Ouvindo-se o som, ajuntou-se uma multidão que ficou perplexa, pois cada um os ouvia falar em sua própria língua. Atônitos e maravilhados, eles perguntavam: "Acaso não são galileus todos estes homens que estão falando? Então, como os ouvimos, cada um de nós, em nossa própria língua materna? Partos, medos e elamitas; habitantes da Mesopotâmia, Judeia e Capadócia, do Ponto e da província da Ásia, Frígia e Panfília, Egito e das partes da Líbia próximas a Cirene; visitantes vindos de Roma, tanto judeus como convertidos ao judaísmo; cretenses e árabes. Nós os ouvimos declarar as maravilhas de Deus em nossa própria língua!" Atônitos e perplexos, todos perguntavam uns aos outros: "Que significa isto?" (Atos 2:4-12)

Considerado como um fenômeno. Imagine um centro cosmopolita como a cidade de Nova York. A Quinta Avenida cheia de homens de negócios, trabalhadores e turistas de todas as partes do mundo. De manhã cedo, enquanto a multidão pulsa rumo ao trabalho, o som de um vento abala o bulevar. O rugido é tão vigoroso e robusto que as pessoas interrompem de repente suas trajetórias como se esperassem ver um trem em chamas descendo a avenida. Os motoristas de táxis e de ônibus freiam. O silêncio cai sobre a cidade para ser interrompido apenas pelas vozes de um grupo reunido no Central Park. Cento e vinte pessoas falando, cada uma debaixo de uma labareda diferente, cada uma proclamando a bondade de Deus em uma língua diferente. As testemunhas ouvem em sua língua natal. José, da Espanha, ouve sobre a misericórdia de Deus em espanhol. Mako, do Japão, ouve uma mensagem em japonês. O grupo das Filipinas entende o que é dito em tagalo. Eles ouvem diferentes línguas, mas uma só mensagem: as maravilhas de Deus.

Ah, como eu queria ter presenciado esse momento em Jerusalém! André descrevendo a graça de Deus em egípcio. Tomé explicando o amor de Deus aos romanos. Bartolomeu citando o salmo 23 aos cretenses. João relatando a história da ressurreição aos capadócios.

Entre o povo, alguns foram sarcásticos, acusando os discípulos de embriaguez já nas primeiras horas da manhã. Mas outros ficaram atônitos e perguntaram: "Que significa isto?" (Atos 2:12).

Boa pergunta. Cidade abarrotada. Seguidores devotos. Vento soprando e fogo caindo. Quinze nações representadas em uma assembleia. Discípulos falando como os experientes tradutores das Nações Unidas. O que significa?

No mínimo isto: Deus ama as nações. Ele ama os iraquianos. Os somalis. Os israelenses. Os neozelandeses. Os hondurenhos. Ele tem uma paixão incandescente por recolher seus filhos de cada selva, bairro, vila e cortiço. "*Toda a terra* se encherá da glória do Senhor" (Números 14:21, ARA). Durante os dias de Josué, Deus trouxe seu povo para Canaã "para que *todos os povos da terra* saibam que a mão do Senhor é poderosa" (Josué 4:24). Davi nos ordenou: "Cantem ao Senhor, *todos os habitantes da terra*! [...] Anunciem a sua glória entre as nações, seus feitos maravilhosos entre *todos os povos*!" (Salmo 96:1,3). Deus nos falou por intermédio de Isaías: "Farei de você uma luz para os gentios, para que você leve a minha salvação até os *confins da terra*" (Isaías 49:6). Sua visão para o fim da história inclui "homens de *toda* tribo, língua, povo e nação" (Apocalipse 5:9).

Deus anseia proclamar sua grandeza em todas as 6.909 línguas que existem hoje no mundo.[3] Ele ama as subculturas: os ciganos da Turquia, os *hippies* da Califórnia, os caubóis e os trabalhadores rurais dos confins do Texas. Ele tem compaixão para com ciclistas e pedestres, ambientalistas e acadêmicos. Mães solteiras. Executivos de terno. Ele ama todos os grupos de pessoas e as equipa para serem a sua voz. Ele comissiona galileus, nebraskianos, brasileiros e coreanos comuns a falar as línguas das pessoas do mundo. Ele nos ensina o vocabulário de terras distantes, o dialeto de vizinhos desanimados, o vernáculo do coração desolado e o idioma do jovem estudante. Deus dota seus seguidores para cruzar as culturas e tocar os corações.

O Pentecoste faz esta promessa: se você estiver em Cristo, o Espírito de Deus falará por seu intermédio.

Deixe Deus tirar você da sua concha. E, quando ele o fizer, "examine os próprios atos, e então poderá orgulhar-se de si mesmo" (Gálatas 6:4). Não perca a oportunidade de descobrir a sua língua.

Com quem você se sente mais fluente? Adolescentes? Viciados em drogas? Com idosos? Você pode ser tímido com crianças, mas eloquente com executivos. Foi dessa forma que Deus planejou você. "Portanto, usemos os nossos diferentes dons de acordo com a graça que Deus nos deu" (Romanos 12:6, NTLH).

Por quem você sente mais compaixão? Deus não nos dá fardos iguais.[4] "O Senhor Deus olha do céu e vê toda a humanidade. [...] *É Deus quem forma a mente deles* e quem sabe tudo o que fazem" (Salmo 33:13,15, NTLH). Em que situação o seu coração aperta e bate apressado? Quando você identifica um desabrigado? Quando percorre as ruas da periferia? Ou quando vê as vítimas do tráfico sexual no Camboja? Essa foi a tragédia que partiu o coração de três mulheres americanas.

Ernstena é mulher de pastor. Clara é uma mulher de negócios. Jo Anne tinha acabado de iniciar uma pequena organização de ajuda humanitária. Elas viajaram ao Camboja para incentivar Jim-Lo, um amigo missionário. Ele as levou a uma parte da cidade onde o tráfico sexual corre solto. Umas quinze mil garotas aproximadamente estavam à venda. Até aquele momento, mais de cem mil jovens do Camboja tinham sido vendidas como escravas sexuais. Jo Anne, Clara, Ernstena e Jim-Lo olharam no rosto de adolescentes, e até mesmo pré-adolescentes, e puderam ver uma história devastadora em todos. Eles começaram a tirar fotos até que os vendedores ameaçaram tomar as câmeras. Os cristãos não tinham ideia do que fazer a não ser orar.

A avenida cheia de sementes se transformou no cenáculo deles. *Senhor, o que você quer que façamos? Isso é devastador demais.* Eles choraram.

Deus ouviu suas orações e lhes deu instrumentos. Ao retornar aos Estados Unidos, Jo Anne escreveu um artigo sobre a experiência, o qual levou um leitor a doar uma grande quantia em dinheiro. Com esse presente, as mulheres constituíram um ministério antitráfico junto a uma ONG internacional[1] e ofereceram abrigo para as jovens que foram resgatadas ou que escaparam de bordéis e pontos de venda. Em apenas três anos, quatrocentas crianças, entre 2 e 15 anos, foram resgatadas.

Quando patrocinou um evento chamado "The Salute to the 21st Century Abolitionists" [Saudação aos abolicionistas do século XXI], o Departamento de Estado americano homenageou aquela ONG. Até pediram para uma das mulheres oferecer uma oração. A oração que começou em uma rua do Camboja continuou na presença de alguns dos mais influentes funcionários públicos do mundÉ maravilhoso o que acontece quando saímos da nossa concha.

[Deus] nos auxilia em todas as nossas aflições para podermos ajudar os que têm as mesmas aflições que nós temos. E nós damos aos outros a mesma ajuda que recebemos de Deus.

(2 Coríntios 1:4, NTLH)

Pai gracioso, sou profundamente grato por você tomar a iniciativa de me estender a mão, apesar do meu pecado e do meu egoísmo, para me trazer a seu reino eterno, realizando a obra de Cristo. Não posso compreender tamanho amor! Ainda assim, Pai, admito que muitas vezes tento me apropriar da sua graça, erguendo paredes que poderiam me manter protegido e abençoado. Confesso que sou como o marisco que se fecha em sua concha, com medo das ameaças externas. Senhor, reconheço que você me convida a arrancar minha concha e participar com você em sua missão de amor. Tire-me da minha concha, Senhor, para que eu também possa estender a mão a esse mundo desolado, desanimado e sem esperança. Em nome de Jesus eu oro, amém.

4

Não esqueça o pão

[...] Para que os seus pecados sejam perdoados,
e vocês receberão de Deus o Espírito Santo.
Pois essa promessa é para vocês.

Atos 2:38,39 (NTLH)

Denalyn ligou quando eu estava indo para casa um dia desses.

—Você pode parar no mercado e comprar pão?

— Claro.

— Preciso lhe dizer onde encontrá-lo?

—Você está brincando? Nasci com um sistema de rastreamento de prateleiras de pão.

— Basta se concentrar, Max.

Ela estava nervosa. Com razão. Eu sou um terror no supermercado. Uma vez, minha mãe me mandou comprar pão e queijo; eu trouxe pão de queijo. Eu confundo o tubo de creme de barbear com o de creme dental. Eu achava que a prateleira "Express" era um lugar para expressar a sua opinião. Sou membro fundador do Esquadrão dos Maridos Patetas em Compras. Identifico-me com aquele camarada que chegou em casa trazendo uma caixa de ovos, dois pacotes de farinha, três caixas de mistura para bolo, quatro pacotes de açúcar e cinco latas de cobertura para bolo. A mulher dele olhou as sacolas do supermercado e se lamentou:

— Eu não devia ter numerado a lista...

Assim, sabendo que Denalyn estava contando comigo, estacionei o carro no mercado e entrei porta adentro. No caminho da prateleira de pão, parei no meu cereal favorito e peguei uma caixa, o que me fez pensar se precisávamos de leite. Peguei logo uma embalagem de quatro litros na seção de laticínios. O leite frio me suscitou imagens de um dos maiores presentes de Deus para a humanidade: biscoitos Oreo. O banquete celestial consistirá de mesas e mesas de biscoitos Oreo e leite. Passaremos a eternidade mergulhando os biscoitos no leite e mastigando ruidosamente até... Bom, chega disso.

Peguei um pacote de biscoitos, que passou a ocupar o mesmo corredor das batatas *chips* sabor churrasco. Que mundo maravilhoso é este: biscoitos e batatas *chips* sob o mesmo teto! A caminho do caixa, parei na seção de sorvetes. Em poucos minutos tinha enchido o cesto com todos os itens essenciais para uma vida feliz e realizada. Paguei e fui para casa.

Denalyn olhou as compras e depois olhou para mim. Você consegue adivinhar o que ela perguntou? Todos juntos agora:

— Cadê o pão?

Voltei ao mercado.

Esqueci o item principal. A única coisa que tinha ido comprar. O único produto essencial. Esqueci o pão.

Poderíamos cometer o mesmo erro em uma esfera mais crítica? Em um esforço para fazer o bem, podemos acabar nos distraindo. Nós alimentamos as pessoas. Nós incentivamos, curamos, ajudamos e servimos. Discursamos sobre questões raciais e pobreza. Mas ainda há um dever que temos de cumprir. Não podemos esquecer o pão.

Pedro não esqueceu.

Homens de Israel, escutem o que eu vou dizer. Deus mostrou a vocês que Jesus de Nazaré era um homem aprovado por ele. Pois, por meio de Jesus, Deus fez milagres, maravilhas e coisas extraordinárias no meio de vocês, como vocês sabem muito bem. Deus, por sua própria vontade e sabedoria, já havia resolvido que Jesus seria entregue nas mãos de vocês. E vocês mesmos o mataram por mãos de homens maus, que o crucificaram. Mas Deus ressuscitou Jesus, livrando-o do poder da morte, porque não era possível que a morte o dominasse (Atos 2:22-24, NTLH).

Pedro estava respondendo à pergunta das pessoas: "Que significa isto?" (Atos 2:12). O som do vento soprando, as imagens do fogo, a repentina habilidade linguística dos discípulos... O que poderiam significar esses eventos? Ele se levantou na praça cheia de gente e prosseguiu apresentando Jesus à multidão. Certamente os jerosolimitas tinham ouvido falar de Jesus. Ele fora o sujeito de um julgamento e de uma execução que virou notícia sete semanas antes. Mas aquelas pessoas *conheciam* Jesus? Em rápida sucessão, Pedro discorreu sobre o aval de Deus para com Cristo.

1. "Por meio de Jesus, Deus fez milagres, maravilhas e coisas extraordinárias no meio de vocês" (Atos 2:22, NTLH).
   Os milagres de Jesus eram a prova de sua divindade. Quando ele curou corpos doentes e alimentou barrigas famintas, quando ele deu ordem às ondas tão casualmente quanto um general de quatro estrelas se dirige a um soldado, quando ele chamou à vida o corpo morto de Lázaro e restituiu a visão aos olhos do cego, esses milagres eram o aval de Deus. Deus deu a Jesus seu carimbo de aprovação.
2. Então Deus o entregou à morte. "[Deus] já havia resolvido que Jesus seria entregue nas mãos de vocês. E vocês mesmos o mataram por mãos de homens maus, que o crucificaram" (Atos 2:23, NTLH).
   Deus considerou Cristo merecedor de sua missão mais importante: servir como um sacrifício pela humanidade. Ninguém mais poderia fazer isso. Como um pecador poderia morrer pelos pecadores? Impossível. O Cordeiro de Deus tinha de ser perfeito, sem manchas e sem pecados. Quando os romanos pregaram Jesus na cruz, Deus o estava escolhendo como o único ser sem pecado que já esteve na face da terra, a única pessoa qualificada a levar "em seu corpo os nossos pecados" (1 Pedro 2:24). A cruz, um instrumento de humilhação, foi, na verdade, um distintivo de honra, um distintivo concedido uma única vez, para um único homem, Jesus de Nazaré. Mas Deus não deixou Jesus na tumba.

3. "Deus ressuscitou Jesus, livrando-o do poder da morte, porque não era possível que a morte o dominasse" (Atos 2:24, NTLH). No fundo do sepulcro escuro de José de Arimateia, atrás da rocha protegida e lacrada dos romanos, entre os corpos adormecidos e as sepulturas silenciosas dos judeus, Deus fez sua maior obra. Ele se dirigiu ao corpo morto do seu Filho encarnado. Com os demônios do inferno e os anjos do céu observando, ele ordenou que a Rosa de Sarom erguesse a sua cabeça, que o Leão de Judá mostrasse suas garras, que a Estrela Reluzente da Manhã brilhasse mais intensamente a sua luz, que Alfa e Ômega fossem o começo da vida e o fim da sepultura. "Deus o ressuscitou dos mortos, rompendo os laços da morte, porque era impossível que a morte o retivesse" (Atos 2:24).

Vejo Pedro fazendo uma pausa nesse ponto do sermão. Posso ouvir as palavras ecoando pelas pedras de Jerusalém. "Era impossível que a morte o retivesse... retivesse... retivesse." E, então, por alguns segundos, um silêncio total. Pedro para e busca os rostos, seus olhos negros provocando alguém a desafiar sua asserção. Um sacerdote, um soldado, um cético, alguém, ninguém para questionar suas palavras. "Você é insano, Simão. Venha, deixe-me levar você à tumba de José de Arimateia. Vamos remover a pedra e desembrulhar o corpo em decomposição de Jesus e pôr um fim nesse absurdo de uma vez por todas."

Que oportunidade para alguém destruir o cristianismo em sua infância! Mas ninguém desafiou Pedro. Nenhum fariseu o contestou. Nenhum soldado protestou. Ninguém falou, porque ninguém tinha o corpo. Corria a palavra de que a Palavra já não estava mais ali.

As pessoas começaram a perceber o engano. A gravidade do crime caiu sobre elas como um canto fúnebre. Deus veio ao mundo delas, e elas o mataram. Este foi o golpe do sermão de Pedro:

— *Vocês mataram Deus*. Deus provou... a vocês... Todos vocês sabem disso... E vocês mesmos o mataram por mãos de homens maus. — Vocês. Vocês. Vocês. Em três ocasiões Pedro apontou um dedo verbal, se não físico, para a multidão.

A pergunta do momento mudou. "Que significa isto?" (uma pergunta racional) se transformou em "Que faremos?" (uma pergunta emocional). "Irmãos, que faremos?" (Atos 2:37).

Eles se inclinaram para ouvir a resposta de Pedro. Pois muita coisa estava em jogo. E se ele dissesse: "É tarde demais"? Ou: "Vocês tiveram sua chance"? Ou: "Vocês deveriam ter ouvido da primeira vez"?

Pedro, certamente com os braços estendidos e os olhos marejados, fez este convite:

Arrependam-se, e cada um de vocês seja batizado em nome de Jesus Cristo para que os seus pecados sejam perdoados, e vocês receberão de Deus o Espírito Santo. Pois essa promessa é para vocês, para os seus filhos e para todos os que estão longe, isto é, para todos aqueles que o Senhor, nosso Deus, chamar (Atos 2:38,39, NTLH).

No devido tempo, Pedro falaria sobre a pobreza. Em breve, a igreja discorreria sobre a questão das viúvas, da doença e da intolerância. Mas ainda não. A primeira ordem do primeiro sermão da igreja foi esta: perdão por todos os nossos pecados. Pedro entregou o pão.

Será que posso fazer o mesmo? Antes de virarmos a próxima página da história dos Atos, você consideraria a oferta de Jesus? "Eu sou o pão da vida. Aquele que vem a mim nunca terá fome" (João 6:35).

O processo que vai do grão ao pão exige esforço. A semente precisa ser plantada para poder crescer. Quando o grão está maduro, deve ser cortado e moído para virar farinha. Antes de poder se transformar em pão, ele deve passar pelo forno. O pão é o resultado final do plantio, da colheita e do cozimento.

Jesus experimentou um processo idêntico. Ele nasceu neste mundo. Foi cortado, ferido e açoitado na eira do Calvário. Experimentou o ímpeto da ira de Deus, por nossa causa. "Cristo sofreu pelos pecados uma vez por todas, o justo pelos injustos, para conduzir-nos a Deus" (1 Pedro 3:18).

Pão da Vida? Jesus faz jus ao título. Mas um pão que não é repartido não faz bem a pessoa alguma. Você recebeu o pão? Você recebeu o perdão de Deus?

Nós valorizamos o perdão, certo? Fiquei pensando sobre o perdão em uma tarde dessas enquanto estava em uma estrada no sul do Texas com subidas e curvas, cheia de voltas e ângulos. Conheço-a bem. Agora conheço o guarda rodoviário que a patrulha.

E ele agora me conhece e pediu a minha carteira de habilitação.

— Por que seu nome me parece familiar? Você não é ministro aqui em San Antonio?

— Sim, senhor.

— Você está a caminho de um enterro?

— Não.

— Uma emergência?

— Não.

— Você está indo rápido demais.

— Eu sei.

— Vou lhe dizer o que farei. Vou lhe dar uma segunda chance.

Suspirei. — Obrigado. E agradeço também por me dar a ideia para um sermão sobre perdão.

Deus coloca seus sinais de trânsito em todo lugar que olhamos: no universo, nas Escrituras, até mesmo no nosso coração. Ainda assim persistimos em não prestar atenção em suas orientações. Mas Deus não nos dá o que merecemos. Ele nos embebeu em seu mundo de graça. Mundo que não tem fim, que não conhece limites, que ocupa esta vida e nos capacita a viver a próxima. Deus oferece segundas chances, como uma cozinha comunitária oferece alimento a todos que pedirem.

E isso inclui você. Assegure-se de receber o pão.

E, recebendo, passe-o adiante. Afinal, se não o fizermos, quem o fará? Os governos não alimentam as almas. Os abrigos de assistência seculares podem dar uma cama, alimento e conselhos valiosos. Mas nós podemos dar muito mais. Não só ajuda para esta vida, mas esperança para a próxima.

Arrependam-se, e cada um de vocês seja batizado em nome de Jesus Cristo para que os seus pecados sejam perdoados, e vocês receberão de Deus o Espírito Santo. Pois essa promessa é para vocês, para os seus filhos e para todos os que estão longe, isto é, para todos aqueles que o Senhor, nosso Deus, chamar (Atos 2:38,39, NTLH).

Assim, juntamente com copos de água, pratos de comida e frascos de medicamentos, sejamos aqui a mensagem de pecados perdoados e de morte derrotada.

Lembre-se do pão.

Deus em Cristo estava reconciliando consigo o mundo, não levando em conta os pecados dos homens, e nos confiou a mensagem da reconciliação. Portanto, somos embaixadores de Cristo, como se Deus estivesse fazendo o seu apelo por nosso intermédio. Por amor a Cristo lhes suplicamos: Reconciliem-se com Deus. Deus tornou pecado por nós aquele que não tinha pecado, para que nele nos tornássemos justiça de Deus.

(2 Coríntios 5:19-21)

Meu Salvador e Senhor abençoado, eu o louvo por me dar irrestritamente o Pão da Vida, embora só mereça as migalhas da morte. Em seu amor, você substituiu a minha escuridão por sua luz, meu medo por sua segurança e meu desespero por sua esperança. Faça-me lembrar todos os dias, Pai, que o Pão da Vida que tenho em Jesus vem a mim por sua graça e por meio do seu amor, e que alegra seu coração generoso quando digo às pessoas onde podem encontrar e partilhar desse mesmo Pão maravilhoso. Torne-me, eu oro, um embaixador sequioso de Jesus Cristo. Transforme meu medo em ousadia, para que as ruas do paraíso possam ficar cheias de homens e mulheres que amam o Salvador, em parte porque primeiro ouviram falar de sua graça e misericórdia por intermédio dos meus lábios. Em nome de Jesus eu oro, amém.

5

Trabalhe em grupo

Os que criam mantinham-se unidos e
tinham tudo em comum.

ATOS 2:44

Em 1976, os tremores de terra devastaram a região montanhosa da Guatemala. Milhares de pessoas morreram e dezenas de milhares ficaram desabrigadas. Um filantropo se ofereceu para patrocinar uma equipe humanitária da nossa faculdade. Havia um cartaz em nosso dormitório que dizia: "Precisa-se de estudantes dispostos a passar o recesso de primavera construindo casas em Quetzaltenango". Eu me ofereci, fui aceito e comecei a frequentar as aulas de orientação.

No total, éramos doze. A maioria estudava para ser ministro. Todos, ao que parecia, amavam discutir teologia. Éramos jovens o suficiente em nossa fé para acreditar que sabíamos todas as respostas, o que contribuiu para discussões acaloradas. Debatemos um punhado de temas controversos. Não consigo me lembrar da lista. Provavelmente incluía os suspeitos de sempre: dons carismáticos, fim dos tempos, estilos de culto e estratégia para as igrejas. Até chegarmos à Guatemala, tínhamos abrangido todas as controvérsias e revelado o nosso verdadeiro caráter. Eu diferenciava os fiéis dos infiéis, os saudáveis dos heréticos. Sabia quem estava dentro e quem estava fora.

Mas tudo isso foi logo esquecido. A destruição do terremoto minimizou as nossas diferenças. Aldeias inteiras tinham sido destruídas. Crianças perambulavam pelos escombros. Filas e filas de feridos esperavam a atenção dos médicos. De repente, as nossas opiniões pareciam insignificantes. O desastre exigia o trabalho em equipe, e o desafio formou essa equipe.

A tarefa transformou rivais em parceiros. Lembro-me de um companheiro em particular. Tínhamos, ele e eu, opiniões claramente diferentes em relação aos estilos de música de louvor. Eu — a mente aberta, o pensador importante — defendia a música contemporânea, dinâmica e de alto-astral. Ele — o enfadonho e retrógrado homem das cavernas — preferia os hinos e os hinários. Mas, enquanto os tijolos das casas eram amontoados, adivinhe quem trabalhava ombro a ombro? E começamos a cantar juntos durante o trabalho. Cantamos músicas novas e antigas, lentas e rápidas. Só mais tarde é que a ironia se aclarou para mim. A nossa preocupação comum nos deu uma música comum.

Esse era o plano de Jesus desde o começo. Nenhum de nós pode fazer o que todos nós podemos fazer. Lembra-se da incumbência aos discípulos? "[Vocês (todos vocês, em grupo)] serão minhas testemunhas" (Atos 1:8). Jesus não distribuiu tarefas individuais. Não pôs um a um em fila e nomeou cada indivíduo.

—Você, Pedro, será minha testemunha...

—Você, João, será minha testemunha...

—Você, Maria Madalena, será minha testemunha...

Ao contrário: "[Vocês (a soma de todos)] serão minhas testemunhas...". Jesus trabalha em comunidade. É por essa razão que você não encontra pronomes pessoais nas primeiras descrições da igreja:

E todos continuavam firmes, seguindo os ensinamentos dos apóstolos, vivendo em amor cristão, partindo o pão juntos [a Ceia do Senhor] e fazendo orações.

Os apóstolos faziam muitos milagres e maravilhas, e por isso todas as pessoas estavam cheias de temor. Todos os que criam estavam juntos e unidos e repartiam uns com os outros o que tinham. Vendiam as suas propriedades e outras coisas e dividiam o dinheiro com todos, de acordo com a necessidade de cada um. Todos os dias, unidos, se reuniam no pátio do Templo. E nas suas casas partiam o pão e participavam das refeições com alegria e humildade (Atos 2:42-46, NTLH).

A descrição contém apenas plurais.

"E *todos* continuavam firmes."

"Partindo o pão *juntos*."

"*Todas* as pessoas estavam cheias de temor."

"*Todos* os que criam estavam juntos [...] e repartiam [...] o que tinham."

"*Vendiam* as *suas* propriedades e outras coisas e dividiam o dinheiro."

"Todos os dias, *unidos*, se *reuniam* no pátio do Templo [...] e *participavam* das refeições."

Não há *eu*, *meu* ou *seu*. Estamos nisso juntos. Somos mais do que seguidores de Cristo, discípulos de Cristo. "Somos membros do seu corpo" (Efésios 5:30). "Ele é a cabeça do corpo, que é a igreja" (Colossenses 1:18). Eu não sou seu corpo; você não é seu corpo. Nós — juntos — somos seu corpo.

Mas seu corpo tem se tornado conhecido por comportar-se mal. O cérebro não leva em conta o coração. (Os acadêmicos não levam em conta os devotos.) As mãos criticam os joelhos. (As pessoas de ação criticam as pessoas de oração.) Os olhos se recusam a associar-se aos pés. (Os pensadores visionários não querem trabalhar com os operários resolutos.)

Um caso claro de rebelião no corpo.

Se o pé disser: "Porque não sou mão, não pertenço ao corpo", nem por isso deixa de fazer parte do corpo. E se o ouvido disser: "Porque não sou olho, não pertenço ao corpo", nem por isso deixa de fazer parte do corpo. Se todo o corpo fosse olho, onde estaria a audição? Se todo o corpo fosse ouvido, onde estaria o olfato? De fato, Deus dispôs cada um dos membros no corpo, segundo a sua vontade (1 Coríntios 12:15-18).

Os primeiros cristãos certamente riram dessas imagens. E se o corpo todo fosse um olho? Se você fosse uma coleção de globos oculares, qual seria sua função? Cinco olhos em sua mão, que também é um olho, anexados ao seu olho do tamanho de um braço, preso a um tronco em forma de olho, do qual se ergue seu pescoço-olho, e... É uma ideia ridícula! Você teria de tomar banho em colírio. Mas, então, você não poderia tomar banho, pois não teria mãos.

"O olho não pode dizer à mão: 'Não preciso de você!'" (1 Coríntios 12:21)

Não podemos dizer: "Não preciso de você". A megaigreja precisa da igreja menor. O liberal precisa do conservador. O pastor precisa do missionário. A cooperação é mais do que uma boa ideia; é uma ordem.

"Façam todo o esforço para conservar a unidade do Espírito pelo vínculo da paz" (Efésios 4:3). A unidade importa para Deus. Há "um só rebanho e um só pastor" (João 10:16).

E se o ingrediente que está faltando para mudar o mundo for o trabalho em equipe? "Todas as vezes que dois de vocês que estão na terra pedirem a mesma coisa em oração, isso será feito pelo meu Pai, que está no céu. Porque, onde dois ou três estão juntos em meu nome, eu estou ali com eles" (Mateus 18:19,20, NTLH).

Essa é uma promessa impressionante. Quando os fiéis concordam, Jesus dá notícia, aparece, e ouve as nossas orações.

E quando os fiéis discordam? Será que podemos voltar um instante às minhas lembranças da Guatemala?

Suponha que o nosso grupo tivesse se juntado segundo as opiniões. Tivesse se dividido de acordo com as doutrinas. Se tivéssemos feito da unanimidade um pré-requisito para a parceria, você pode imaginar as consequências? Não teríamos realizado coisa alguma. Quando os obreiros se dividem, o sofrimento é o que mais sofre.

Eles já tinham sofrido o suficiente, não acha? A igreja de Jerusalém encontrou uma maneira de trabalhar unida. Aquelas pessoas encontraram um denominador comum na morte, no sepultamento e na ressurreição de Cristo. E, porque assim o fizeram, muitas vidas foram mudNós, também, ao fazermos o mesmo, teremos nossa vida mudada.

Vamos ajudar mais e mais pessoas, como José Ferreira. Ele dirige uma pequena farmácia em uma favela do Rio de Janeiro. Na verdade, é mais um barraco com balcão e paredes feitas de lata, mas, como vende remédios, exibe o letreiro feito a mão: Farmácia. Ele começou seu estoque com três dólares de patrimônio em medicamentos, que compra de uma farmácia maior no centro da cidade. Assim que vende um remédio, ele fecha a loja, caminha até o ponto de ônibus, viaja uma hora até a farmácia maior e compra mais mercadoria.

Quando chega de volta, já está escuro; então, ele espera até a manhã seguinte e repete o ciclo: abre, vende o produto, fecha a loja e vai comprar mais. Tem dias em que faz isso duas vezes. Considerando que a loja fica fechada tanto quanto fica aberta, dificilmente o dono obtém lucro. Ele e sua família moram nos fundos do barraco e vivem com o equivalente a três dólares por dia. Se a chuva alagar a favela e levar seu barraco, José perderá tudo. Se um de seus filhos pegar dengue, provavelmente ele não terá dinheiro para o remédio. José sabe disso. Mas o que pode fazer? Ele habita o intransponível mundo dos pobres.

Mas enquanto José está batalhando no Rio, Deus está trabalhando em Londres. Um motorista de táxi de bom coração chamado Thomas lê um artigo de uma revista, que descreve em detalhes o fascinante processo das microfinanças. Um sistema de microfinanças concede pequenos empréstimos a pessoas pobres, para que possam aumentar sua renda e diminuir sua vulnerabilidade a circunstâncias imprevistas. Thomas não é rico, mas é abençoado. De bom grado, ele ajudaria um companheiro de negócios do outro lado do mundo. Mas como? Um motorista de táxi britânico pode ajudar um comerciante brasileiro? Por intermédio das organizações de microfinanciamentos, ele pode.

E, assim o fez.

Alguns dias depois, foi oferecido a José um microcrédito de 55 dólares. A fim de se qualificar para isso, no entanto, ele tem de se juntar a um grupo de mutuários com seis pequenos empresários da vizinhança. Cada pessoa recebe um empréstimo, mas todos os membros do grupo avalizam os empréstimos dos demais membros. Em outras palavras, se José não pagar o empréstimo, seus amigos têm de pagar por ele. (A pressão do grupo se tornou positiva.)

José faz bom uso do empréstimo. Com o capital extra, ele consegue reduzir suas idas às compras a uma vez por semana e, assim, manter a loja aberta o dia todo. Depois de dois anos ampliando o negócio e pagando o empréstimo, José tem mil dólares na poupança, comprou um lote na favela e está juntando blocos de cimento para construir uma casa.[1]

Como isso aconteceu? Quem Deus usou para ajudar José Ferreira? Um motorista de táxi. Uma organização humanitária. Outros moradores de favela. Todos eles trabalharam juntos. Não é assim que Deus opera?

Foi assim que ele fez em Jerusalém. A congregação é um microcosmo do plano de Deus. Ninguém pode fazer tudo, mas todos podem fazer alguma coisa. E, quando fazemos, relatos como este são lidos com mais frequência: "Com grande poder os apóstolos continuavam a testemunhar da ressurreição do Senhor Jesus, e grandiosa graça estava sobre todos eles. *Não havia pessoas necessitadas entre eles*" (Atos 4:33,34).

Nossa única esperança é o trabalho em equipe.

Alguns anos atrás, um repórter que cobria o conflito em Sarajevo viu uma garotinha ser baleada por um franco atirador. A parte de trás da cabeça da garota tinha sido despedaçada pela bala. O repórter atirou longe o bloco e o lápis e deixou de ser repórter por alguns minutos. Ele correu até o homem que estava segurando a criança e os ajudou a entrar em seu carro. Conforme o repórter pisou no acelerador, correndo para o hospital, o homem que segurava a criança ensaguentada disse:

— Depressa, meu amigo. Minha criança ainda está viva.

Após um ou dois minutos, ele implorou:

— Depressa, meu amigo. Minha criança ainda está respirando.

No minuto seguinte:

— Depressa, meu amigo. Minha criança ainda está quente.

Por fim:

— Depressa. Ai, meu Deus, minha criança está ficando fria.

Ao chegarem ao hospital, a garotinha estava morta. Quando os dois foram ao banheiro, para lavar o sangue das mãos e das roupas, o homem virou para o repórter e disse:

— Esta é uma tarefa terrível para mim: contar ao pai que sua filha está morta. Ele vai ficar inconsolável.

O repórter parou, estupefato. Olhou para aquele homem angustiado e disse:

— Pensei que ela era sua filha.

O homem o encarou e respondeu:

— Não. Mas não são todos nossos filhos?[2]

De fato. Os que sofrem pertencem a todos nós. E se todos nós respondermos, haverá esperança.

É melhor ter companhia do que estar sozinho, porque maior é a recompensa do trabalho de duas pessoas. Se um cair, o amigo pode ajudá-lo a levantar-se. Mas pobre do homem que cai e não tem quem o ajude a levantar-se!

(Eclesiastes 4:9,10)

Ó, Senhor, sempre que me dirigir a você como "*nosso* Pai", faça-me lembrar de que tenho sido chamado para fazer parte de uma comunidade sagrada. Você não me chamou para permanecer no isolamento, mas colocou-me no corpo de Cristo, juntamente com todos os outros que creem em Jesus, no mundo todo, de todas as idades. Por favor, me dê a graça para agir sobre a verdade de que você nos criou para crescer como uma equipe, para trabalhar como uma equipe, para prestar culto como uma equipe, para chorar, rir e viver como uma equipe. Conceda-me a sabedoria e a força para participar com você e com meus irmãos e irmãs em Cristo suprindo as necessidades que você coloca diante de nós. Por Jesus e em seu nome eu oro, amém.

6

Abra a sua porta, abra o seu coração

Partiam o pão em suas casas, e juntos participavam das refeições, com alegria e sinceridade de coração.

Atos 2:46

Se uma voz fosse uma estação, a dela seria a primavera.

— Olá — cantou a voz. — Obrigada por ligar. Eu precisava de uma saudação gentil. O céu estava despejando baldes de chuva. Os relâmpagos provocaram apagões, e a tempestade emperrava o trânsito. Os noticiários diziam aos motoristas para evitar as estradas mas eu tinha um voo para pegar.

Então, liguei para a companhia aérea. Eles saberiam dizer se o voo estava atrasado ou cancelado. Seriam a calmaria dentro da tempestade. E pelo tempo do bater de asas de uma borboleta, ela foi.

— Olá, obrigada por ligar...

Aí aconteceu. Antes que eu pudesse responder, a voz continuou:

— Para sua segurança, esta ligação será gravada...

De novo, não.

Os antigos navegadores tinham medo de cair da beirada da Terra. Nossos ancestrais pioneiros temiam as nevascas que cegavam. Alguns dos nossos pais conheceram o terror de enfrentar o fogo da artilharia nazista. Mas nenhum dos nossos antepassados enfrentou o que você e eu enfrentamos: o triângulo das Bermudas chamado serviço de atendimento informatizado.

— Tecle um — ela disse — para voos domésticos.

— Tecle dois para voos internacionais.

— Tecle três se souber o número do seu voo e o nome do seu representante no Congresso.

— Tecle quatro se estiver usando suas milhas válidas para voos regionais e sem os filhos.

— Tecle cinco se os nove dígitos do número do seu Seguro Social for maior que sessenta...

E eu tinha de ouvir tudo aquilo para ser atendido! Por fim, teclei um número, e você nem sabe. Cometi o equivalente ao haraquiri telefônico. Fui posto em espera. No futuro próximo, eu estaria aprisionado nas cavernas subterrâneas dos cabos de telefonia, condenado a passar horas ouvindo Kenny G e Barry Manilow.

Como queria ter ouvido uma voz humana, ter falado com uma pessoa de verdade, ter recebido um cumprimento humano. Só eu que acho, ou o contato humano está seguindo o mesmo caminho do leopardo-das-neves? Houve um tempo em que qualquer atividade estimulava o diálogo. No posto de gasolina, cumprimentava-se o atendente. Ao depositar um cheque no banco, conversava-se com o caixa sobre o tempo. Ao comprar um presente, falava-se com o vendedor. Agora não. Você pode pôr gasolina até com um cartão de crédito, fazer depósitos em caixas eletrônicos e comprar um presente pela internet. Você pode passar um dia inteiro fazendo negócios e nunca dizer *olá*.

Dizem que somos uma sociedade rápida, uma sociedade eficiente, mas não dizem que somos uma sociedade pessoal. A nossa sociedade está instalada no isolamento. Usamos fones de ouvido quando nos exercitamos. Comunicamo-nos via *e-mail* e mensagens de texto. Entramos e saímos de nossas casas com portas e portões automáticos. O nosso mantra é: "Eu o deixo em paz e você me deixa em paz".

Mesmo assim, Deus deseja que seu povo seja uma exceção. Que deixe os outros seguirem o caminho dos computadores e dos teclados. Os filhos de Deus serão pessoas hospitaleiras.

Muito antes de ter púlpitos e batistérios, a igreja tinha cozinhas e mesas de jantar. "Todos os dias, continuavam a reunir-se no pátio do templo. Partiam o pão *em suas casas*, e juntos participavam das refeições, com alegria e sinceridade de coração" (Atos 2:46). "Todos os dias, no templo e *de casa em casa*, não deixavam de ensinar e proclamar que Jesus é o Cristo" (Atos 5:42).

Até uma leitura casual do Novo Testamento revela a casa como o recurso primário da igreja. "[...] A você, Filemom, nosso amado cooperador [...] e à igreja que se reúne com você em sua casa" (Filemom 1:1,2). "Saúdem Priscila e Áquila [...]. Saúdem também a igreja que se reúne na casa deles" (Romanos 16:3,5). "Saúdem os irmãos de Laodiceia, bem como Ninfa e a igreja que se reúne em sua casa" (Colossenses 4:15).

Não é de admirar que os bispos fossem hospitaleiros (cf. 1 Timóteo 3:2). O local básico de reunião da igreja era a casa.

Pense na genialidade do plano de Deus. A primeira geração de cristãos era um caldeirão fervilhante de culturas e contextos contrastantes. Pelos menos quinze nacionalidades diferentes ouviram o sermão de Pedro no dia do Pentecoste. Judeus ao lado de gentios. Homens orando com mulheres. Escravos e senhores buscando Cristo igualmente. Pessoas de tal variedade de contextos e culturas podem se entender umas com as outras?

Ficamos imaginando a mesma coisa hoje. Hispânicos podem viver em paz com britânicos? Democratas podem encontrar um ponto em comum com republicanos? Uma família cristã pode dar continuidade a uma amizade com o casal de muçulmanos no fim da rua? Pessoas divergentes podem coexistir?

A igreja primitiva pôde, e sem a ajuda de santuários, edifícios para culto, clero ou seminários. Assim aquelas pessoas o fizeram por meio da mais clara das mensagens (a Cruz) e do mais simples dos recursos (a casa).

Nem todos podem servir em uma terra estrangeira, conduzir uma organização de ajuda humanitária ou voluntariar-se para oferecer sopa aos moradores de rua. Mas quem não pode ser hospitaleiro? Você tem uma porta da frente? Uma mesa? Cadeiras? Pão e carne para fazer sanduíches? Parabéns! Você acaba de se qualificar para servir no mais antigo dos ministérios: a hospitalidade. Você pode se juntar à categoria de pessoas como...

Abraão. Ele alimentou não apenas os anjos, mas o Senhor dos anjos (Gênesis 18).

Raabe, a prostituta. Ela recebeu e protegeu os espias. Graças à bondade dela, sua descendência permaneceu e seu nome é lembrado (Josué 6:22,23; Mateus 1:5).

Marta e Maria. Elas abriram sua casa para Jesus. Ele, por sua vez, abriu a sepultura de Lázaro para as irmãs (João 11:1-45; Lucas 10:38-42).

Zaqueu. Ele recebeu Jesus em sua mesa. E Jesus lhe deixou a salvação como um presente de agradecimento (Lucas 19:1-10).

E o que dizer do maior exemplo de todos, o "certo homem" de Mateus 26:18? Um dia antes de sua morte, Jesus disse aos discípulos: "Vão até a cidade, procurem certo homem e digam: 'O Mestre manda dizer: A minha hora chegou. Os meus discípulos e eu vamos comemorar a Páscoa na sua casa'" (NTLH).

Você gostaria de ser um dos que abriram sua casa para Jesus? Você pode ser. "O que vocês fizeram a algum dos meus menores irmãos, a mim o fizeram" (Mateus 25:40). Ao acolher pessoas estranhas à sua mesa, você está acolhendo o próprio Deus.

Algo sagrado acontece em torno de uma mesa de jantar que nunca vai acontecer em um santuário. No salão de uma igreja, você vê a nuca das pessoas. Em torno da mesa, você vê as expressões nos rostos. Na igreja, só uma pessoa fala; na mesa, todos têm voz. O culto é controlado pelo relógio. Em torno da mesa o tempo é livre para as conversas.

A hospitalidade abre as portas para a comunidade fora do comum.

Não é por acaso que *hospitalidade* e *hospital* vêm da mesma palavra em latim, pois ambas levam ao mesmo resultado: a cura. Ao abrir a porta para alguém, você está enviando a seguinte mensagem: "Você é importante para mim e para Deus". Você pode achar que está dizendo: "Venha me fazer uma visita". Mas o que seu convidado ouve é: "Você vale a pena".

Você conhece pessoas que precisam dessa mensagem? Pessoas que moram sozinhas? Casais jovens que estão longe da família? Colegas de trabalho que foram transferidos, adolescentes que se sentem excluídos e idosos que não dirigem mais. Algumas pessoas passam um dia inteiro sem nenhum contato significativo com outra pessoa. A hospitalidade pode ser o seu hospital. Tudo que você precisa é de alguns hábitos básicos.

Faça um convite sincero. Deixe seus convidados saberem que você quer que eles venham. Fale com eles por telefone ou vá até a mesa deles no trabalho. São seus vizinhos? Bata à porta e diga: "Vamos adorar que vocês venham jantar conosco esta noite. Por favor, venham." As pessoas estão expostas a rejeições todos os dias — é o médico que não pode atender; são os filhos que não telefonam; ou o avião que está lotado. Mas, então, você chega com um convite. *Temos um lugar para você!* Isso muda vidas.

Faça da chegada dos convidados um momento importante. Reúna a família toda na porta da frente. Se houver um quintal na frente da casa, espere seus convidados no portão. Se o seu apartamento tiver um saguão, fique lá esperando por eles. Esse é um momento digno de uma banda de música. Um dos filhos de Deus está chegando à sua casa!

Atenda às necessidades dos seus convidados. A hospitalidade do século I incluía a lavagem dos pés. Hoje, a hospitalidade inclui compartilhamento de comida e bebida. Tempo para falar e ouvir. Nada de barulho de televisão no fundo. Nada de música invasiva. Garanta que todos tenham oportunidade de falar. Circule entre os convidados compartilhando momentos especiais do dia ou coisas que aconteceram na semana. Como o Bom Pastor, preparamos uma mesa e restauramos a alma.

Despeça com uma bênção. Deixe claro que foi um prazer ter recebido seus convidados. Ofereça uma oração pela segurança deles e uma palavra de incentivo para o caminho de volta.

O evento não precisa ser elaborado para ser significativo. Não ouça o que dizem os especialistas em etiqueta, como Martha Stewart, para quem tudo deve estar perfeito. A casa deve estar perfeita. A porcelana deve estar perfeita. As comida. As crianças. O marido. Tudo deve estar perfeito. Toalhas perfumadas para os convidados, entradas quentes, chocolate com menta após o café.

Se esperarmos até que tudo esteja perfeito, nunca faremos um convite. Lembre-se disto: o que é trivial para você é um banquete para outra pessoa. Você acha que sua casa é pequena, mas para o coração solitário é um castelo. Você acha que a sala de estar está uma bagunça, mas para a pessoa cuja vida está em desordem sua casa é um santuário. Você acha que a carne é simples, mas para aqueles que comem sozinhos todas as noites, em embalagens de papelão para viagem, o sabor é de filé mignon. O que é pequeno para você é enorme para eles.

Abra sua mesa.

Mais do que isso, abra seu círculo. Esteja certo de convidar não apenas os abastados e bem-sucedidos, "mas, quando você der uma festa, convide os pobres, os aleijados, os coxos e os cegos e você será abençoado" (Lucas 14:13,14, NTLH).

A palavra grega para *hospitalidade* é composta por dois termos: *amor* e *estranho*, significando literalmente "amar um estranho". Todos nós podemos acolher um convidado que conhecemos e amamos. Mas será que podemos receber bem um estranho? Nos Estados Unidos, a cada manhã mais de 39 milhões de pessoas acordam na pobreza.[1] Em 2008, 17 milhões de famílias tiveram dificuldades para abastecer seus lares com alimentos.[2] Um número estimado em 1,1 milhão de crianças vivia em lares que passaram fome várias vezes ao longo do ano.[3] E isso nos Estados Unidos, o país mais rico na história do mundo.

Quando oferecemos auxílio-alimentação, estamos protelando a fome. No entanto, quando convidamos os famintos para as nossas mesas, estamos abordando questões mais profundas de valor e autoestima. Mas quem diria? A arma secreta de Deus na guerra contra a pobreza inclui a sua mesa e a minha.

Alguns meses atrás, eu estava parado no sinal vermelho de um cruzamento movimentado quando reparei em um homem caminhando em direção ao meu carro. Ele parou no meio-fio, esperou alguns veículos passarem e começou a acenar para mim. Carregava um cartaz debaixo do braço e uma trouxa nas costas. Usava uma calça bem folgada, tinha a barba crescida e estava gritando meu nome:

— Max! Max! Lembra de mim?

Abaixei o vidro da janela. Ele sorriu um sorriso desdentado.

— Ainda lembro daquele sanduba que você comprou pra mim.

Então, me lembrei. Meses, talvez um ano atrás, naquele mesmo cruzamento, eu o tinha levado à lanchonete da esquina, onde fizemos uma refeição juntos. Ele estava indo para a Califórnia naquele dia.

— Estou de passagem pelo Texas outra vez — ele me disse. O semáforo abriu e os carros começaram a buzinar. Saí e o deixei acenando e gritando:

— Obrigado pelo sanduba, Max!

Eu tinha me esquecido daquela refeição. Ele não. Nunca sabemos o que uma refeição pode fazer.

Em uma de suas aparições, o Jesus ressurreto acompanha dois discípulos que caminham de Jerusalém à aldeia de Emaús. O percurso é uma jornada de mais de onze quilômetros, quase um dia inteiro de caminhada para adultos saudáveis. Eles conversam a viagem toda. Jesus lhes faz uma síntese da Bíblia, começando com os ensinamentos de Moisés e prosseguindo até os acontecimentos daquele dia. Mesmo assim, eles não o reconhecem.

Quando estão chegando perto da aldeia, Jesus age como se fosse continuar a viagem. Não nos contaram como ele enviou essa mensagem. Talvez tenha puxado sua agenda de bolso e resmungado algo sobre um compromisso à noite na cidade vizinha. Não sabemos como ele deixou tal impressão, mas deixou.

Os discípulos a caminho de Emaús tiveram uma ideia. "Mas eles insistiram muito com ele: 'Fique conosco, pois a noite já vem; o dia já está quase findando'". (Lucas 24:29).

Fora um dia longo. Os dois peregrinos tinham muita coisa na cabeça. Certamente tinham obrigações e pessoas em suas vidas. Mas os companheiros de viagem sentiram o coração arder. E foi assim que o acolheram. Mesmo não sabendo que o convidado deles era Jesus, providenciaram uma cadeira a mais, puseram mais água na sopa e ofereceram pão. Jesus abençoou o pão, e quando o fez "os olhos deles foram abertos e o reconheceram" (Lucas 24:31).

Ainda encontramos pessoas na estrada. E por vezes sentimos um calor peculiar, uma afeição. Detectamos um impulso em abrir nossas portas para elas. Nesses momentos, vamos prestar atenção na voz interior. Nunca sabemos quem podemos estar recebendo para jantar.

Hospedem uns aos outros, sem reclamar. Sejam bons administradores dos diferentes dons que receberam de Deus. Que cada um use o seu próprio dom para o bem dos outros!

(1 Pedro 4:9,10, NTLH)

Pai celestial, você tem me dado tanto: cada sopro que eu respiro é um presente de suas mãos. Mesmo assim, confesso que às vezes as minhas mãos permanecem fechadas com força quando encontro as necessidades dos outros. Por favor, abra tanto as minhas mãos quanto o meu coração para que eu possa aprender a me alegrar quando surgirem as oportunidades diárias de hospitalidade que você me apresenta. Ajude-me a lembrar, Senhor, que quando mostro o seu amor de maneira palpável "a algum dos meus menores irmãos" estou ministrando diretamente para você. Enquanto você me ajuda a abrir o coração e as mãos, ó Senhor, peço que também me estimule a abrir a porta para aqueles que precisam experimentar seu amor e sua generosidade. Em nome de Jesus eu oro, amém

7

Olhe o necessitado, toque o ferido

Eles olharam firmemente para ele [...]. Em seguida Pedro pegou a mão direita do homem e o ajudou a se levantar

Atos 3:4,7 (NTLH)

Uma porta chamada Formosa. Um homem que era tudo menos formoso.

Ele não podia andar, mas arrastava-se sobre os joelhos. Passava os dias entre o contingente de falsos e verdadeiros mendigos que cobiçavam as moedas dos fiéis que entravam na corte de Salomão.

Pedro e João estavam entre eles.

O necessitado viu os apóstolos, ergueu a voz e implorou uma esmola. Eles não tinham nada para dar, mesmo assim pararam. "Eles olharam firmemente para ele, e Pedro disse: — Olhe para nós!" (Atos 3:4, NTLH). Fixaram os olhos nos olhos do homem com tal compaixão que "o homem olhou para eles, esperando receber alguma coisa" (Atos 3:5, NTLH). Pedro e João não lhe dirigiram uma olhadela envergonhada, um encolher de ombros irritado nem um repúdio cínico, mas um olhar honesto.

É difícil olhar o sofrimento de frente. Não preferimos virar as costas? Olhar em outra direção? Fixar os olhos em sujeitos mais bonitos? Não é fácil olhar o sofrimento humano no olho. As bochechas empoeiradas do paquistanês refugiado. Os olhos arregalados do órfão peruano. Ou o emaranhado grisalho de uma barba usada pelo andarilho que Stanley e eu encontramos na Pensilvânia.

Stanley Shipp serviu como um pai para a minha fé imatura. Ele era trinta anos mais velho e abençoado com um nariz aquilino, lábios finos, uma orla de cabelos brancos e um coração tão grande quanto a região centro-oeste do meu país. Em seu cartão de visitas, que ele dava para quem pedia e para quem não pedia, lia-se simplesmente: "Stanley Shipp, Seu Criado".

Passei meu primeiro ano pós-faculdade sob sua tutela. Uma de nossas viagens nos levou a uma conferência em uma pequena igreja na zona rural da Pensilvânia. Eu e ele éramos as únicas duas pessoas no prédio quando um andarilho, exalando álcool como um perfume barato, bateu à porta. Ele recitou seu discurso de vítima. Superqualificado para o trabalho. Desqualificado para a aposentadoria. Perdeu a passagem do ônibus. Dor nas costas. Seus filhos no Kansas não se importavam. Se as oportunidades ruins fossem *rock'n'roll*, aquele camarada era o Elvis. Cruzei os braços, dei uma risadinha e olhei para Stanley com um olhar de dá-uma-olhada-nesse-cara.

Stanley não olhou para mim. Ele dirigiu cada nervo óptico para o andarilho. Stanley não via ninguém a não ser ele. *Quanto tempo já passou*, me lembro de ter pensado, *desde a última vez em que alguém olhou esse camarada nos olhos?*

A saga, cheia de sinuosidades, finalmente parara, e Stanley levou o homem à cozinha da igreja e lhe preparou um prato de comida e um saco de mantimentos. Enquanto o observávamos partir, Stanley piscou, deixando cair uma lágrima, e respondeu ao meu pensamento não dito.

— Max, sei que provavelmente ele mentiu. Mas e se apenas uma parte da história for verdade?

Nós dois vimos o homem. Eu vi através dele. Stanley viu dentro dele. É algo fundamentalmente bom quando você tem tempo para ver uma pessoa.

Simão, o fariseu, uma vez desdenhou da bondade de Jesus para com uma mulher de caráter questionável. Então Jesus o testou: "Você está *vendo* esta mulher?" (Lucas 7:44, NTLH).

Simão não via. Ele via uma leviana, uma prostituta, uma vigarista. Não via a mulher.

O que nós vemos quando vemos:

- as figuras debaixo do viaduto, em volta do fogo em uma lata de vinte litros?
- as notícias sobre crianças em campos de refugiados?
- os relatórios de 1,75 bilhão de pessoas que vivem com menos de U$ 1,25 por dia?[1]

O que vemos? "Ao ver as multidões, teve compaixão delas, porque estavam aflitas e desamparadas, como ovelhas sem pastor" (Mateus 9:36).

A palavra *compaixão* é uma das mais curiosas nas Escrituras. O dicionário grego do Novo Testamento diz que essa palavra significa "comover-se até as entranhas [...] (pois se pensava que as entranhas eram o centro do amor e da piedade)".[2] Ela compartilha o mesmo radical de *esplancnologia*, o estudo das partes viscerais. Compaixão, então, é um movimento interior profundo: um nó nas tripas.

Talvez seja por isso que viramos as costas. Quem consegue suportar tal emoção? Sobretudo quando não podemos fazer nada. Por que olhar o sofrimento de frente se não podemos fazer a diferença?

E se pudéssemos? E se a nossa atenção pudesse reduzir a dor de alguém? Essa é a promessa do encontro.

Disse Pedro: "Não tenho prata nem ouro, mas o que tenho, isto lhe dou. Em nome de Jesus Cristo, o Nazareno, ande." Segurando-o pela mão direita, ajudou-o a levantar-se, e imediatamente os pés e os tornozelos do homem ficaram firmes. E de um salto pôs-se em pé e começou a andar. Depois entrou com eles no pátio do templo, andando, saltando e louvando a Deus (Atos 3:6-8).

E se Pedro tivesse dito: "Como não tenho prata nem ouro, manterei minha boca calada"? Mas não disse. Ele embasava seus menores atos (como um olhar e um toque), mesmo os pequenos como um grão de mostarda, no solo do amor de Deus. E veja o que aconteceu.

A mão forte e grossa do pescador se estendeu para alcançar a mão fraca e macilenta do mendigo. Pense na Capela Sistina e na mão de Deus lá no alto. Uma de cima, a outra debaixo. Uma mão sagrada que socorre. Pedro ajudou o homem a se levantar. O aleijado bamboleou como um bezerro recém-nascido que tenta encontrar o equilíbrio. Parecia que ia cair, mas não caiu. Ficou de pé. E, ao ficar de pé, começou a gritar, e os transeuntes começaram a parar. Pararam e observaram o aleijado pular.

Você não acha que ele tenha pulado? Não a princípio, veja bem. Mas após um passo cauteloso, depois outro, você não acha que ele saiu saltitando? Desfilando e agitando o pano sobre o qual tinha vivido?

A multidão se espremia ao redor do trio. Os apóstolos riam enquanto o mendigo dançava. Outros mendigos, com capas rasgadas e túnicas esfarrapadas, acorreram para ver a cena e gritaram querendo a sua parte no milagre.

— Quero a minha cura! Toque-me! Toque-me!

Então, Pedro assentiu. Ele os escoltou à clínica do Grande Médico e os convidou a sentar-se. "Pela fé no nome de Jesus, o Nome curou este homem que vocês veem e conhecem. [...] Arrependam-se, pois, e voltem-se para Deus, para que os seus pecados sejam cancelados, para que venham tempos de descanso da parte do Senhor" (Atos 3:16,19,20).

Cancelado é uma tradução de um termo grego que significa "obliterar" ou "apagar completamente". A fé em Cristo, explicou Pedro, leva a um passado em branco para com Deus. O que Jesus fez pelas pernas do aleijado faz também pela nossa alma. Deixa-a nova em folha!

Um olhar honesto levou a uma ajuda que levou a uma conversa sobre a eternidade. As obras realizadas em nome de Deus fazem a nossa vida terrena valer a pena.

Vamos ser as pessoas que param na porta. Vamos olhar os feridos até que nos firamos com eles. Nada de apressar o passo, atravessar a rua ou desviar os olhos. Nada de fingir nem de disfarçar. Vamos olhar os rostos até vermos a pessoa.

Uma família da nossa congregação convive com a dolorosa realidade de ter um filho morador de rua. Ele fugiu quando tinha 17 anos, e, tirando alguns telefonemas da prisão e uma visita, não têm contato com ele há vinte anos. A mãe me permitiu entrevistá-la em uma assembleia da liderança. Enquanto nos preparávamos para a discussão, eu lhe perguntei por que estava disposta a revelar a sua história.

— Quero mudar a forma de as pessoas verem os moradores de rua. Quero que parem de vê-los como problemas e que comecem a vê-los como filhos de outras mães.

Em certas áreas da África do Sul onde se fala zulu, as pessoas se cumprimentam com uma frase que significa "eu vejo você".[3] A mudança começa com um olhar genuíno.

E continua com uma mão amiga. Estou escrevendo este capítulo debaixo de uma luz fraca em um hotel etíope a apenas alguns quilômetros e horas de uma versão moderna dessa história.

Bzuneh Tulema vive em uma casa de blocos com dois cômodos de chão de terra batida no final de uma estrada poeirenta nas colinas áridas de Adama. Talvez tenha uns trinta metros quadrados. Ele pintou as paredes de azul pastel e pendurou dois quadros de Jesus, um dos quais ostenta o título "Jesus the Goos1 [*sic*] Shepherd". Durante a nossa visita, o dia estava abafado, o cheiro de estrume de vaca era pungente e eu não ousava respirar fundo, pois temia engolir uma mosca.

Em frente a nós, Bzuneh estava radiante. Ele usava um boné Nike com bico curvado, uma jaqueta vermelha (apesar do calor quase insuportável) e exibia um sorriso um tanto desdentado. Nenhum rei jamais esteve tão orgulhoso de um castelo do que ele de suas quatro paredes. Conforme o rapaz de 35 anos relatava sua história, eu compreendi.

Há apenas dois anos ele era o bêbado da cidade. Bebeu até destruir seu primeiro casamento, e o segundo casamento prometia acabar como o primeiro. Ele e a mulher estavam tão dominados pelo álcool que entregaram os filhos para os vizinhos e se resignaram à prisão do alcoolismo.

Mas então alguém os *viu*. Como Pedro e João viram o mendigo, os membros de uma igreja local deram uma boa olhada na situação deles. Começaram trazendo alimentos e roupas para o casal. Convidaram-nos a frequentar os serviços de culto. Bzuneh não estava interessado. No entanto, sua mulher, Bililie, aceitou. Ela começou a ficar sóbria e a pensar na história de Cristo. Na promessa de uma vida nova. Na oferta de uma segunda chance. Ela acreditou.

Para Bzuneh esse processo não foi tão rápido. Ele continuou bebendo até que, certa noite, um ano depois, ele caiu e bateu o rosto, ganhando uma cicatriz que permanece até hoje. Os amigos o encontraram em uma sarjeta e o levaram para a mesma igreja, compartilhando o mesmo Jesus com ele. Desde então, Bzuneh não ingeriu uma gota de álcool.

O problema da pobreza continuava. O casal não possuía nada além das roupas e do casebre em que morava. Mas eis que entra em cena Meskerem Trango, um obreiro da Visão Mundial que deu continuidade ao ministério de "olhar e tocar". Mas como ele poderia ajudar Bzuneh, um alcoólatra em recuperação, a se restabelecer? Empregos na região eram escassos. Além disso, quem desejaria contratar o beberrão da vila? Uma doação em dinheiro também não era a solução; o casal poderia bebê-lo todo.

Meskerem sentou-se com Bzuneh e examinou as possibilidades. Por fim, topou com uma solução. Estrume de vaca. Ele arranjou um empréstimo através do departamento de microfinanças da Visão Mundial. Bzuneh comprou uma vaca, construiu um galpão e começou a coletar estrume e a transformá-lo em metano e adubo. Bililie cozinhava com o gás e ele vendia o adubo. Em um ano já tinha quitado o empréstimo, comprado mais quatro vacas, construído sua casa e recuperado os filhos.

— Hoje tenho dez animais, trinta cabras, um aparelho de TV, um gravador e um telefone celular. Até a minha mulher tem um celular — Bzuneh diz e ri. — E tenho o sonho de ser comerciante de grãos.

Tudo começou com um olhar honesto e uma mão estendida. Seria essa a estratégia de Deus para o sofrimento humano? Primeiro olhos bondosos encontram olhos desesperados. Em seguida, mãos fortes ajudam mãos fracas. Depois, o milagre de Deus. Fazemos a nossa pequena parte, ele faz a grande parte, e a vida na porta Formosa começa a ser justamente essa.

Quando Jesus saiu do barco e viu uma grande multidão, teve compaixão deles, porque eram como ovelhas sem pastor.

(Marcos 6:34)

Senhor gracioso, na Bíblia você é chamado de "Aquele que me vê", e sei que seus olhos estão sempre sobre mim, para me guiar, proteger, abençoar e corrigir. Você me deu olhos também, e peço que me conceda o poder de usá-los para *ver* de verdade. Ajude-me a ver aqueles que você coloca em meu caminho — vê-los de fato, com suas feridas, seus desejos, aspirações, necessidades, alegrias e desafios. E, ao abrir meus olhos, induza-me a abrir meus braços para oferecer todo apoio e incentivo que tenho para dar. Em nome de Jesus eu oro, amém.

8

Perseguição: prepare-se para ela; resista a ela

Chegaram os sacerdotes, o capitão da guarda do templo e os saduceus.

Atos 4:1

Em 18 de abril de 2007, três cristãos foram mortos na Turquia por causa de suas crenças. Necati Aydin foi um deles. Ele tinha 35 anos e era pastor na cidade de Malatya.

Por pouco ele não deixara de ir ao escritório naquela manhã. Como esteve viajando por dez dias, sua mulher, Semse, queria que ficasse em casa e descansasse. Semse serviu o café da manhã para os dois filhos, Elisha e Esther, e os levou à escola. Ao voltar, não fez barulho para não acordar o marido. Mesmo assim, ele se mexeu, entreabriu os olhos, se espreguiçou e admitiu que estava cansado:

— Não quero levantar da cama hoje.

Mas se levantou. Tinha muita coisa para fazer. Só 0,2% da nação de maioria muçulmana segue Jesus. Irônico. Justo na mesma terra que um dia conheceu as marcas da sandália do apóstolo Paulo e serviu de palco para a igreja primitiva. E hoje? São menos de 153 mil cristãos turcos em um país de 76 milhões de pessoas.[1] Gente como Necati vive para mudar tal cenário. Ele arrastou o corpo cansado para fora da cama e preparou-se para enfrentar o dia.

Enquanto relembra e conta os acontecimentos daquela manhã, Semse faz uma pausa entre as frases. Suas bochechas redondas vão ficando vermelhas. O cabelo escuro cai como uma onda sobre a testa. Até este ponto ela consegue conter a emoção. Sem lágrimas, descreveu o ataque, com toda a sua crueldade, e falou do quanto é difícil encarar a viuvez súbita. Mas na frase seguinte ela desaba.

— Meu marido querido saiu de casa às onze horas. Fiquei ali, esperando o elevador chegar. Ele sorriu para mim pela última vez, mas eu não sabia que seria o último sorriso. É disso que sempre me lembrarei...

Ela suspira e olha para o nada, como se estivesse vendo um rosto que só ela consegue ver. Depois continua:

— Isso é muito doloroso para mim, porque sinto saudade daquele sorriso... porque o sol não se levanta quando ele não sorri...

Semse abaixa os olhos e deixa rolar uma lágrima silenciosa, mas só uma.

— É um copo amargo do qual temos de beber todos os dias.

Ao chegar ao escritório, Necati viu que seus dois colegas já tinham recebido visitas: cinco jovens que manifestaram interesse pela fé cristã. Mas os inquisidores traziam mais que perguntas. Traziam armas de fogo, facas, cordas e toalhas.

Os agressores brandiram as armas e mandaram Necati recitar a oração da conversão islâmica: "Não há outro Deus senão Alá e Maomé é seu profeta."

Quando Necati se recusou, começou a tortura. Por uma hora de tormento, os assaltantes amarraram, interrogaram e retalharam os cristãos. Por fim, com a polícia derrubando a porta, cortaram a garganta das vítimas. A última palavra ouvida no escritório foi o grito de um cristão de fé inabalável:

— Messias! Messias![2]

Histórias como essas costumam nos silenciar. Já nem vale a pena mencionar o trânsito desta manhã. Embora eu possa me ver — por um microssegundo — como um homem de fé, penso nos mártires de Malatya e me pergunto: *Será que eu faria esse sacrifício? Gritaria "Messias! Messias!"? Daria a minha vida?* Pois há dias em que não quero dar nem a minha vaga no estacionamento.

Os pastores turcos podiam ter vivido. Com uma simples confissão a Alá, as facas teriam sido baixadas e as vidas poupadas. Semse teria marido, e Elisha e Esther teriam pai. Necati poderia ter voltado para casa, para o convívio com a família. Em vez disso, ele escolheu clamar a Cristo.

O que você teria feito?

A questão é mais do que acadêmica. A perseguição acontece. Três quartos dos cristãos vivem no terceiro mundo, muitas vezes em ambientes anticristãos. Mais chineses participam do culto de domingo do que todos os europeus ocidentais. O Líbano é 39% cristão; o Sudão, 5%; o Egito, algo perto de 10%.[3] Muitos desses devotos sabem que correm risco. Você pode ser um deles. Você pode ser o único cristão na sua universidade no Iraque. Você pode ser uma mulher árabe que faz orações em silêncio ou um judeu messiânico que vive no coração de Jerusalém.

Ou talvez você pertença a uma sociedade com liberdade religiosa mas a uma comunidade de opressão espiritual. Você pode não enfrentar armas nem terroristas, mas críticos e acusadores. Os familiares zombam de suas crenças. Os professores da universidade menosprezam suas convicções. Os companheiros de classe riem de suas escolhas. Os colegas pressionam você para comprometer a sua honestidade. No trabalho, pessoas fazem o que podem para atrapalhar você em um momento de fraqueza. Você tem uma faca no pescoço? Não. Mas sofre pressão para abandonar as suas convicções?

Lembro-me de Maria Dutton, minha professora de português quando fui missionário no Brasil. Ela cresceu em uma família aristocrática e influente. Quando se converteu ao cristianismo, seu pai a renegou. Ele não esteve presente no seu casamento nem a visitava nas ocasiões importantes. Durante muitos anos não teve nenhuma ligação com ela ou com os filhos dela.

Heidi é a única devota na turma de animadoras de torcida do ensino médio. Quando os outros saem depois dos jogos, ela vai para casa. Quando vão para a farra enquanto estão viajando, ela vai para o hotel. Ela é o alvo central das gozações.

A perseguição acontece. Pedro e João que o digam. Eles curaram o aleijado em um minuto e enfrentaram o aborrecimento no minuto seguinte. "Enquanto Pedro e João falavam ao povo, chegaram os sacerdotes, o capitão da guarda do templo e os saduceus. Eles estavam muito perturbados porque os apóstolos estavam ensinando o povo e proclamando em Jesus a ressurreição dos mortos" (Atos 4:1,2).

Até então a igreja primitiva tinha desfrutado de calmaria e tranquilidade. O milagre do Pentecoste angariou três mil seguidores. A igreja gerara atos de bondade, compaixão e camaradagem. Os bons atos autenticavam as boas-novas. O número de adeptos aumentava. Os três primeiros capítulos de Atos retratam dias felizes. Mas depois vem Atos 4. A Igreja mal sai da maternidade e já enfrenta intimidações: "chegaram os sacerdotes, o capitão da guarda do templo e os saduceus" (Atos 4:1).

Um soldado poderoso se aproxima em meio à multidão. Ele tem cabelo cacheado na altura dos ombros. Seu peito nu se destaca e suas pernas parecem ser feitas de ferro. Traz um medalhão de autoridade sobre o peito e um chicote na mão. Ele pode, por lei, prender qualquer um que transgredir as regras do templo. Ele veio para aplicar a lei.

Os sacerdotes o seguem: Caifás e seu sogro, Anás. Ficam um de cada lado do capitão do templo, cruzam os braços e lançam um olhar com esta advertência implícita: "Não se esqueçam do que fizemos com seu Messias. Os três pregos na cruz romana não deixaram bem claro?"

Anás, o sumo sacerdote, arqueia uma sobrancelha em direção a Pedro. Ele não esqueceu o que esse apóstolo fez com seu servo há algumas semanas no Getsêmani. Quando o servo e os soldados foram prender Jesus, Pedro desembainhou sua espada e "feriu o servo do sumo sacerdote, decepando-lhe a orelha direita" (João 18:10). Jesus curou a orelha, mas o sumo sacerdote não esqueceu o incidente. Estou vendo Anás puxando sua orelha e ameaçando: "Tenho uma dívida para acertar com você, Pedro."

Pedro, nesse meio tempo, pode estar se debatendo com algumas de suas próprias lembranças daquela noite de quinta-feira. Não só se lembrando do golpe cortante de sua espada, mas também de seus pés ligeiros. Ele e os outros seguidores fugiram do local como gatos escaldados, deixando Jesus sozinho para enfrentar os inimigos. Mais tarde, naquela noite, Pedro reuniu coragem suficiente para aparecer no julgamento Jesus. Mas, quando as pessoas o reconheceram, Pedro esmoreceu novamente. Ele renegou seu Salvador não uma, mas três vezes.

Até agora, o placar é o seguinte: Perseguição 2 × 0 Pedro. Pedro fracassou nos testes de perseguição. Mas não fracassariam neste.

O trio permanece firme. Se suas pernas tremem, é porque o mendigo acabou de aprender a ficar de pé e os apóstolos estão preferindo não correr.

Então Pedro, cheio do Espírito Santo, disse-lhes: "Autoridades e líderes do povo! Visto que hoje somos chamados para prestar contas de um ato de bondade em favor de um aleijado, sendo interrogados acerca de como ele foi curado, saibam os senhores e todo o povo de Israel que por meio do nome de Jesus Cristo, o Nazareno, a quem os senhores crucificaram, mas a quem Deus ressuscitou dos mortos, este homem está aí curado diante dos senhores" (Atos 4:8-10).

Não há rendição nessas palavras. Percebo até um toque de cinismo ("Visto que hoje somos chamados para prestar contas de um ato de bondade em favor de um aleijado...") e uma grande dose de asserção ("saibam os senhores e todo o povo de Israel que por meio do nome de Jesus Cristo, o Nazareno..."). Só o nome Jesus teria sido suficiente, mas Pedro sem nenhum constrangimento replica: "Jesus Cristo, o Nazareno." E então afirma de forma clara, vigorosa e firme: "Não há salvação em nenhum outro, pois, debaixo do céu não há nenhum outro nome dado aos homens pelo qual devamos ser salvos" (Atos 4:12)Anás e Caifás apertam os lábios. O capitão do templo aperta o chicote. Os saduceus apertam os olhos. Os agentes do poder de Jerusalém lançam olhares furiosos para Pedro e João.

Mas eles não se abalam. O que aconteceu com eles? Da última vez que Pedro e João viram esses soldados foi pelo espelho retrovisor. Mas hoje estão cara a cara com a Suprema Corte de Jerusalém. O que havia mudado?

Lucas nos dá a resposta no versículo 13: "Vendo [os acusadores] a coragem de Pedro e de João, e percebendo que eram homens comuns e sem instrução, ficaram admirados e reconheceram que eles haviam estado com Jesus."

Pedro e João haviam estado com Jesus. O Jesus ressuscitado. No Cenáculo, quando ele andou pela sala. Estando perto de Tomé quando o discípulo tocou as feridas. Na praia, quando Jesus cozinhou o peixe. Sentando aos pés de Jesus por quarenta dias enquanto ele explicava os caminhos do reino.

Eles tinham ficado por um tempo longo e prazeroso na presença do Rei ressuscitado. Tinham acordado com ele, passeado com ele. E, por isso, o silêncio tinha deixado de ser uma opção. "Não podemos deixar de falar do que vimos e ouvimos" (Atos 4:20).

Você poderia empregar uma ousadia de alta octanagem? Se quiser que a sua vida valha a pena, poderá. Enquanto você estiver parado, ninguém vai reclamar. Os cães não latem para carros estacionados. Mas assim que você acelerar — assim que passar da embriaguez para a sobriedade, da desonestidade para a integridade ou da letargia para a compaixão — espere a gritaria começar. Espere ser criticado. Espere ser alvo de escárnio. Espere ser perseguido.

Então, como podemos nos preparar? Simples. Imite os discípulos. Permaneça um tempo longo e frequente na presença de Cristo. Medite sobre sua graça. Pense em seu amor. Memorize suas palavras. Fite seu rosto. Fale com ele. A coragem vem quando vivemos com Jesus.

Pedro disse isso da seguinte forma: "Como vocês serão felizes se tiverem de sofrer por fazerem o que é certo! Não tenham medo de ninguém, nem fiquem preocupados. Tenham no coração de vocês respeito por Cristo e o tratem como Senhor. Estejam sempre prontos para responder a qualquer pessoa que pedir que expliquem a esperança que vocês têm" (1 Pedro 3:14,15, NTLH).

Ao meditarmos sobre a vida de Cristo, encontramos força para a nossa própria vida. O exemplo de Xu Yonghai me vem à mente. Cristão na China comunista, ele trabalhou para ver a legalização das igrejas em lares. O governo respondeu colocando-o em uma prisão em Pequim por 24 meses. Sua cela era um quadrado de 2,5 metros. Não havia banheiro, só um cano no canto que vertia água para o concreto.

— A minha cela era a última parada para os prisioneiros condenados à morte — disse Yonghai. — Às vezes havia até mais três prisioneiros no cubículo úmido e apertado, esperando o encontro com o executor.

Yonghai sobreviveu orando, meditando e escrevendo. Nas paredes da cela, ele escreveu os pontos mais importantes para um livro sobre Deus, usando uma barra de sabão. Quando terminou, memorizou os pensamentos. Após sua libertação, transformou-os em um livro de cinquenta mil palavras intitulado *God the Creator* [Deus, o Criador]. Como Pedro e João,

Yonghai permaneceu na presença de Jesus e encontrou forças. A coragem vem quando refletimos sobre os feitos de Cristo.[4]

Você será ousado amanhã? Então esteja com Jesus hoje. Esteja com sua Palavra. Esteja com seu povo. Esteja em sua presença. E, quando a perseguição vier (e virá), seja forte. Quem sabe? As pessoas podem reconhecer que você, como os discípulos, esteve com Cristo.

As minhas perseguições e os meus sofrimentos. Você sabe tudo o que me aconteceu nas cidades de Antioquia, de Icônio e de Listra. Que terríveis perseguições eu sofri! Porém o Senhor me livrou de todas elas. Todos os que querem viver a vida cristã unidos com Cristo Jesus serão perseguidos.

(2 Timóteo 3:11,12, NTLH)

Pai, não gostamos de pensar na perseguição. Muito menos gostamos de experimentá-la! Mas, em sua sabedoria e graça, você nos adverte de que ela é esperada. Você nos diz essas coisas não para nos alarmar mas para nos preparar para o que está por vir — para que possamos suportar, perseverar, e também para que essas experiências difíceis possam glorificar você e nos beneficiar. Para que isso aconteça, Senhor, preciso de uma reorientação de perspectiva e uma mudança de foco. Ajude-me a ver o mundo através dos seus olhos, focando em seu Filho, lembrando do que ele realizou na cruz apesar da perseguição que recaiu sobre ele. Seja qual for a perseguição que eu possa sofrer, Senhor, deixe-a vir para a sua honra, e use-a para ajudar outros seguidores de Jesus que enfrentarão suas próprias perseguições. Em nome de Cristo eu oro, amém.

9

Faça o bem, em silêncio

Um homem chamado Ananias, com Safira, sua mulher, também vendeu uma propriedade. Ele reteve parte do dinheiro para si, sabendo disso também sua mulher; e o restante levou e colocou aos pés dos apóstolos.

Atos 5:1,2

O casal estava sentado na mesa da cozinha e fitava um cheque de quinze mil dólares. O silêncio era uma pausa. Na última meia hora tinham sido doze *rounds* de luta livre verbal. Ela o culpava pela ideia.

— Você tinha de dar todo o dinheiro?

Ele respondeu bruscamente:

— Você não reclamou quando todos a aplaudiram na igreja, e está reclamando agora!

— Quem podia imaginar que aquele pedaço de terra suja conseguiria esse preço?

Ananias não esperava receber quinze mil dólares. Dez mil na melhor das hipóteses. Oito mil no mínimo. Mas quinze mil por uma gleba nua e longe daquela estradinha de uma única faixa ao sul de Jerusalém? Ele herdara a propriedade do tio Ernie, que tinha deixado um bilhete expressando sua vontade: "Fique com a terra, Andy. Nunca se sabe. Se a estrada for ampliada de uma para quatro faixas, você terá um pé de meia".

Então, Ananias aceitou o conselho, trancou o documento no cofre e nunca mais pensou a respeito, até que Safira, sua mulher, ficou sabendo de uma ação generosa realizada por Barnabé.

— Ele vendeu sua casa na praia e deu o dinheiro para a igreja.

— Você está brincando! A casa em Jaffa?

— Foi o que ouvi dizer.

— Opa! É uma bela propriedade.

Ananias conhecia Barnabé do Rotary. Claro, todos conheciam Barnabé. O camarada tinha mais amigos do que o templo tinha sacerdotes. Ananias não podia deixar de reparar no tom que as pessoas usavam quando falavam da doação de Barnabé. Respeito. Apreço. Seria bom receber a mesma consideração.

Então, ele falou do lote de terra para Safira:

— Nunca vamos construir nada lá. Tenho certeza de que podemos conseguir oito mil dólares. Vamos dar o dinheiro para a igreja.

— O dinheiro todo?

— Por que não?

Teria sido melhor fazerem o que tinham de fazer, ficando de boca fechada e dando o presente. Não precisavam contar para ninguém. Mas Ananias nunca primou por controlar a língua.

Durante o culto do domingo seguinte, o apóstolo Pedro concedeu a palavra a quem quisesse dar testemunhos ou fazer pedidos de oração. Ananias se levantou rapidamente e tomou a dianteira.

— Safira e eu temos sido mais do que abençoados desde que viemos aqui, à igreja de Jerusalém. E queremos agradecer. Estamos vendendo umas terras, e nos comprometemos a doar cada centavo para o Fundo das Viúvas.

A congregação, fortalecida com milhares de membros, irrompeu em aplausos. Ananias gesticulou para Safira acenar... e ela o fez. Ela se pôs de pé, acenou para todos os lados e soprou um beijo na direção de Ananias. Ele devolveu o gesto e depois saudou Pedro. Mas Pedro não estava sorrindo. Ananias preferiu não pensar muito nisso e voltou para seu lugar. Mais tarde, naquela noite, ele chamou um corretor de imóveis e colocou a propriedade à venda. Adormeceu pensando em um salão cheio de gente gritando seu nome na cerimônia que o homenagearia.

O palpite do tio Ernie sobre a ampliação da estrada estava completamente certo. Dois empreendedores imobiliários disputaram a propriedade. Nenhum se assustou com o preço de dez mil dólares. Com o encerramento dos lances, o casal recebeu um cheque de quinze mil.

Então, sentaram-se na mesa da cozinha em silêncio. Safira mexia o café. Ananias olhava fixamente para o cheque. Foi Safira quem sugeriu o plano.

— E se lhes disséssemos que vendemos a propriedade por apenas dez mil dólares?

— O quê?

— Quem precisa saber?

Ananias pensou por um instante.

— Sim, vamos deixá-los pensar que fechamos em dez mil. Assim, ficaremos com o crédito pela doação e com algum dinheiro para algo especial.

Ela sorriu.

— Como uma entrada de cinco mil dólares em um condomínio em Jaffa?

— Não vejo nenhum mal nisso.

— Nem eu.

E foi assim que no domingo seguinte Ananias ficou de pé diante da igreja outra vez. Ele mostrou o cheque e anunciou:

— Vendemos a propriedade por dez mil dólares! — E o colocou no cesto de ofertas. Deleitou-se com os aplausos e sinalizou para Safira se levantar. Ela se levantou.

Consideraram a encenação bem-sucedida.

No domingo à tarde, os apóstolos chamaram Ananias para uma reunião.

— Com certeza eles querem nos agradecer — Ananias disse para Safira enquanto ajustava a gravata. — Talvez queiram saber se aceitaríamos um banquete de reconhecimento.

— Acho que seria bom um banquete — assegurou-lhe Safira.

Ele sorriu e saiu pela porta, sem nem imaginar que nunca mais voltaria.

De acordo com Lucas, a reunião demorou apenas o tempo suficiente para Pedro fazer quatro perguntas e dar um veredicto simples.

1ª pergunta: "Ananias, como você permitiu que Satanás enchesse o seu coração, ao ponto de você mentir ao Espírito Santo e guardar para si uma parte do dinheiro que recebeu pela propriedade?" (Atos 5:3). Chega de encenação. A frase que Lucas usa para *guardar para si* significa "apropriar-se indevidamente". Os apóstolos descobriram o esquema do casal: fraude financeira.

2ª pergunta: "Ela não lhe pertencia?" (Atos 5:4). Ninguém obrigara o casal a vender a propriedade. Eles agiram de livre e espontânea vontade.

3ª pergunta: "E, depois de vendida, o dinheiro não estava em seu poder?" (Atos 5:4). A qualquer momento o casal podia ter mudado de opinião e alterado sua contribuição. O pecado não estava em guardar uma parte do rendimento apurado, mas na simulação de ter entregado o dinheiro todo. Eles queriam dar a impressão de sacrifício sem fazer sacrifício.

4ª pergunta: "O que o levou a pensar em fazer tal coisa?" (Atos 5:4). Esse ato fraudulento não foi um deslize impulsivo, mas, sim, uma trapaça calculada e premeditada. Ananias teve a total intenção de enganar a igreja. Ele não imaginou que estaria mentindo para Deus?

Pedro deixou isso muito claro com este veredito: "'Você não mentiu aos homens, mas sim a Deus.' Ouvindo isso, Ananias caiu morto" (Atos 5:4,5).

O corpo de Ananias foi coberto e sepultado antes que Safira tivesse ideia do sucedido. Quando chegou para encontrar-se com Pedro, ela esperava receber uma palavra de apreço. Pedro lhe deu a chance de confessar a verdade.

"Diga-me, foi esse o preço que vocês conseguiram pela propriedade?" (Atos 5:8).

(Vamos, Safira, diga a verdade. Você está em suas mãos. Se for honesta, poderá viver para contar a história.) Ela não diz.

"Sim, foi esse mesmo."

"Por que vocês entraram em acordo para tentar o Espírito do Senhor? Veja! Estão à porta os pés dos que sepultaram seu marido, e eles a levarão também" (Atos 5:8,9).

Enquanto eles carregam Safira para se juntar a seu marido no cemitério, nós balançamos a cabeça. Temos coragem de pensar em voz alta o que estamos nos perguntando em nosso íntimo? Temos coragem de fazer a pergunta em que estamos pensando? Já que ninguém a fará, eu farei.

Isso era realmente necessário?

Ananias e Safira mereciam uma punição, claro. Mereciam uma sentença severa. Mas uma sentença de morte? A punição é compatível com o crime? O que ele fizeram foi ruim, mas foi *tão* ruim?

Vamos pensar a respeito. O que eles fizeram exatamente?

Usaram a igreja para a autopromoção. Usaram a família de Deus para alavancar um ganho pessoal. Tentaram transformar a congregação em um palco pessoal no qual poderiam se pavonear.

Deus tem uma palavra forte para tal comportamento: *hipocrisia*. Quando Jesus a usava, as pessoas abaixavam a cabeça para disfarçar. Ele censurou os fariseus com esta bofetada:

Tudo o que fazem é para serem vistos pelos homens. [...] Gostam do lugar de honra nos banquetes e dos assentos mais importantes nas sinagogas, de serem saudados nas praças e de serem chamados "rabis". [...] Ai de vocês, mestres da lei e fariseus, hipócritas! Vocês fecham o Reino dos céus diante dos homens! [...] Ai de vocês, mestres da lei e fariseus, hipócritas! Vocês devoram as casas das viúvas e, para disfarçar, fazem longas orações. [...] Vocês limpam o exterior do copo e do prato, mas por dentro eles estão cheios de ganância e cobiça (Mateus 23:5-7,13-14,25).

Jesus nunca falou com ninguém com tamanha veemência. Mas, quando viu o hipócrita religioso, ele acendeu os holofotes e expôs tudo o que os fariseus queriam esconder. "Eles gostam de ficar orando em pé nas sinagogas e nas esquinas, a fim de serem vistos pelos outros" (Mateus 6:5).

Esta é a definição prática de *hipocrisia*: "ser visto pelos outros". A palavra grega para hipócrita, *hypokrités*, originalmente significava "ator". Os atores do século primeiro usavam máscaras. Um hipócrita, então, é aquele que usa uma máscara, um falso rosto.

Jesus não disse: "Não façam boas obras." Tampouco instruiu: "Não deixem suas obras serem vistas." Temos de fazer boas obras, e algumas obras, como a benevolência ou o ensinamento, devem ser vistas para terem impacto. Então, que fique claro. Fazer uma coisa boa é uma coisa boa. Fazer o bem para ser visto não é. Na verdade, fazer o bem para ser visto é um delito grave. Eis por quê.

A hipocrisia faz as pessoas se afastarem de Deus. Quando as almas que têm fome de Deus se veem em uma congregação cheia de aspirantes a celebridades, o que acontece? Quando os que buscam Deus veem cantores se exibindo como se fossem artistas de Las Vegas... Quando ouvem o pregador — um homem de palavras polidas, vestido e penteado polidamente — encenar para a multidão e excluir Deus... Quando os outros assistentes se vestem para serem vistos e fazem muito estardalhaço sobre suas doações e ofertas... Quando as pessoas entram em uma igreja para ver Deus e não conseguem ver Deus por causa da igreja, não pense nem por um segundo que Deus não reage. "Tenham o cuidado de não praticarem os seus deveres religiosos em público a fim de serem vistos pelos outros. Se vocês agirem assim, não receberão nenhuma recompensa do Pai de vocês, que está no céu" (Mateus 6:1, NTLH).

A hipocrisia faz as pessoas se voltarem contra Deus. E então Deus mantém uma política de não tolerância. Deixa os corpos frios e sem vida do casal de fraudadores darem o aviso pretendido. Vamos levar a hipocrisia com tanta seriedade quanto Deus a leva. Como podemos?

Não espere crédito pelas boas ações. Nenhum. Se ninguém reparar, você não fica desapontado. Se alguém reparar, dê o crédito a Deus.

Faça-se esta pergunta: mesmo que ninguém saiba do bem que fiz, ainda assim eu o faria? Se não, você está fazendo para ser visto pelas pessoas.

Faça doações financeiras em segredo. O dinheiro suscita o impostor dentro de nós. Gostamos que nos vejam ganhá-lo. E gostamos que nos vejam dá-lo. Então, "quando você der esmola, que a sua mão esquerda não saiba o que está fazendo a direita" (Mateus 6:3).

Não seja espiritualmente falso. Quando for à igreja, não escolha um assento só para ser visto nem cante só para ser ouvido. Se erguer as mãos em adoração, erga-as sagradamente e não com pompa. Quando falar, não altere o vocabulário para usar termos religiosos que estão na moda. Nada é mais repugnante do que um falso "Louvado seja o Senhor", um "Aleluia" frívolo ou um "Glória a Deus" insincero.

E o mais importante: não faça uma produção teatral com a sua fé. "Olhe para mim! Olhe para mim!" é o que se pode falar no *playground*, não no reino de Deus. Silencie as trombetas. Cancele o desfile. Chega de citar nome de pessoas famosas como se fossem amigas suas. Se os elogios vierem, desvie educadamente antes que você acredite neles. Aniquile o desejo de ser notado. Desperte o desejo de servir a Deus.

Preste atenção no conselho de Cristo: "Limpe primeiro o interior do copo e do prato, para que o exterior também fique limpo" (Mateus 23:26). Concentre-se no interior, e o exterior cuidará de si mesmo. Coloque seus motivos diante de Deus todos os dias, a cada hora. "Sonda-me, ó Deus, e conhece o meu coração; prova-me, e conhece as minhas inquietações.

Vê se em minha conduta algo te ofende, e dirige-me pelo caminho eterno" (Salmo 139:23,24).

Faça coisas boas. Só não as faça para ser notado. Você pode ser muito bom para o seu próprio bem. Você sabe.

Mas quando você der esmola, que a sua mão esquerda
não saiba o que está fazendo a direita, de forma que você preste a sua ajuda
em segredo. E seu Pai, que vê o
que é feito em segredo, o recompensará.

(Mateus 6:3,4)

Senhor, você deixa bem claro em sua Palavra que odeia a hipocrisia, sobretudo porque ela afasta as pessoas de você. Assim, Pai, oro para que você modere minha tendência natural de buscar reconhecimento pelas boas coisas que você me permite fazer. Não quero ser um impostor, mas também não quero ser um caçador de glórias. Preencha-me com seu Espírito e me ensina a seguir seu exemplo em dar, com satisfação, toda a glória a seu Filho. Em nome de Jesus eu oro, amém.

10

Defenda os que nada têm

Suas viúvas estavam sendo esquecidas na distribuição diária de alimento.

Atos 6:1

Jim Wallis deu algumas tesouradas em sua Bíblia. Era seminarista na Trinity Evangelical Divinity School, em Illinois, Estados Unidos, quando ele e alguns colegas decidiram eliminar alguns versículos. Realizaram cortes em todos os 66 livros, começando com Gênesis e não parando senão no Apocalipse. Todo versículo que falasse sobre pobreza, riqueza, justiça ou opressão era cortado por eles. Queriam ver como seria uma Bíblia sem compaixão. Quando terminaram, quase dois mil versículos jaziam no chão, e o que sobrou foi um livro de páginas esfarrapadas.[1]

Corte da Bíblia a preocupação com os pobres e você terá cortado seu cerne. Deus fez dos pobres sua prioridade. Quando o faminto ora, ele ouve. Quando os órfãos choram, ele vê. E quando as viúvas de Jerusalém foram esquecidas, ele encarregou seus melhores e mais brilhantes discípulos de ajudá-las.

O crescimento rápido da igreja gerou pessoas necessitadas, e entre as pessoas necessitadas estavam as viúvas. Elas não tinham recursos nem rendas. Quando sepultaram seus maridos, sepultaram também a segurança financeira. Havia apoio do governo? Pensão da seguridade social? Uma Corporação de Trabalho para Viúvas? Não havia nada. De acordo com a cultura daqueles dias, eram os familiares que providenciavam o sustento.

Mas os familiares renunciavam aos parentes cristãos, deixando as viúvas da igreja com apenas um lugar ao qual recorrer: a igreja. A congregação respondia com uma distribuição diária de alimentos, roupas e dinheiro.

Foi quando os problemas começaram.

Naqueles dias, crescendo o número de discípulos, os judeus de fala grega entre eles queixaram-se dos judeus de fala hebraica, porque suas viúvas estavam sendo esquecidas na distribuição diária de alimento (Atos 6:1).

As viúvas de fala grega foram negligenciadas. Por quê? Eram intrusas. Imigrantes. Essas mulheres não cresceram na Judeia ou na Galileia. Acorriam de terras distantes da Grécia, de Roma e da Síria. Se falavam aramaico era com um sotaque forte. Por consequência, "eram desprezadas na distribuição diária de alimento" (AEC). O condutor do reboque com alimentos pulava a casa delas. O gerente da despensa alimentícia permitia que as mulheres hebraicas escolhessem primeiro. O diretor separava os pedidos em duas pilhas: nativos e imigrantes.

Como a igreja respondia? Estou imaginando um chamado "encontro dos apóstolos", um círculo de rostos barbudos: André, João, Pedro, Tomé e os demais. Ouviram as preocupações das mulheres e ponderaram as suas opções. Eles poderiam desprezá-las completamente. Poderiam ignorar os necessitados, negligenciar os negligenciados. Afinal, os apóstolos eram líderes espirituais, alimentavam almas, não estômagos. Lidavam com assuntos relacionados a pecado e salvação, não a sandálias e sopas. Eles não poderiam desprezar a disparidade como se fosse uma preocupação supérflua? Poderiam, exceto por um problema: seu Mestre não a desprezou.

Jesus, já na primeira mensagem, declarou sua paixão pelos pobres. No início do seu ministério, ele voltou para a cidade natal, Nazaré, para fazer um discurso inaugural heterogêneo. Ele entrou na mesma sinagoga à qual tinha ido quando garoto e olhou nos rostos dos aldeãos. Era um povo simples: cortadores de pedras, carpinteiros e artesãos. Sobreviviam de salários mínimos e viviam sob a sombra da opressão romana. Não havia muitas novidades em Nazaré.

Mas esse dia foi especial. Jesus estava na cidade. O garoto de cidade pequena que fizera sucesso. Pediram-lhe para ler as Escrituras e ele aceitou. "Foi-lhe entregue o livro do profeta Isaías. Abriu-o e encontrou o lugar onde está escrito" (Lucas 4:17).

Esse é um momento único em todos os evangelhos. Jesus *citou* as Escrituras várias vezes. Mas o Filho de Deus escolhendo e lendo as Escrituras? Esta é a questão. Nessa ocasião singular que conhecemos, que versículo Jesus escolheu? Ele abriu o pergaminho até o fim do texto e leu: "O Espírito do Senhor está sobre mim, porque ele me ungiu para pregar boas novas aos pobres. Ele me enviou para proclamar liberdade aos presos e recuperação da vista aos cegos, para libertar os oprimidos" (Lucas 4:18, citando Isaías 61:1).

Jesus ergueu os olhos do pergaminho e citou o resto das palavras. A multidão, que amava aquelas palavras tanto quanto ele, balbuciou com ele os versos. "Para proclamar liberdade aos presos e recuperação da vista aos cegos, para libertar os oprimidos e proclamar o ano da graça do Senhor" (Lucas 4:18,19).

Jesus tinha uma plateia em vista. Os pobres. Os presos. Os cegos e oprimidos.

Qual era a sua lista de coisas a fazer? Ajudar o corpo *e* a alma, fortalecer o físico *e* o espírito, terapia para o temporal *e* o eterno. "Essa é a minha declaração de intenções", Jesus afirmaria. O Manifesto de Nazaré.

Pregar as boas-novas aos pobres.

Proclamar liberdade aos presos.

Recuperar a vista dos cegos.

Libertar os oprimidos.

E proclamar o ano da graça do Senhor.

"O ano da graça do Senhor" descreve, talvez mais do que quaisquer outras palavras, o compromisso radical de Jesus para com os pobres. Elas evocam o ano do Jubileu, uma celebração que acontece duas vezes a cada século para apertar o botão de reinício no mecanismo de justiça.[2] Começando no Dia do Perdão, todos os campos foram autorizados a descansar. Nenhuma atividade agrícola era permitida. As terras esgotadas poderiam se recuperar de 49 anos de plantios e colheitas.

Além disso, todos os escravos foram libertados. Quem tinha sido vendido como escravo ou quem tinha se vendido como escravo para pagar uma dívida foi libertado. Fim do cativeiro.

E como se o solo sabático e a emancipação escrava não fossem suficientes, todas as propriedades retornavam a seus donos originais. Na sociedade agrícola, terra era capital. As famílias podiam perder suas terras por causa de calamidades, doenças ou mesmo preguiça. O Jubileu garantia que cada família, pelo menos duas vezes a cada século, tivesse a oportunidade de se recuperar.

Pense no impacto desse decreto de Jubileu. A seca destrói a colheita de um agricultor e deixa a família empobrecida. A fim de sobreviver, o agricultor resolve vender a sua propriedade e trabalhar como diarista. Um investidor esperto está atacando a região e compra a fazenda e também a dos vizinhos. Dentro de pouco tempo, o incorporador passa a ter um monopólio, e o agricultor fica só com um Deus lhe pague.

Mas então chega o ano do Jubileu, que um acadêmico descreveu como uma "revolução pontualmente agendada".[3] Deus chacoalha a lousa mágica e todos recebem uma tela em branco. Essa injunção tinha como fim impedir uma classe baixa permanente, de pobres e escravos. As pessoas ainda podiam ser ricas, muito ricas, mas não podiam construir sua fortuna à custa dos muito pobres.

Até onde sabemos, o povo de Israel jamais praticou o ano do Jubileu. Mesmo assim, Jesus fez alusão a ele em seu discurso inaugural. O que isso diz sobre o coração de Deus? Pelo menos isto: ele valoriza a equidade. Em sua sociedade, os que têm muito e os que têm pouco nunca estão distantes demais a ponto de não conseguirem enxergar uns aos outros.

Conseguem ver uns aos outros hoje?

Não muito bem. Segundo o Relatório de Desenvolvimento Humano das Nações Unidas, três quartos da renda mundial vão para 20% da população do planeta.[4] Como as estatísticas podem ser estanques, pense no exemplo a seguir.

Dez produtores de leite ocupam o mesmo vale. No total, possuem dez vacas leiteiras. Mas as vacas não estão distribuídas igualmente entre os dez fazendeiros, ou seja, não há uma vaca para cada um. É assim: dois fazendeiros possuem oito vacas e os outros oito dividem duas vacas. Será que isso parece justo?

Os dois que possuem as oito vacas poderiam dizer: "Eu trabalhei para conseguir as minhas vacas." Ou: "Não tenho culpa de ter mais vacas." Talvez devêssemos fazer esta pergunta: por que algumas pessoas têm tanto e a maioria tem tão pouco?

Passei a maior parte de uma manhã pensando no caso de Dadhi, que tem umas terras na Etiópia. Dadhi é um marido e um pai forte, e lutador. Mas seu casebre de chão de terra caberia facilmente na minha garagem. Os cestos feitos a mão por sua mulher enfeitam as paredes. Os colchonetes de palha são enrolados e guardados nos cantos, esperando cair a noite, quando então os sete membros da família vão dormir em cima deles. Os cinco filhos de Dadhi sorriem e o abraçam com força. Eles não sabem o quanto são pobres.

Dadhi sabe. Ele ganha menos de um dólar por dia em uma roça perto dali. Antes, trabalhava em sua própria terra, mas uma praga custou a vida do seu boi; seu único boi. Sem boi, ele não consegue arar. Sem terra arada, não pode semear. Se não consegue semear, não pode colher.

Tudo o que ele precisa é de um boi.

Dadhi é dinâmico e habilidoso. Já teve um negócio e tem sido fiel à sua mulher. Nunca cometeu um crime. Os vizinhos o respeitam. Ele parece tão inteligente quanto eu, provavelmente mais ainda. Eu e ele compartilhamos das mesmas aspirações e dos mesmos sonhos. Esbocei uma tabela listando alguns dos nossos atributos.

Atributos	**Dadhi**	**Max**
Fisicamente capaz	x	x
Disposto a trabalhar	x	x
Capacitado para fazer um trabalho	x	x
Ama a família	x	x
Sóbrio e livre de drogas	x	x
Boa reputação	x	Diga-me você

Temos muito em comum. Então, por que a disparidade? Por que Dadhi leva um ano para ganhar o que eu posso gastar em um casaco esporte?

Parte dessa resposta complexa é: ele nasceu no lugar errado. Ele é, como disse Bono Vox, "um acidente de latitude".[5] Uma latitude em que não existem seguro-desemprego, auxílio-doença, universidades gratuitas, seguridade social e programas de ajudas governamentais. Uma latitude extremamente carente de bibliotecas, vacinação, água limpa e estradas pavimentadas. Já me beneficiei de tudo isso. Dadhi não tem nada.

No jogo da vida, muitos dos que marcam gols o fazem por nascerem na marca do pênalti. Outros nem no banco de reservas estão.

Você não tem de viajar dezesseis horas de avião para encontrar um Dadhi, ou vários. Eles vivem em abrigos pelos quais você passa a caminho do trabalho, reunidos no escritório do desemprego da esquina. São os pobres, os presos, os oprimidos e os cegos.

Algumas pessoas são pobres por preguiça; só precisariam se mexer. Outras, no entanto, são pobres porque os parasitas enfraquecem o corpo delas, porque elas gastam seis horas por dia para pegar água, porque os exércitos rebeldes saquearam suas terras ou porque a AIDS levou seus pais.

Tais pessoas não poderiam se valer do Jubileu?

Claro que sim. Então...

Primeiro, *deixe a igreja agir em favor dos pobres*. Os apóstolos agiram. "Por isso os Doze reuniram todos os discípulos" (Atos 6:2). Convocaram toda a igreja. O problema da iniquidade justificou um debate amplo. Os líderes queriam que todos os membros soubessem que essa igreja levava a pobreza a sério. A solução final para a pobreza é encontrada na compaixão do povo de Deus. As Escrituras apoiam não o comunismo forçado mas o voluntarismo conduzido pelo Espírito entre o povo de Deus.

Segundo, *deixe que o mais brilhante entre nós nos oriente*. "Irmãos, escolham entre vocês sete homens de bom testemunho, cheios do Espírito e de sabedoria. Passaremos a eles essa tarefa" (Atos 6:3).

A primeira reunião da igreja levou à primeira força-tarefa. Os apóstolos liberaram as melhores pessoas para assumir o problema maior. O desafio exige isso. "A pobreza é como a ciência espacial", disse-me Rich Stearns, presidente da Visão Mundial nos Estados Unidos. Soluções simples simplesmente não existem. Muitos não sabem o que fazer em relação à avalanche da dívida pública, à patente de medicamentos que podem salvar vidas, à corrupção nos portos e ao rapto de crianças. Muitos não sabem o que fazer, mas alguém o faz!

Algumas pessoas estão empregando cada tantinho da sabedoria dada por Deus na resolução de tais problemas. Precisamos de organizações especializadas, como a Visão Mundial, a Compaixão Internacional, a Água Viva e a Missão Justiça Internacional. Precisamos dos nossos melhores e mais brilhantes para dar continuidade ao legado da força-tarefa de Jerusalém de Atos 6.

E mais uma ideia. *Deixe a indignação aflorar.* Irrite-se o suficiente para responder. A raiva justa faria um grande bem ao mundo. A pobreza não é a falta de caridade, mas a falta de justiça. Por que duas pessoas têm oito vacas enquanto as outras dividem apenas duas? Por que um bilhão de pessoas vai para a cama com fome toda noite?[6] Por que cerca de 30 mil crianças morrem por dia, uma a cada três segundos, de fome e doenças evitáveis?[7] Simplesmente não é justo. Por que não fazer alguma coisa a respeito?

Repetindo, ninguém pode fazer tudo, mas todos podem fazer alguma coisa. Alguns podem jejuar e orar pelo pecado social. Outros podem estudar e dizer o que pensam. E você? Saia da sua zona de conforto, em nome de Cristo. Por que não ensinar em um grupo de estudo bíblico na periferia? Por que não usar suas férias para construir casas nas cidades devastadas por fenômenos da natureza? Por que não se candidatar a um cargo público? Por que não ajudar um lavrador a ter um boi?

Falando nisso, recebi um bilhete de Dadhi outro dia. Veio com uma foto dele ao lado de um novo membro da família. Um integrante com 140 quilos e quatro patas. Ambos estavam sorrindo. Acho que Deus também estava.

A religião que Deus, o nosso Pai, aceita como pura e imaculada é esta: cuidar dos órfãos e das viúvas em suas dificuldades e não se deixar corromper pelo mundo.

(Tiago 1:27)

Querido Senhor, Jesus assegurou que sempre teríamos necessitados entre nós. Ajude-me a ter certeza de que o inverso também é verdade, de que eu estarei sempre entre os necessitados, ajudando, incentivando e estendendo a mão quando puder. Capacite-me a amar o Deus invisível ao servir aos pobres bem visíveis nas esquinas do meu mundo. Ajude-me a ser criativo sem ser condescendente, incentivador sem ser narcisista, destemido sem ser imprudente. Que os pobres possam louvar você por causa de mim e que os meus esforços possam de alguma maneira reduzir o número de pobres. Em nome de Jesus eu oro, amém.

11

Lembre-se de quem segura você

"O céu é o meu trono, e a terra, o estrado dos meus pés. Que espécie de casa vocês me edificarão?" diz o Senhor, "ou onde seria meu lugar de descanso? Não foram as minhas mãos que fizeram todas estas coisas?"

Atos 7:49,50

Quando tinha três anos, o meu sobrinho Lawson me pediu para jogar basquete. O pequeno louro e irrequieto adora qualquer coisa redonda e saltitante. Quando viu a bola de basquete e o cesto na minha garagem, ele não pôde resistir.

A bola, no entanto, era maior que a caixa torácica do garoto. O cesto tinha o triplo da sua altura. Seus melhores arremessos não chegavam nem perto do objetivo. Então, resolvi ajudá-lo. Baixei o cesto de três metros para dois metros. Levei-o mais para perto do alvo. Mostrei-lhe como flexionar os joelhos para dar impulso à bola. Nada ajudava. A bola nem passava perto da rede. Então eu o levantei. Com uma mão em suas costas e a outra debaixo do bumbum, o ergui até que os olhos dele ficassem na mesma altura do aro.

— Faça uma cesta, Lawson! — gritei. E ele fez. Rolou a bola sobre a argola de ferro, e ela caiu. *Vuuush!* E como o pequeno Lawson respondeu? Ainda amparado pelas minhas mãos, ele ergueu os punhos para o alto e declarou:

— Consegui sozinho! Consegui sozinho!

Um pouco de exagero, não acha, rapazinho? Afinal, quem o segurou? Quem o manteve firme? Quem lhe mostrou que o caminho? Você não está se esquecendo de alguém?

Estêvão fez as mesmas perguntas aos líderes religiosos judeus.

Ele era um dos sete homens encarregados de cuidar das viúvas gentias. Lucas o descreve como um "homem cheio da graça e do poder de Deus, [que] realizava grandes maravilhas e sinais entre o povo" (Atos 6:8). Seu ministério, no entanto, provocou antagonismo. Um grupo de inimigos invejosos o acusou falsamente de blasfêmia. Eles o escoltaram até o conselho do Sinédrio e exigiram que se defendesse. Mas nunca se defendeu!

Estêvão causou alvoroço antes mesmo de abrir a boca. "Olhando para ele, todos os que estavam sentados no Sinédrio viram que o seu rosto parecia o rosto de um anjo" (Atos 6:15). Bochechas coradas. Luz emanando pelos poros do seu rosto. Será que sua barba brilhava? Será que os céus o banharam em um túnel de luz? Não sei como imaginar a cena. Mas sei como interpretá-la. Era Deus falando. O sermão emerge não da cabeça de Estêvão, mas do coração de Deus. Cada vogal, cada consoante e cada pigarro para limpar a garganta eram dele. Essa mensagem não foi casual.

Também não foi uma mensagem de pouco peso. Cinquenta e dois versículos conduziram os ouvintes de Abraão a Jesus. Dois mil anos de história hebraica resultaram em uma acusação: "Estão se esquecendo de quem segura vocês."

Estêvão começou com a concessão de terra feita por Deus.

O Deus glorioso apareceu a Abraão, nosso pai, estando ele ainda na Mesopotâmia, antes de morar em Harã, e lhe disse: "Saia da sua terra e do meio dos seus parentes e vá para a terra que eu lhe mostrarei." Então ele saiu da terra dos caldeus e se estabeleceu em Harã. Depois da morte de seu pai, Deus o trouxe a esta terra, onde vocês agora vivem (Atos 7:2-4).

A única razão pela qual os judeus desfrutaram de um centímetro quadrado de terra foi a bondade de Deus. Ele "apareceu", "disse", "prometeu", "falou" e "deu" (versículos 2, 3, 5, 6, 8). Mesmo assim, os filhos de Abraão quase a desperdiçaram. Eles venderam o irmão como escravo para o Egito, repartiram o lucro e maquinaram uma história sobre uma morte acidental.

A família conviveu com a mentira durante décadas (cf. Atos 7:9-15). É dessa forma que se comportam as pessoas escolhidas por Deus?

Mas Deus interveio. "Deus estava com ele", "o libertou", "dando a José favor e sabedoria" e "o tornou governador" (versículos 9, 10). Quando as pessoas se esqueceram de Deus, Deus perseguiu as pessoas.

Estêvão continuou com a história de Moisés, "que era uma linda criança" (Atos 7:20, NTLH). Contou sobre a infância de Moisés dentre os egípcios, seus quarenta anos de isolamento e seu papel como governante e salvador.

[Moisés] os tirou de lá, fazendo maravilhas e sinais no Egito, no mar Vermelho e no deserto durante quarenta anos. [...]

Ele estava na congregação, no deserto, com o anjo que lhe falava no monte Sinai e com os nossos antepassados, e recebeu palavras vivas, para transmiti-las a nós (Atos 7:36,38).

Mais uma vez, Deus foi o Grande Iniciador. Ele colocou Moisés no seio familiar do faraó e o educou nas melhores escolas do Egito. Treinou-o no que diz respeito ao deserto e o muniu com o poder de separar o mar Vermelho. Deus deu alimentos no deserto e a lei no monte. E como as pessoas responderam? Esqueceram-se dele. Exigiram as passagens de volta para o Egito. Na verdade, fizeram este pedido:

"Faça para nós deuses que nos conduzam, pois a esse Moisés que nos tirou do Egito, não sabemos o que lhe aconteceu!" Naquela ocasião fizeram um ídolo em forma de bezerro. Trouxeram-lhe sacrifícios e fizeram uma celebração em honra ao que suas mãos tinham feito.

Mas Deus afastou-se deles (Atos 7:40-42).

A mensagem de Estêvão ecoava como as batidas de um tambor na sala da assembleia. *Nossos ancestrais se esqueceram de quem nos trouxera até aqui. Esqueceram-se de quem nos carregou. Afastaram-se de Deus, e agora vocês tentaram colocá-lo em uma caixa!*

No deserto os nossos antepassados tinham o tabernáculo da aliança [...]. Esse tabernáculo permaneceu nesta terra até a época de Davi, que encontrou graça diante de Deus e pediu que ele lhe permitisse providenciar uma habitação para o Deus de Jacó. Mas foi Salomão quem lhe construiu a casa (Atos 7:44-47).

Estêvão não estava mostrando desrespeito para com o tabernáculo ou o templo. Ambos foram construídos de acordo com a vontade de Deus. O equívoco não estava na construção dos locais de culto, mas em pensar que as estruturas podiam conter Deus.

Todavia, o Altíssimo não habita em casas feitas por homens. Como diz o profeta: *"O céu é o meu trono, e a terra, o estrado dos meus pés. Que espécie de casa vocês me edificarão? diz o Senhor, ou, onde seria meu lugar de descanso? Não foram as minhas mãos que fizeram todas estas coisas?"* (Atos 7:48-50).

Tradução? Deus não pode ser localizado. Ele não tem endereço. Ninguém tem o monopólio sobre ele. Nenhum templo pode contê-lo.

Essas palavras não caíram bem no Sinédrio. O templo era o orgulho do povo: pedras enormes, ouro reluzente, arcos grandiosos e, principalmente, o Santíssimo — a casa de Deus. Os judeus escreviam no para-choque de seus carros de boi: "Não mexa com o templo." Mesmo assim, Estêvão desafiou os grandes egos com uma questão gigantesca: *Vocês se esqueceram do quanto Deus é grande.*

Nada ia bem até agora. Vocês se vangloriam de uma terra que não conquistaram, de uma lei que não seguiam e de uma caixa de pedra que não continha nem o dedo mínimo de Deus. Sua visão de si mesmos? Muito grande. Sua visão de Deus? Muito pequena. Tão pequena que o perderam quando vinham para a cidade.

Qual dos profetas os seus antepassados não perseguiram? Eles mataram aqueles que prediziam a vinda do Justo, de quem agora vocês se tornaram traidores e assassinos, vocês, que receberam a Lei por intermédio de anjos, mas não lhe obedeceram (Atos 7:52,53).

Estêvão poderia muito bem ter dito aos confederados que "Dixie" era uma música de bar dos ianques.[1] O conselho se levantou em fúria. Eles "rangiam os dentes contra ele" (Atos 7:54). Exibiram seus caninos como chacais famintos se lançando sobre carne fresca. "Mas eles taparam os ouvidos e, dando fortes gritos, lançaram-se todos juntos contra ele, arrastaram-no para fora da cidade e começaram a apedrejá-lo" (Atos 7:57,58).

Que coisa assustadora, tal soberba. Era melhor matar a verdade a pensar nela.

E não é que ela se apossa de nós sorrateiramente? Começamos a jornada espiritual como pessoas insignificantes. O ato de conversão é humilhante. Confessamos nossos pecados, imploramos misericórdia, dobramos os joelhos. Deixamos que alguém se rebaixe a nós nas águas do batismo. Começamos como almas modestas. Crianças tímidas que estendem as mãos imundas ao nosso Deus sem pecado. Nós nos relacionamos com o ladrão na cruz, nos identificamos com o adultério perdoado de Davi e encontramos esperança na traição absolvida de Pedro. Desafiamos a reivindicação de Paulo para o título de chefe dos pecadores, nos perguntando se alguém poderia carecer de graça ou acumular graça tanto quanto nós.

Achegamo-nos a Deus humildemente. Sem arrogância, sem vanglória, sem afirmar "consegui sozinho". Não fazemos pose de campeão e não reivindicamos vitórias. Colocamos corações maculados na palma das mãos e os oferecemos a Deus como uma flor pisada e sem perfume: "Você pode dar vida a isto?"

E ele dá. *Ele* dá. Não nós. Ele realiza o milagre da salvação. Mergulha-nos em misericórdia. Costura a nossa alma esfarrapada. Deposita seu Espírito e implanta dons divinos. O nosso grande Deus abençoa a nossa pequena fé.

Entendemos os papéis. Ele é a Via Láctea. Nós somos como pulgas na areia. Ele é o U2; nós somos uma banda de garagem. Tudo bem. Precisamos de um Deus grande porque fizemos uma grande bagunça da nossa vida.

Aos poucos o nosso grande Deus nos muda. E, em sinal de agradecimento, cobiçamos menos e amamos mais, censuramos menos e olhamos mais para o céu. Pagamos as contas, damos atenção ao cônjuge, respeitamos os pais. As pessoas notam a diferença. Aplaudem-nos. Promovem-nos. Admiram-nos. Apontam-nos. Atrevemo-nos a fazer a nossa vida valer a pena. Nós — que viemos a Cristo como pecadores, maculados e pequenos — fazemos coisas. Construímos orfanatos, administramos empresas, libertamos o desorientado da depressão e o enfermo da doença. Ora, até escrevemos livros! Não nos sentimos mais tão pequenos. As pessoas falam de nós como se fôssemos alguma coisa especial.

— Você tem grande influência.

— Que fé sólida você tem.

— Precisamos de pessoas abençoadas como você.

Muito bem. A fama se transforma em degraus de escada, e começamos a nos elevar. Livramo-nos da nossa pequenez, tiramos os óculos de Clark Kent e revestimo-nos com ares de Super-Homem. E nos esquecemos. Esquecemo-nos de quem nos trouxe até aqui.

Nós nos comportamos como o carrapato na orelha do elefante. O animal gigante se separou da manada e atravessou uma ponte de madeira. A ponte, já gasta pelo uso, balançou e gemeu, mal suportando o peso. Quando chegaram ao outro lado, o carrapato estufou o peito e disse: "Rapaz, nós balançamos essa ponte."[2]

Achamos que estamos balançando o mundo, quando na verdade estamos apenas curtindo o passeio.

Mas é preciso lembrar. "Pensem no que vocês eram quando foram chamados" (1 Coríntios 1:26). Lembre-se de quem segurou você no começo. Lembre-se de quem segura você hoje.

Moisés lembrou. Ele serviu como príncipe do Egito e libertador dos escravos, embora fosse "um homem humilde, o mais humilde do mundo" (Números 12:3, NTLH). O apóstolo Paulo sabia se portar de forma humilde. Ele foi salvo por intermédio de uma visita pessoal de Jesus, que lhe concedeu uma visão do paraíso e a capacidade de ressuscitar os mortos. Mas quando se apresentava, dizia simplesmente: "Eu, Paulo, servo de Deus" (Tito 1:1). João Batista era parente de sangue de Jesus e um dos evangelistas mais famosos da história. Mas é lembrado nas Escrituras como aquele que determinou: "É necessário que ele cresça e que eu diminua" (João 3:30).

E John Newton? Esse ex-comerciante de escravos serviu como ministro de 1764 até sua morte, em 1807. Foi confidente de líderes conhecidos, tais como Hannah More e William Wilberforce. Suas centenas de hinos enchem as igrejas de música. Ainda no leito de morte o escritor do hino *Amazing Grace* [Maravilhosa graça] disse estas palavras a um jovem ministro: "Eu estou indo na frente, mas logo você vai vir atrás de mim. Quando você chegar, a nossa amizade, sem dúvida, fará com que você pergunte por mim. Mas já posso dizer-lhe aonde provavelmente vai me encontrar. Vou estar sentado aos pés do ladrão a quem Jesus salvou em seus últimos momentos na cruz."[3]

John Newton jamais se esqueceu de quem o ergueu.

O maior exemplo dessa humildade não é nenhum outro senão Jesus Cristo. Quem tinha mais motivo para se vangloriar do que ele? No entanto, nunca o fez. Ele caminhou sobre as águas, mas nunca desfilou pela praia. Transformou um cesto em banquete, mas nunca pediu aplausos. Um libertador e um profeta vieram visitá-lo, mas ele nunca mencionou nomes em seu sermão. Bem que poderia. "Um dia desses estava conversando com Moisés e Elias...". Mas Jesus nunca bateu no peito. Ele se recusava até a ficar com o crédito. "Por mim mesmo, nada posso fazer" (João 5:30). Ele era totalmente dependente do Pai e do Espírito Santo. "Consegui sozinho"? Jesus nunca disse essas palavras. Se ele não as disse, como nos atrevemos a falar?

Podemos sentir muito orgulho, mas jamais nos humilhamos o suficiente. Que talento você está dando que ele não lhe deu primeiro? Que verdade você está ensinando que ele não ensinou primeiro? Você ama. Mas quem o amou primeiro? Você serve. Mas quem serviu mais? O que você está fazendo por Deus que ele não poderia fazer sozinho?

Quanta bondade da parte dele em nos usar. Quanta sabedoria a nossa de nos lembrarmos disso.

Estêvão se lembrou. E, por ter se lembrado de Jesus, Jesus se lembrou dele. Enquanto seus acusadores pegavam as pedras, Estêvão olhou para Cristo. "Estêvão, cheio do Espírito Santo, levantou os olhos para o céu e viu a glória de Deus, e Jesus em pé, à direita de Deus" (Atos 7:55).

Estêvão se levantou em nome de Cristo e, no fim, Cristo devolveu o favor.

Por acaso não foi Deus quem lhe deu tudo o que você tem? Então por que é que você fica todo orgulhoso como se o que você tem não fosse dado por Deus?

(1 Coríntios 4:7, NTLH)

Meu Pai, desejo que a atitude de João Batista seja a minha atitude: que Jesus possa crescer na medida em que eu diminuo. Dê-me um retrato cada vez maior de você para que eu possa me ver com clareza cada vez maior e, assim, ter mais motivo para desfrutar de cada dia na sua maravilhosa graça. Afaste o orgulho tolo de mim, e me dê a sabedoria de humilhar-me de forma saudável para trazer força e alegria a todos que me cercam. Lembre-me constantemente, Senhor, de que é você que segura a minha vida, o meu sopro e o meu futuro eterno em suas mãos amorosas, que cada coisa boa que eu tenho vem de você. Nunca me deixe esquecer de que sem você nada posso fazer, mas em Cristo posso fazer todas as coisas. A diferença é você. Em nome de Jesus eu oro, amém.

12

Mande alguns muros pelos ares

"Olhe, aqui há água. Que me impede de ser batizado?"
Disse Filipe: "Você pode, se crê de todo o coração".

Atos 8:36, 37

Os fãs torciam pela competição em si. As chefes de torcida torciam pelos dois times ao mesmo tempo. O técnico ajudava a equipe adversária a marcar pontos. Os pais soltavam gritos de entusiasmo pela simples disputa.

O que era aquilo?

Aquilo foi ideia de um generoso treinador de futebol americano de Grapevine, Texas. Kris Hogan comanda um projeto bem-sucedido na Faith Christian High School. Ele tem setenta jogadores, onze treinadores, equipamentos de qualidade e pais que se preocupam, fazem cartazes, participam dos encontros e não perderiam um jogo nem para ir ao próprio enterro.

Eles levaram a série de sete vitórias e apenas duas derrotas para um torneio com a Gainesville State School. Os jogadores da Gainesville, em contrapartida, usavam ombreiras de sete anos atrás e capacetes da década passada, além de se apresentar para os jogos usando algemas. Sua torcida não é formada pelos pais dos jogadores, mas por doze agentes carcerários devidamente uniformizados. Isso tudo porque Gainesville é uma unidade correcional de segurança máxima. A instituição não tem estádio, chefes de torcida nem esperança de vencer. Gainesville chegou para disputar o torneio com uma série de oito derrotas e nenhuma vitória. Haviam marcado apenas dois *touchdowns* durante o ano todo.

A situação toda não parecia justa. Então, o treinador Hogan bolou um plano. Ele pediu aos fãs que atravessassem o campo e, por uma noite apenas, torcessem para o outro lado. Mais de duzentos se apresentaram como voluntários.

Eles se agruparam na linha das quarenta jardas. Pintaram as palavras "Avante, Tornados!" em uma faixa para que o grupo de Gainesville botasse para quebrar. Sentaram-se no lado de Gainesville no estádio. E ainda aprenderam os nomes dos jogadores, para que pudessem torcer com mais pessoalidade.

Os prisioneiros tinham ouvido pessoas gritarem seus nomes, mas nada como aquilo. Gerald, um atacante que cumprirá pena de três anos, disse:

— As pessoas têm um pouco de medo de nós quando chegamos aos jogos. Você pode ver isso em seus olhos. Elas olham para nós como se fôssemos criminosos. Mas estas pessoas estão torcendo por nós. Estão gritando nosso nome!

Depois do jogo, as equipes se reuniram no centro do campo para fazer uma oração. Um dos jogadores encarcerados pediu para fazê-la. O treinador Hogan concordou, sem saber o que podia esperar.

— Senhor — disse o rapaz —, não sei como isso aconteceu, então não sei como agradecer; mas eu nunca soube que havia tantas pessoas no mundo que se preocupassem conosco.

Os fãs de Grapevine ainda não tinham terminado. Após o jogo, eles esperavam ao lado do ônibus de Gainesville para dar um presente de despedida a cada jogador — hambúrgueres, batatas fritas, doces, refrigerantes, uma Bíblia, uma carta de incentivo e uma salva de palmas. Enquanto o ônibus da prisão ia deixando o estacionamento, os jogadores pressionavam os rostos contra as janelas, admirados com o que tinha acabado de lhes acontecer.[1]

O que aconteceu foi que toparam com um esquadrão de peritos em demolição de intolerância. Sua tarefa? Reduzir preconceitos a pó. Suas armas? Uma saraivada de "Você ainda é importante" e "Alguém ainda se preocupa". Sua missão? Romper as barreiras que separam os filhos de Deus uns dos outros.

Há muros separando seu mundo em duas partes? Você está em um dos lados. E quem está do outro lado? A pessoa que você aprendeu a ignorar, talvez até a desprezar. O adolescente cheio de tatuagens, o patrão endinheirado, o imigrante cujo sotaque é difícil de entender, a pessoa que se contrapõe a você na política, O mendigo que senta do lado de fora da sua igreja toda semana.

Ou os samaritanos excluídos de Jerusalém.

Vamos falar sobre um muro, antigo e alto. "Os judeus", como escreveu João em seu evangelho, "não se dão bem com os samaritanos" (João 4:9). As duas culturas se odiavam há quase mil anos. A rixa envolvia alegações de deserção, casamentos mistos e deslealdade para com o templo. Os samaritanos foram parar na lista negra. Seus leitos e utensílios — até a saliva deles — foram considerados impuros.[2] Nenhum judeu ortodoxo passava por aquela região. A maioria dos judeus viajava o dobro do percurso, de bom grado, para não passar pela Samaria.

Jesus, porém, procedia de acordo com um conjunto de regras diferente. Ele passou a maior parte de um dia no território de uma mulher samaritana, bebendo água de sua concha, discutindo suas perguntas (cf. João 4:1-26). Jesus passou por cima do tabu cultural como se esse tabu fosse um cachorro dormindo na porta. Jesus ama derrubar barreiras.

Foi por isso que enviou Filipe a Samaria.

Indo Filipe para uma cidade de Samaria, ali lhes anunciava o Cristo. Quando a multidão ouviu Filipe e viu os sinais miraculosos que ele realizava, deu unânime atenção ao que ele dizia. Os espíritos imundos saíam de muitos, dando gritos, e muitos paralíticos e mancos foram curados. [...]

No entanto, quando Filipe lhes pregou as boas novas do Reino de Deus e do nome de Jesus Cristo, creram nele, e foram batizados, tanto homens como mulheres. (Atos 8:5-7,12).

A cidade explodiu em um reavivamento. Pedro e João ouviram falar daquela reação e viajaram de Jerusalém para Samaria a fim de confirmá-la. "Estes, ao chegarem, oraram para que eles recebessem o Espírito Santo, pois o Espírito ainda não havia descido sobre nenhum deles; tinham apenas sido batizados em nome do Senhor Jesus. Então Pedro e João lhes impuseram as mãos, e eles receberam o Espírito Santo" (Atos 8:15-17).

É uma reviravolta curiosa nos acontecimentos. Por que os samaritanos não tinham recebido o Espírito Santo? No dia de Pentecoste, Pedro prometeu o dom do Espírito para aqueles que se arrependessem e fossem batizados. Então, como podemos explicar o batismo dos samaritanos, que, de acordo com Lucas, não foi acompanhado pelo Espírito? Por que o atraso no dom?

Simples. Para comemorar a queda de um muro. O evangelho estava rompendo, pela primeira vez, um preconceito antigo. Deus marcou o momento com um desfile digno de banda de música e papel picado. Ele estendeu o tapete de boas-vindas e enviou seus apóstolos a fim de verificar o reavivamento e colocar as mãos sobre os samaritanos. Que não reste nenhuma dúvida: Deus aceita todas as pessoas.

Mas ele não tinha terminado. Enviou Filipe em uma segunda missão intercultural.

Um anjo do Senhor disse a Filipe: "Vá para o sul, para a estrada deserta que desce de Jerusalém a Gaza". Ele se levantou e partiu. No caminho encontrou um eunuco etíope, um oficial importante, encarregado de todos os tesouros de Candace, rainha dos etíopes. Esse homem viera a Jerusalém para adorar a Deus e, de volta para casa, sentado em sua carruagem, lia o livro do profeta Isaías. E o Espírito disse a Filipe: "Aproxime-se dessa carruagem e acompanhe-a" (Atos 8:26-29).

Muros separavam Filipe do eunuco. O etíope era de pele escura; Filipe era claro. O oficial era nativo da África distante; Filipe crescera nas proximidades. O viajante era rico o suficiente para viajar. E quem era Filipe senão um simples refugiado, banido de Jerusalém? E não podemos ignorar a questão delicada dos diferentes níveis de testosterona. Filipe, como ficamos sabendo depois, era pai de quatro filhas (cf. Atos 21:9). O oficial era um eunuco. Não tinha esposa ou filhos nem planos de os ter. A vida dos dois homens não poderia ter sido mais diferente.

Filipe, porém, não hesitou. Ele "anunciou-lhe as boas novas de Jesus. Prosseguindo pela estrada, chegaram a um lugar onde havia água. O eunuco disse: 'Olhe, aqui há água. Que me impede de ser batizado?'" (Atos 8:35,36).

Não é uma pergunta trivial. Um oficial africano, negro, influente e efeminado vira para um cristão de Jerusalém, branco, modesto e viril, e pergunta: "Há alguma razão para que eu não possa ter o que você tem?".

E se Filipe tivesse dito: "Agora que você mencionou isso, sim. Desculpe. Não aceitamos gente do seu tipo"?

Mas Filipe, membro fundador da equipe dos demolidores de intolerância, dinamitou os muros e convidou: "'Você pode, se crê de todo o coração'. O eunuco respondeu: 'Creio que Jesus Cristo é o Filho de Deus'" (Atos 8:37).

O que ficamos sabendo a seguir é que o eunuco sai das águas do batismo assobiando "Jesus Me Ama", que Filipe parte para a sua próxima missão e que a igreja passa a ter seu primeiro convertido não judeu.

E ficamos um pouco zonzos. O que fazemos com um capítulo como este? Samaria. Pedro e João chegando. O Espírito Santo descendo. Gaza. O oficial etíope. Filipe. O que esses eventos nos ensinam? Eles nos ensinam o que Deus pensa sobre a pessoa do outro lado do muro.

Pois foi Cristo quem nos trouxe a paz, tornando os judeus e os não judeus um só povo. Por meio do sacrifício do seu corpo, ele derrubou o muro de inimizade que separava os judeus dos não judeus. [...] E dos dois povos formou um só povo, novo e unido com ele. Foi assim que ele trouxe a paz.

Pela sua morte na cruz, Cristo destruiu a inimizade que havia entre os dois povos. Por meio da cruz, ele os uniu em um só corpo e os levou de volta para Deus (Efésios 2:14-16, NTLH).

A cruz de Cristo cria um novo povo, um povo livre de cor de pele ou de rixas entre famílias. Um novo conjunto de cidadãos baseado não na ancestralidade nem na geografia em comum, mas em um Salvador em comum.

Meu amigo Buckner Fanning experimentou isso pessoalmente. Ele era fuzileiro naval durante a Segunda Guerra Mundial e estava baseado em Nagasaki três semanas após o lançamento da bomba atômica. Você consegue imaginar um jovem soldado americano no meio dos escombros e das ruínas da cidade destruída? Vítimas queimadas pela radiação vagando pelas ruas. Precipitação radioativa inundando a cidade. Corpos queimados em um caixão preto. Sobreviventes vasculhando as ruas, em busca de família, de comida, de esperança. O soldado vitorioso não sentia o triunfo, mas dor pelo sofrimento à sua volta.

Em vez de raiva e vingança, Buckner descobriu um oásis de graça. Enquanto patrulhava as ruas estreitas, encontrou uma placa com palavras conhecidas: Igreja Metodista. Ele observou o local e resolveu voltar na manhã do domingo seguinte.

Quando voltou, entrou em um prédio parcialmente desmoronado. Janelas despedaçadas. Paredes semidestruídas. O jovem marine caminhou sobre os escombros, sem saber como seria recebido. Mais ou menos quinze japoneses estavam arrumando as cadeiras e removendo o entulho. Quando o americano uniformizado entrou, todos pararam e se viraram.

Ele só sabia uma palavra em japonês. Ele a ouviu. *Irmão*. "Eles me acolheram como amigo", relata Buckner, a força do momento ainda ressoando mais de sessenta anos depois dos acontecimentos. Ofereceram-lhe um assento. Ele abriu a Bíblia e, sem entender o sermão, sentou e observou. Durante a comunhão, os fiéis lhe trouxeram o pão e o vinho. Nesse instante de silêncio, a inimizade entre seus países e a dor da guerra foram postas de lado enquanto um cristão servia ao outro o corpo e o sangue de Cristo.

Outro muro desmoronou.

Que muros existem em seu mundo?

Brian Overcast está derrubando muros em Morelia, no México. Como diretor do NOÉ Center (New Opportunities in Education) [Centro NOÉ (Novas Oportunidades em Educação)], Brian e sua equipe voltam-se para o problema da imigração ilegal a partir de um único ângulo. Os membros da equipe me contaram há pouco tempo: "Os mexicanos não querem atravessar a fronteira. Se pudessem ficar em casa, ficariam. Mas não podem porque não conseguem arranjar emprego. Então, ensinamos inglês para eles. Ao desenvolver habilidades linguísticas em inglês, podem ser aceitos em uma das universidades mexicanas de preço acessível e buscar uma carreira em casa. Os outros veem imigrantes ilegais; nós vemos oportunidades."

Mais um muro caindo.

Não podemos fazer a nossa vida valer a pena se não conseguirmos ir além dos nossos preconceitos. Quem são os samaritanos para você? Os eunucos etíopes? Você foi ensinado a desconfiar de quem? A evitar quem?

É hora de remover alguns tijolos.

Feliz será o dia em que Deus levar você para a sua Samaria, não tão distante em quilômetros, mas nos diferentes estilos, gostos, línguas e tradições.

E se você encontrar um eunuco etíope, tão diferente, mas tão sincero, não rejeite essa pessoa. Não deixe que classe social, raça, gênero, opinião política, geografia ou cultura obstrua o trabalho de Deus. Pois no fim o que importa é o seguinte: quando atravessamos o campo e torcemos pelo outro lado, todos saem ganhando.

Portanto, aceitem-se uns aos outros, da mesma forma que Cristo os aceitou, a fim de que vocês glorifiquem a Deus.

(Romanos 15:7)

Senhor, de quantas maneiras o meu coração tolo faz distinções falsas entre o seu povo? Revele-as para mim. Quantas vezes posso julgar alguém indigno de você pela maneira como eu o trato? Repreenda-me em seu amor. Onde posso explodir um muro ou remover uma barreira que mantém seus filhos separados uns dos outros? Dê-me um pouco de dinamite e habilidade e coragem de usá-la para a sua glória. O que posso fazer na minha área de influência para levar o amor de Cristo a alguém que se sinta marginalizado ou distante de você? Empreste-me uma visão divina e me abençoe com a resolução de ser suas mãos e seus pés. Que eu possa ser uma ponte e não um muro. Em nome de Jesus eu oro, amém.

13

Não dê ninguém por perdido

Irmão Saulo, o Senhor Jesus, que lhe apareceu no caminho por onde você vinha, enviou-me para que você volte a ver e seja cheio do Espírito Santo.

Atos 9:17

Ananias corre pelas ruas estreitas de Damasco. Sua barba densa e eriçada não esconde o seu semblante sério. Os amigos chamam quando ele passa, mas Ananias não para. Segue murmurando pelo caminho:

— Saulo? *Saulo*? De jeito nenhum. Não pode ser verdade.

Ele se pergunta se não teria ouvido mal as instruções. Pensa que deveria voltar e informar a sua mulher. Imagina que deveria parar e dizer a alguém aonde está indo para o caso de não voltar mais. Mas não faz nada disso. Os amigos o chamariam de tolo. Sua mulher lhe diria para não ir.

Mas ele tem de ir. Ananias atravessa correndo um pátio cheio de galinhas, camelos imponentes e pequenos jumentos. Passa pela loja do alfaiate e não responde ao cumprimento do curtidor. Continua correndo até chegar à rua chamada Direita. A hospedaria tem arcos baixos e quartos grandes com colchões. Bonita para os padrões de Damasco e certamente o local que qualquer pessoa de importância ou poder escolheria, e Saulo é tão importante quanto poderoso.

Ananias e os outros cristãos estavam preparados para a vinda de Saulo. Alguns discípulos saíram da cidade. Outros tinham ido se esconder.

A reputação de Saulo como matador de cristãos o precedia. Mas a ideia de Saulo como seguidor de Cristo?

Essa foi a mensagem da visão. Ananias a repassa mais de uma vez.

Vá à casa de Judas, na rua chamada Direita, e pergunte por um homem de Tarso chamado Saulo. Ele está orando; numa visão viu um homem chamado Ananias chegar e impor-lhe as mãos para que voltasse a ver (Atos 9:11,12).

Ananias quase engasgou com o *matzá. Não é possível!* Ele lembrou Deus do coração duro de Saulo. "Senhor, tenho ouvido muita coisa a respeito desse homem e de todo o mal que ele tem feito aos teus santos em Jerusalém" (Atos 9:13). Saulo um *cristão*? Claro, assim que uma tartaruga aprender a dança do passo duplo.

Mas Deus não estava brincando. "Vá! Este homem é meu instrumento escolhido para levar o meu nome perante os gentios e seus reis, e perante o povo de Israel" (Atos 9:15).

Ananias repassa as palavras enquanto anda. O nome de Saulo não casa bem com *instrumento escolhido*. Saulo, o obtuso, sim. Saulo, o crítico, também. Mas Saulo, o instrumento escolhido? Ananias balança a cabeça ao pensar nisso. No momento, ele está no meio da rua Direita, e pensa seriamente em dar meia-volta e ir para casa. E teria feito isso se os dois guardas não o tivessem reconhecido.

— O que o traz aqui? — Eles gritam do segundo andar. Estão em posição de sentido, com rostos gélidos de inquietação.

Ananias sabe quem são: soldados do tempo. Viajando com a tropa de Saulo.

— Fui enviado para ajudar o rabi.

Eles abaixam as espadas.

— Esperamos que consiga. Algo está acontecendo com ele. Não come nem bebe. Mal fala.

Agora, Ananias não pode mais voltar. Ele sobe os degraus de pedra. Os guardas se afastam e Ananias entra. Ele perde o fôlego com o que vê. Um homem abatido sentado de pernas cruzadas no chão, meio ofuscado por um raio de sol. Com o rosto fundo e os lábios secos, balança-se para frente e para trás, murmurando uma oração.

— Há quanto tempo ele está desse jeito?

— Três dias.

A cabeça de Saulo ergue-se ereta sobre seus ombros. Tem um nariz adunco e uma crista espessa como sobrancelhas. A comida no prato e a água no copo repousam intactas no chão. Seus olhos miram fixamente o vazio na direção de uma janela aberta. Uma película crostosa os recobre. Saulo nem afasta as moscas que pousam em seu rosto. Ananias hesita. Se isso for um cenário, ele é a história. Se não, o momento o é.

Esse encontro merece algo especial: um rufar de tambores, uma representação em um vitral de uma igreja, algumas páginas de um livro chamado *Você, em um banco de igreja?* Antes de lermos sobre Agostinho e a voz de criança[1] ou C.S. Lewis e os Inklings,[2] precisamos ler sobre Saulo, o Saulo teimoso, e o discípulo que se arriscou por ele.

Ninguém poderia culpar a relutância de Ananias. Saulo via os cristãos como mensageiros de uma calamidade. Ele estava perto do sumo sacerdote no julgamento de Estêvão. Tomou conta dos casacos dos atiradores de pedras durante a execução. Balançou a cabeça em aprovação no suspiro final de Estêvão. E, quando o Sinédrio precisou de um matador para aterrorizar a igreja, Saulo se adiantou. Ele se tornou o Anjo da Morte. Descia sobre os cristãos em fúria e "ainda respirava ameaças de morte contra os discípulos do Senhor" (Atos 9:1). Ele "perseguia com violência a igreja de Deus, procurando destruí-la" (Gálatas 1:13).

Ananias sabia o que Saulo fizera com a igreja de Jerusalém. O que ele estava prestes a aprender, no entanto, é o que Jesus fizera com Saulo na estrada para Damasco.

A viagem fora ideia de Saulo. A cidade tinha presenciado muitas conversões.

Quando a conversa sobre o reavivamento chegou até Saulo, ele fez um pedido: "Envie-me." Assim, o impetuoso jovem hebreu deixou Jerusalém, em sua primeira viagem missionária, determinado a pôr fim na igreja. A viagem até Damasco era longa, cerca de 240 quilômetros. Saulo andava a cavalo, provavelmente tomando o cuidado de desviar das aldeias dos gentios. Foi uma jornada sagrada.

Também foi uma viagem escaldante. A planície entre o monte Hermom e Damasco poderia derreter prata. O sol golpeava como lanças; o calor fazia ondas no horizonte. Em algum lugar dessa trilha ressequida,

Jesus derrubou Saulo no chão e lhe perguntou: "Saulo, Saulo, por que você me persegue?" (Atos 9:4).

Saulo pressionou os olhos com os punhos, como se estivessem cheios de areia. Rolou sobre os joelhos e abaixou a cabeça no chão. "'Quem és tu, Senhor?' Ele respondeu: 'Eu sou Jesus, a quem você persegue'" (Atos 9:5). Quando Saulo levantou a cabeça para olhar, seus olhos não conseguiam ver nada. Ele estava cego. Tinha o olhar vago de uma estátua romana.

Os guardas correram para ajudar. Levaram-no para a hospedaria em Damasco e o ajudaram a subir as escadas.

Quando Ananias chega, o cego Saulo começara a ver Jesus sob uma luz diferente.

Ananias entra e senta-se no chão de pedra. Ele pega a mão daquele que já tinha sido um terrorista e sente-a tremer. Observa os lábios trêmulos de Saulo. Reparando que a espada e a lança descansavam no canto, Ananias percebe que Cristo já fez o trabalho. O que falta é Ananias mostrar a Saulo o próximo passo. "Irmão Saulo..." (como essas palavras devem ter parecido amáveis. Saulo certamente chorou ao ouvi-las.)

Irmão Saulo, o Senhor Jesus, que lhe apareceu no caminho por onde você vinha, enviou-me para que você volte a ver e seja cheio do Espírito Santo (Atos 9:17).

As lágrimas correm como uma maré contra as crostas nos olhos de Saulo. As escamas que os cobrem se soltam e caem. Ele pisca e vê o rosto do seu novo amigo.

Dentro de uma hora ele estará saindo das águas do batismo. Dentro de alguns dias estará pregando em uma sinagoga. O primeiro de milhares de sermões. Saulo logo se torna Paulo, e Paulo prega nas colinas de Atenas, escreve cartas para os internos nas prisões e, no final, gera toda uma descendência de teólogos, incluindo Tomás de Aquino, Lutero e Calvino.

Deus usou Paulo para tocar o mundo. Mas primeiro usou Ananias para tocar Paulo. Deus lhe deu uma tarefa similar? Deus lhe deu um Saulo?

Recentemente, uma mãe me falou sobre o filho. Ele está cumprindo pena em uma unidade de segurança máxima por roubo. Todo mundo, até mesmo o pai, desistiu do jovem. Mas a mãe tem um ponto de vista diferente. Ela acha mesmo que os melhores anos do filho ainda estão por vir.

— É um bom menino — disse ela com determinação. — Quando sair de lá, ele vai fazer alguma coisa da sua vida.

Outro Saulo, outro Ananias.

Encontrei um amigo em uma livraria. Há pouco tempo, ele comemorou o quinquagésimo aniversário de casamento. Encheu os olhos de lágrimas enquanto descrevia a santa com quem tinha se casado e o imbecil com quem sua mulher tinha se casado.

— Eu não acreditava em Deus. Não tratava as pessoas com respeito. Um mês e meio após o casamento, cheguei em casa um dia e a encontrei chorando na banheira pelo erro que tinha cometido. Mas ela nunca desistiu de mim.

Outro Saulo, outro Ananias.

E você? Todo mundo já desistiu do seu Saulo. "Ele está muito longe." "Ela é muito difícil... muito viciada... velha demais... muito fria." Ninguém faz uma oração por seu Saulo. Mas você está começando a perceber que talvez Deus esteja trabalhando nos bastidores. Talvez seja cedo demais para jogar a toalha... Você começa a acreditar.

Não resista a esses pensamentos.

José não resistiu. Seus irmãos o venderam como escravo para o Egito. Mesmo assim, ele os acolheu em seu palácio.

Davi não resistiu. O rei Saul tinha uma rixa com Davi, mas Davi sentia ternura por Saul. Ele o chamava de "o ungido do Senhor" (1 Samuel 24:10).

Oseias não resistiu. Sua mulher, Gômer, era a rainha da rua da luz vermelha, mas Oseias manteve a porta da frente aberta. E ela voltou para casa.

É claro que ninguém acreditava nas pessoas mais do que Jesus. Ele viu alguma coisa em Pedro que valia a pena desenvolver, viu alguma coisa nas adúlteras que valia a pena perdoar e em João que valia a pena aproveitar. Ele viu algo no ladrão na cruz, e o que viu valia a pena salvar. E na vida de um extremista sanguinário viu um apóstolo da graça. Ele acreditou em Saulo. E acreditou em Saulo por intermédio de Ananias.

"Irmão Saulo, o Senhor Jesus, que lhe apareceu no caminho por onde você vinha, enviou-me para que você volte a ver e seja cheio do Espírito Santo" (Atos 9:17).

Não desista do seu Saulo. Quando os outros o derem como perdido, ofereça-lhe outra chance. Seja firme. Chame-o de irmão. Chame-a de irmã. Conte a seu Saulo sobre Jesus, e ore. E lembre-se: Deus nunca o envia aonde ele já não tenha estado. Quando chegar a hora de entrar em contato com seu Saulo, quem sabe o que você vai encontrar?

Minha história preferida ao estilo da de Ananias envolve dois colegas de faculdade que eram companheiros de quatro. O Ananias da dupla era uma alma tolerante. Ele tolerava as bebedeiras do amigo quando ele chegava tarde da noite, seus vômitos de madrugada e os cochilos durante o dia. Não reclamava quando o amigo desaparecia no fim de semana ou fumava no carro. Ele podia ter pedido um colega de quarto que fosse mais à igreja ou que atormentasse menos ou que se preocupasse com outra coisa que não fosse impressionar as garotas.

Mas ele se ligou a seu Saulo pessoal, parecendo pensar que algo de bom poderia acontecer se o camarada retomasse a sua vida. Então, continuou limpando a bagunça, continuou convidando o companheiro de quarto para ir à igreja e cobrindo suas costas.

Não me lembro de uma luz brilhante ou de uma voz alta. Nunca percorri uma estrada deserta para Damasco. Mas me lembro bem de Jesus invadindo minha fortaleza e jogando luz sobre mim. Demorou quatro semestres, mas o exemplo de Steve e a mensagem de Jesus finalmente me atingiram.

Então, se este livro exalta seu espírito, você pode agradecer a Deus por meu Ananias, Steve Green. Mais do isso: você pode ouvir a voz em seu coração e procurar no seu mapa uma rua chamada Direita.

Mas por isso mesmo alcancei misericórdia, para que em mim, o pior dos pecadores, Cristo Jesus demonstrasse toda a grandeza da sua paciência, usando-me como um exemplo para aqueles que nele haveriam de crer para a vida eterna.

(1 Timóteo 1:16)

Ó, Senhor, ao longo dos séculos você tem demonstrado repetidas vezes que *ninguém* está além do alcance da sua graça. Quem eu vejo como perdido em minha vida? Que homem ou mulher que hoje parecem estar longe você quer que eu traga para a sua família, em parte por meu intermédio? Qual "Saulo" está lá fora para quem eu poderia me tornar um "Ananias"? Pai, oro para que você possa mostrar sua grandeza e seu poder usando-me de alguma maneira para apresentar um "candidato improvável" a seu Filho. Ajude-me a triunfar sobre os meus medos e a apagar as minhas concepções errôneas enquanto você trabalha por meu intermédio para trazer mais alguém, através da fé, ao círculo do seu amor. Em nome de Jesus eu oro, amém.

14

Você não é superior a ninguém

Mas Deus me mostrou que eu não deveria chamar
impuro ou imundo a homem nenhum.

Atos 10:28

Molokai é um rubi sobre o colar de pérolas das ilhas havaianas. Os turistas procuram Molokai pelo charme tranquilo, pela brisa suave e pelo surfe agradável. Mas o padre Damien veio por um motivo diferente. Veio para ajudar as pessoas a morrer.

Ele veio a Molokai porque a lepra veio aqui primeiro. Ninguém sabe exatamente como a doença atingiu o Havaí. O primeiro caso registrado foi datado por volta de 1840. Mas, assim como ninguém consegue rastrear a origem da doença, também ninguém pode negar os seus resultados. Deformação, decomposição e pânico.

O governo respondeu com uma versão civil do Antigo Testamento: segregação. Depositaram os doentes em uma falha de terra triangular chamada Kalaupapa. Era uma prisão natural, cercada de três lados por água e do quarto lado pelo mais alto muro de mar aberto do mundo.

Difícil de chegar. Mais difícil ainda de sair.

Os leprosos passaram a existência reclusos em cabanas com o mínimo de alimentos. Os navios se aproximavam da costa e os marinheiros jogavam os suprimentos na água, esperando que as caixas flutuassem em direção à terra. A sociedade enviava uma mensagem clara aos leprosos: vocês não servem para nada.

Mas a mensagem do padre Damien era diferente. Ele já servira nas ilhas havia uma década, quando, em 1873, então com 33 anos, escreveu ao seu provincial se oferecendo: "Quero me sacrificar pelos leprosos pobres".

O padre Damien mergulhou no mundo deles, enfaixando feridas, abraçando crianças e enterrando mortos. Os membros do seu coro cantavam enrolados em trapos, e os congregados recebiam a comunhão com mãos mutiladas. Aquelas pessoas eram importantes para Deus e, por isso, eram importantes para ele. Quando se referia à sua congregação, ele não dizia "meus irmãos e irmãs", mas "nós, leprosos". O padre se tornou um deles. Literalmente.

Em algum lugar ao longo do caminho, por meio de um toque de bondade ou na partilha de uma hóstia, a doença passou do membro para o padre. Damien desenvolveu lepra. E em 15 abril de 1889, quatro dias antes da Sexta-Feira Santa, ele morreu.[1]

Já aprendemos a tratar a lepra. Não deixamos mais as pessoas de quarentena. Abolimos tais colônias. Mas abolimos a atitude? Ainda vemos alguns como pessoas inferiores?

Víamos durante o recreio no ensino fundamental. Todos os meninos da classe de primeiro ano da Sra. Amburgy uniam-se para expressar a superioridade masculina. Reuníamo-nos todos os dias no recreio e, de braços dados, marchávamos pelo pátio gritando: "Os meninos são melhores que as meninas! Os meninos são melhores que as meninas!". Francamente, eu não concordava, mas gostava daquela fraternidade. As meninas, em resposta, formavam seu próprio clube, desfilando pela escola para mostrar desdém aos meninos. Formávamos uma escola feliz.

As pessoas são dadas à ordem hierárquica. Amamos ter o nariz empinado, mostrando uma superioridade arrogante para com o outro. O menino mostra-se superior à menina ou a menina ao menino. O abastado para com o destituído. O educado olha de cima para o que teve de abandonar os estudos. O veterano age da mesma forma com o recém-chegado. O judeu para com o gentio.

Um abismo intransponível abria-se entre judeus e gentios nos dias da igreja primitiva. Um judeu não podia beber leite tirado por gentios nem comer a comida deles. Os judeus não podiam ajudar uma mãe gentia em necessidade. Médicos judeus não podiam atender pacientes não judeus.[2]

Nenhum judeu podia se relacionar com um gentio. Os gentios eram impuros.

A menos, é claro, que esse judeu fosse Jesus. Suspeitas de uma nova ordem começaram a surgir por causa de uma conversa curiosa de Jesus com a mulher cananeia. A filha dela estava morrendo, e sua súplica era urgente. Mas ela era de ascendência gentia. "Eu fui enviado apenas às ovelhas perdidas de Israel", disse-lhe Jesus. "Sim, Senhor", ela respondeu, "mas até os cachorrinhos comem das migalhas que caem da mesa dos seus donos" (Mateus 15:24,27).

Jesus curou a filha da mulher e deixou clara a sua posição. Ele estava mais preocupado em trazer todos para dentro do que deixar certas pessoas de fora.

Essa era a pressão que Pedro sentia. Sua cultura dizia: "Mantenha distância dos gentios." Seu Cristo dizia: "Construa pontes para os gentios." E Pedro tinha de fazer uma escolha. Um encontro com Cornélio o obrigou a tomar uma decisão.

Cornélio era oficial do exército romano. Além de gentio, era um malfeitor. (Pense em um soldado britânico na cidade de Boston no século XVIII.[3]) Ele comia alimentos errados, aliou-se ao grupo errado e jurou fidelidade a César. Não citava a Torá nem descendia de Abraão. Vestia toga e mantinha presunto na geladeira. Não usava solidéu na cabeça e não tinha barba. Não estaria nem perto de ser um diácono. Incircunciso, contrário a tudo que era *kosher*, impuro. Olhe para ele.

Olhe para ele de novo. Mais de perto. Ele ajudava pessoas necessitadas e simpatizava-se com a ética judaica. Era bondoso e devoto. "Ele e toda a sua família eram piedosos e tementes a Deus; dava muitas esmolas ao povo e orava continuamente a Deus" (Atos 10:2). Cornélio teve até seu nome pronunciado por um anjo. O anjo lhe disse para entrar em contato com Pedro, que estava hospedado na casa de um amigo a cinquenta quilômetros de distância, na cidade costeira de Jope. Cornélio enviou três homens para encontrá-lo.

Enquanto isso, Pedro estava fazendo o melhor que podia para orar com o estômago roncando. "Tendo fome, queria comer; enquanto a refeição estava sendo preparada, caiu em êxtase. Viu o céu aberto e algo semelhante a um grande lençol que descia à terra, preso pelas quatro pontas, contendo toda espécie de quadrúpedes, bem como de répteis da terra e aves do céu. Então uma voz lhe disse: 'Levante-se, Pedro; mate e coma'" (Atos 10:10-13).

O lençol trazia alimentos não *kosher* o suficiente para arrepiar as costeletas cacheadas de qualquer judeu hassídico. Pedro se recusou terminantemente. "De modo nenhum, Senhor! Jamais comi algo impuro ou imundo!" (Atos 10:14).

Mas Deus não estava brincando. Mostrou-lhe a visão três vezes seguidas, deixando o pobre Pedro em um dilema. Pedro estava pensando nos porcos do lençol quando ouviu baterem à porta. Ao som da batida, ele ouviu o chamado do Espírito de Deus em seu coração. "Simão, três homens te procuram. Levanta-te, desce, e vai com eles, não duvidando, pois eu os enviei" (Atos 10:19,20, AEC).

"Não duvidando" também pode ser traduzido como "sem fazer distinção", "permitir-se sem pré-julgamento" ou "deixando de lado toda parcialidade". Esse era um momento importante para Pedro.

Num gesto muito louvável, Pedro convidou os mensageiros para passar a noite e sair na manhã seguinte para ir ao encontro de Cornélio. Quando Pedro chegou, Cornélio prostrou-se a seus pés. Pedro insistiu que ele se levantasse e, em seguida, confessou o quanto fora difícil aquela decisão. "Vocês sabem muito bem que é contra a nossa lei um judeu associar-se a um gentio ou mesmo visitá-lo. Mas Deus me mostrou que eu não deveria chamar impuro ou imundo a homem nenhum" (Atos 10:28).

Pedro contou a Cornélio sobre Jesus e o Evangelho, e, antes que Pedro pudesse fazer um convite, a presença do Espírito esteve entre eles, e aconteceu o que acontecera no Pentecoste: eles falaram em línguas e glorificaram a Deus. Pedro ofereceu-se para batizar Cornélio e seus amigos. Todos aceitaram. Ofereceram-lhe uma cama. Pedro aceitou. Ao fim da visita, Pedro estava fazendo seus sanduíches de presunto.

E nós? Ainda estamos pensando no versículo 28: "Mas Deus me mostrou que eu não deveria chamar impuro ou imundo a homem nenhum."

A vida seria tão mais fácil sem essa ordem! Enquanto pudermos chamar as pessoas de impuras ou imundas, conseguiremos instalá-las em Kalaupapa e seguir nossos próprios caminhos. Os rótulos nos desobrigam da responsabilidade. Ao colocá-las de lado, podemos lavar as mãos e partir.

— Ah, conheço o João. Ele é alcoólatra. (Tradução: — Por que ele não consegue se controlar?)

— O chefe novo é democrata liberal. (Tradução: — Ele não consegue ver o quanto isso é equivocado?)

— Ah, conheço ela. É divorciada. (Tradução: — Ela tem muita "experiência".)

Classificar os outros gera distância e nos oferece uma saída estratégica para evitar o envolvimento.

Jesus adotou uma abordagem totalmente diferente. Ela tratava de incluir todas as pessoas, não de excluí-las. "A Palavra se tornou um ser humano e morou entre nós" (João 1:14, NTLH). Jesus tocou os leprosos, amou os forasteiros e passou tanto tempo com aqueles que davam festas e banquetes que as pessoas o chamavam de "comilão e beberrão, amigo de cobradores de impostos e pecadores" (Mateus 11:19, AEC).

O racismo não poderia afastá-lo da mulher samaritana, os demônios não poderiam afastá-lo do endemoniado. Sua página no Facebook incluía gente como Zaqueu, o mestre das fraudes, Mateus, agente da receita, e certa mulher de reputação duvidosa que ele conheceu na casa de Simão. Jesus passou 33 anos andando na bagunça deste mundo. "Ele tinha a natureza de Deus, mas não tentou ficar igual a Deus. Pelo contrário, ele abriu mão de tudo o que era seu e tomou a natureza de servo, tornando-se assim *igual aos seres humanos*" (Filipenses 2:6,7, NTLH).

Seu exemplo transmite a seguinte mensagem: não mostre ares de superioridade. "Não deveria chamar impuro ou imundo a homem nenhum."

Meu amigo Roosevelt concordaria. Ele é um líder da nossa congregação e um dos caras mais legais da história da humanidade. É vizinho de uma mãe solteira que foi intimada pela associação de moradores por ter um jardim malcuidado. A selva de arbustos e árvores não podadas escondia sua casa. A associação a advertiu a manter o quintal limpo. A advertência foi seguida pela visita de um oficial de polícia. O oficial deu-lhe duas semanas para limpar o jardim ou comparecer em juízo. O quintal dela era um exemplo ruim para a rua, talvez até representasse risco à saúde.

Roosevelt, porém, fez uma visita à vizinha, Terry. Há sempre uma história por trás de cada porta, e ele encontrou uma história triste. Ela tinha acabado de passar por um divórcio difícil, estava se recuperando de uma cirurgia, trabalhava no turno da noite no hospital e fazia horas extras para poder arcar com as despesas. Seu único filho estava servindo no Iraque. Resumindo, Terry estava sozinha, doente e exausta. Cuidar do jardim era a última das suas preocupações.

Então, Roosevelt recrutou alguns vizinhos e as famílias passaram uma manhã de sábado pondo as coisas em ordem. Podaram arbustos, cortaram galhos e juntaram uma dúzia de sacos de folhas. Alguns dias depois, Terry enviou esta mensagem ao conselho da associação de moradores:

Prezados senhores:

Espero que vocês possam fazer o bairro tomar conhecimento do grupo maravilhoso de vizinhos que eu tenho. Esses vizinhos trabalharam abnegadamente no meu quintal.

Suas ações me estimularam e me fizeram lembrar de que ainda existem pessoas compassivas morando aqui, pessoas que se importam a ponto de estender a mão a estranhos que passam por momentos difíceis e ajudá-los a diminuir seus fardos. Esses moradores devem ser elogiados, e eu não posso expressar o quanto sou agradecida pelo trabalho árduo, pela atitude positiva e pelo entusiasmo deles. Isso me surpreende ainda mais considerando que meu avô era rabino e que tenho um mezuzá na porta de casa!

A reação de Roosevelt foi semelhante à de Cristo. Em vez de ver as pessoas como problemas, Cristo as via como oportunidades.

Vamos ver mais algumas situações como a de Cornélio?

Você e seus amigos entram no refeitório, carregando as bandejas com o almoço. Enquanto procuram uma mesa, um dos camaradas cutuca você e diz:

— Dá uma olhada no cara novo. — Você não tem dificuldade em reconhecê-lo. É o único aluno de turbante. Seu amigo faz uma piada:

— Ainda está usando a toalha do banho.

Você mesmo podia ter feito uma piada, se não fosse pelo pastor ontem ter falado sobre a história de Pedro e Cornélio e lido este versículo: "Mas Deus me mostrou que eu não deveria chamar impuro ou imundo a homem nenhum" (Atos 10:28).

Hummm.

O rapaz do cubículo ao lado usa botas, masca tabaco e dirige uma caminhonete que tem um suporte para rifles. Você usa sapatos, come alimentos saudáveis e dirige um carro *flex*, exceto às sextas-feiras, quando vai de bicicleta para o trabalho. Ele faz piadas racistas. Será que não percebe que você é negro? Ele tem uma bandeira dos Confederados como protetor de tela. Seu bisavô foi escravo. Você adoraria se distanciar desse caipira.

Porém, o estudo bíblico desta manhã trazia o seguinte desafio: "Mas Deus me mostrou que eu não deveria chamar impuro ou imundo a homem nenhum" (Atos 10:28).

E agora, o que você faz?

Mais uma. Você é o superintendente de um orfanato. Ao lidar com as certidões de nascimento, você se defronta com uma palavra problemática: *ilegítimo*. Ao pesquisar mais, fica sabendo que a palavra é um rótulo permanente, nunca poderá ser removida da certidão.

Foi isso que Edna Gladney descobriu. E ela não suportava pensar nisso. Se *legítimo* significa ser legal, lícito e válido, o que significa *ilegítimo*? Você consegue se imaginar vivendo com tal rótulo?

A Sra. Gladney não conseguiu. Levou três anos, mas em 1936 ela conseguiu convencer o governo do Texas a remover a tal expressão da sua certidão de nascimento.[4]

Deus nos chama para mudar a maneira como olhamos para as pessoas. Não para vê-las como judeus ou gentios, afiliados ou intrusos, liberais ou conservadores. Não para rotulá-las. Rotular é acusar. "De modo que, de agora em diante, a ninguém mais consideramos do ponto de vista humano" (2 Coríntios 5:16).

Vamos ver as pessoas de forma diferente; vamos vê-las como vemos a nós mesmos. Maculados, talvez. Inacabados, com certeza. No entanto, uma vez resgatados e restaurados, podemos espalhar luz, como os dois vitrais do meu escritório.

Meu irmão os encontrou em um depósito de ferro-velho. Alguma igreja os jogara fora. Dee, um carpinteiro jeitoso, os recuperou. Pintou a madeira lascada e consertou estrutura desgastada. Depois, vedou umas rachaduras no vidro colorido. As janelas não estão perfeitas. Mas, colocadas onde bate sol, inundam a sala de luz multicolorida.

Vivemos encontrando pessoas descartadas, jogadas fora. Às vezes, jogadas fora por uma igreja. E temos de escolher. Negligenciar ou resgatar?

Rotulá-las ou amá-las? Conhecemos a escolha de Jesus. Basta olhar para o que ele fez conosco.

> *Tu [Jesus] és digno de receber o livro e de abrir os seus selos, pois foste morto, e com teu sangue compraste para Deus gente de toda tribo, língua, povo e nação.*
>
> (Apocalipse 5:9)

Pai, que surpreendente é estudar sua Palavra e ver todas as pessoas que você usou para seus propósitos sagrados: prostitutas, assassinos, perseguidores, mentirosos, ladrões, trapaceiros, o iletrado, o ignorante, o cego, o coxo. Conceda-me a graça de tratar a todos que eu encontrar como alguém por quem Jesus morreu e ressuscitou. Faça com que não haja distinções perniciosas ou profanas nos meus olhos e favoritismo desonroso nas minhas ações. Antes, faça de mim um instrumento através do qual Jesus brilhe. Em nome de Cristo eu oro, amém.

15

Ore primeiro; depois, ore mais

Pedro, então, ficou detido na prisão, mas a igreja orava intensamente a Deus por ele.

Atos 12:5

O rei Herodes sofria de uma obsessão por popularidade no nível da de Hitler. Herodes matou o apóstolo Tiago para agradar o populacho. A execução elevou seu índice de aprovação; então, ele prendeu Pedro e resolveu matá-lo no aniversário da morte de Jesus. (Você acha que precisava agravar ainda mais o sofrimento?)

Ele colocou o apóstolo sob o olhar atento de dezesseis soldados da tropa de elite e disse-lhes, sem ironia: "Se ele escapar, vocês morrem." (Controle de qualidade ao estilo de Herodes.) Amarraram Pedro com correntes e o deixaram no lugar mais seguro da cadeia, atrás de três portas.

E o que a igreja podia fazer a respeito? O problema da prisão de Pedro assumia proporções da altura de Golias para a comunidade humilde. Eles não tinham recursos, não tinham influência nem favores políticos para cobrar. Não tinham nada além de perguntas envolvidas em terror. "Quem será o próximo? Primeiro Tiago e agora Pedro. Herodes vai acabar com a liderança da Igreja?"

A igreja ainda enfrenta seus Golias. A fome no mundo. Os escândalos envolvendo o clero. Cristãos mesquinhos. Funcionários públicos corruptos. Ditadores com mente tacanha e coração duro. Pedro na prisão é só o primeiro de uma longa lista de desafios grandes demais para a igreja.

Então, nossos ancestrais de Jerusalém nos legaram uma estratégia. Quando o problema for maior que nós, vamos orar! "Pedro, então, ficou detido na prisão, mas a igreja orava intensamente a Deus por ele" (Atos 12:5).

Eles não fizeram piquete na porta da cadeia nem abaixo-assinado para as autoridades; não protestaram contra a prisão nem se prepararam para o velório de Pedro. Oraram. Eles oraram como se a oração fosse sua única esperança, pois realmente era. Oraram "intensamente a Deus por ele".

Um dos nossos líderes da igreja brasileira me ensinou algo sobre a oração fervorosa. Ele encontrou Cristo quando passou um ano em um centro de reabilitação para drogados. A terapia incluía três sessões de uma hora de oração por dia. Os pacientes não eram obrigados a orar, mas eram obrigados a assistir à reunião de oração. Dezenas de viciados em recuperação passavam sessenta minutos ininterruptos de joelhos.

Mostrei perplexidade e confessei que as minhas orações eram curtas e formais. Ele me convidou (me desafiou?) para um encontro de oração. Fui no dia seguinte. Nós nos ajoelhamos no chão de concreto do auditório da nossa pequena igreja e começamos a falar com Deus. Não foi bem assim. Eu falava; ele chorava, gemia, implorava, bajulava e suplicava. Batia os punhos no chão, sacudia-os no alto, confessava e reconfessava cada pecado. Recitou todas as promessas da Bíblia como se Deus precisasse ser lembrado. Ele orou como Moisés.

Quando Deus decidiu destruir os israelitas pela façanha do bezerro de ouro, Moisés "suplicou ao Senhor, o seu Deus, clamando: 'Ó Senhor, por que se acenderia a tua ira contra o teu povo, que tiraste do Egito com grande poder e forte mão? Por que diriam os egípcios: "Foi com intenção maligna que ele os libertou, para matá-los nos montes e bani-los da face da terra"? Arrepende-te do fogo da tua ira! Tem piedade, e não tragas este mal sobre o teu povo! Lembra-te dos teus servos Abraão, Isaque e Israel, aos quais juraste por ti mesmo: 'Farei que os seus descendentes sejam numerosos como as estrelas do céu e lhes darei toda esta terra que lhes prometi, que será a sua herança para sempre'" (Êxodo 32:11-13).

Moisés não está calmo e tranquilo no monte Sinai, com as mãos postas e uma expressão serena. Está furioso consigo mesmo em um momento e com Deus no momento seguinte. Ele está de joelhos, apontando o dedo, erguendo as mãos. Derramando lágrimas. Rasgando o manto. Lutando como Jacó no Jaboque pela vida do seu povo.

E Deus o ouviu! "E sucedeu que o Senhor arrependeu-se do mal que ameaçara trazer sobre o povo" (Êxodo 32:14).

Nossas orações fervorosas comovem o coração de Deus. "A oração de um justo é poderosa e eficaz" (Tiago 5:16). A oração não muda a natureza de Deus; quem ele é nunca será alterado. No entanto, a oração tem impacto sobre o fluxo da história. Deus cabeou o mundo para receber energia elétrica, mas nos chama para acionarmos o interruptor.

E a igreja de Jerusalém fez exatamente isso.

Pedro, então, ficou detido na prisão, mas a igreja orava intensamente a Deus por ele.

Na noite anterior ao dia em que Herodes iria submetê-lo a julgamento, Pedro estava dormindo entre dois soldados, preso com duas algemas, e sentinelas montavam guarda à entrada do cárcere. Repentinamente apareceu um anjo do Senhor, e uma luz brilhou na cela. Ele tocou no lado de Pedro e o acordou. "Depressa, levante-se!", disse ele. Então as algemas caíram dos punhos de Pedro. O anjo lhe disse: "Vista-se e calce as sandálias." E Pedro assim fez. Disse-lhe ainda o anjo: "Ponha a capa e siga-me" (Atos 12:5-8).

O apóstolo, que uma vez se perguntou como Cristo conseguia dormir durante a tempestade, agora tira uma soneca em plena tempestade.

Vamos dar a esta cena a risada que ela merece. Um anjo desce do céu até a terra. Só Deus sabe quantos demônios ele enfrentou no caminho. Ele navega pelas ruas de Jerusalém até chegar à prisão de Herodes. Passa por três portas de ferro e por um esquadrão de soldados para chegar diante de Pedro. O brilho explode como um sol de verão no deserto. Mas Pedro dorme apesar do chamado para acordar. O velho pescador sonha com os peixes do mar da Galileia.

— Pedro.

Silêncio.

— Pedro!

Zzzzz.

— Pedro!!!

Os anjos tocam as pessoas com o cotovelo ou com a *asa*? De qualquer maneira, as algemas caíram no chão. O anjo tem que lembrar o Pedro grogue de sono de como se vestir. *Primeiro as sandálias. Agora a capa.* As portas se abrem em seguida. E em algum ponto no caminho até a casa de Maria, Pedro percebe que não está sonhando. O anjo lhe aponta a direção certa e se afasta, resmungando que precisa trazer uma trombeta da próxima vez.

Ainda atordoado, Pedro vai à casa de Maria. Naquela mesma hora, Maria está recebendo um grupo de oração em favor de Pedro. Os amigos enchem o local e inundam a casa com uma intercessão fervorosa.

Pedro certamente sorri quando ouve as orações. Ele bate à porta. A serva responde, mas, em vez de abri-la, volta correndo para o grupo de oração e anuncia:

— Pedro está à porta!

Eles porém lhe disseram: — Você está fora de si! — Insistindo ela em afirmar que era Pedro, disseram-lhe: — Deve ser o anjo dele (Atos 12:14,15).

Confesso que sinto certo alívio com essa leitura. Até os primeiros seguidores se esforçavam para acreditar que Deus os ouvia. Mesmo quando a resposta bateu à porta, eles hesitaram.

E nós ainda hesitamos. A maioria de nós luta com a oração. Esquecemo-nos de orar, e, quando nos lembramos, temos pressa, fazemos orações com palavras vazias. Nossa mente divaga, nossos pensamentos se dispersam como um bando de codornas. Por que isso? A oração requer um esforço mínimo. Nenhum local é prescrito. Nenhuma roupa especial é necessária. Nenhum título ou cargo é estipulado. Mesmo assim, para você parece que estivemos lutando com um porco besuntado.

Falando em porcos, Satanás procura interromper as nossas orações. A batalha que temos com a oração não é inteiramente culpa nossa. O demônio conhece as histórias, ele viu o anjo na cela de Pedro e o reavivamento em Jerusalém. Ele sabe o que acontece quando oramos. "As armas que usamos [...] são armas poderosas de Deus, capazes de destruir fortalezas" (2 Coríntios 10:4, NTLH).

Satanás não fica perturbado quando eu escrevo livros ou preparo sermões, mas seus joelhos nodosos tremem quando eu oro. Satanás não gagueja nem tropeça quando você atravessa as portas da igreja ou participa das reuniões de comitê. Os demônios não vão ficar agitados por você estar lendo este livro. Mas as paredes do inferno chacoalham quando uma pessoa com um coração honesto em confissão sincera diz:

— Oh, Deus, quão grande és tu.

Satanás nos afasta da oração. Ele tenta se posicionar entre nós e Deus. Mas foge como um cachorro assustado quando avançamos. E que assim façamos.

Portanto, submetam-se a Deus. Resistam ao Diabo, e ele fugirá de vocês. Aproximem-se de Deus, e ele se aproximará de vocês! (Tiago 4:7,8)

O Senhor está perto de todos os que o invocam, de todos os que o invocam com sinceridade. (Salmo 145:18)

Quando os filhos de Israel foram lutar contra os amalequitas, Moisés escolheu o topo da montanha para estar em oração (cf. Êxodo 17:8-13). Os israelitas venceram.

Quando soube da destruição iminente de Sodoma e Gomorra, "Abraão permaneceu diante do Senhor" em vez de correr para advertir as cidades (Gênesis 18:22).

Os conselheiros informaram a Neemias que Jerusalém se encontrava em ruínas. Ele assentou os alicerces da oração antes de assentar os alicerces de pedra (cf: Neemias 1:4).

As cartas de Paulo contêm mais pedidos de oração do que apelos por donativos, posses ou consolo.

E Jesus. Nosso Jesus em oração.

Levantando-se de madrugada para orar (cf. Marcos 1:35).

Despedindo a multidão para orar (cf. Mateus 14:23).

Subindo a um monte para orar (cf. Lucas 9:28).

Criando um modelo de oração para nos ensinar a orar (cf. Mateus 6:9-13).

Purificando o templo para que as pessoas pudessem orar (cf. Mateus 21:12,13).

Caminhando até um jardim para orar (cf. Lucas 22:39-46).

Jesus imergia suas palavras e obras em oração. Coisas poderosas acontecem quando fazemos o mesmo.

Peggy Smith tinha 84 anos. Sua irmã, Christine, tinha 82. Os anos tinham levado a visão da primeira e arqueado o corpo da segunda. Nenhuma das duas podia sair de casa para ir à igreja.

No entanto, a igreja precisava delas. Elas moravam na ilha de Lewis, perto da costa da Escócia. A escuridão espiritual caíra sobre a aldeia de Barvas. A congregação estava perdendo pessoas, e os jovens zombavam da fé, falando da conversão como uma praga. Em outubro de 1949, o presbitério recorreu a seus membros pedindo-lhe para orar.

Mas o que podiam fazer duas irmãs idosas, confinadas em casa? Muito, elas decidiram. Transformaram seu modesto chalé em uma casa de vigília em oração. Das dez da noite até as quatro horas na madrugada, duas noites por semana, elas pediam a Deus que tivesse misericórdia daquela cidade. Depois de alguns meses, Peggy disse a Christine que Deus lhe havia falado estas palavras: "Derramarei água sobre aquele que estiver sedento e torrentes sobre a terra seca."

Peggy estava tão certa da mensagem, que pediu ao pastor para realizar um reavivamento e convidar o famoso evangelista Duncan Campbell para falar. O pastor assim fez, mas Campbell relutou e declinou do convite. Peggy recebeu a notícia com confiança. "Deus disse que ele está chegando, e ele estará aqui dentro de quinze dias." Deus mudou o calendário de Campbell, e em duas semanas as reuniões começaram.

Por cinco semanas, Duncan Campbell pregou na paróquia de Barvas. Grandes multidões se reuniam em quatro cultos, às 19h, 22h, meia-noite e 3h. A ação de Deus sobre as pessoas foi inegável. Centenas de pessoas foram convertidas. Os locais que serviam bebidas fecharam por falta de fregueses. Os bares ficaram vazios, e a igreja cresceu. A ilha de Lewis experimentou a presença de Deus. Tudo porque duas mulheres oraram.[1]

Então:

Vamos orar *primeiro*. Viajar para ajudar os famintos? Certifique-se de mergulhar sua missão em oração. Trabalhar para desatar os nós da injustiça? Ore. Cansado de um mundo de racismo e segregação? Deus também está. E ele adoraria falar com você a respeito.

Vamos orar *mais*. Deus nos chamou para pregar continuamente? Ou ensinar continuamente? Ou fazer reuniões de comitê continuamente?

Ou cantar continuamente? Não. Foi para isto que nos chamou: "Orem continuamente" (1 Tessalonicenses 5:17).

Jesus declarou que sua casa seria chamada de casa de estudo? De amigos? De música? Uma casa de exposição? Uma casa de atividades? Não. Ele disse: "A minha casa será chamada casa de oração" (Marcos 11:17).

Nenhuma outra atividade espiritual garantia tais resultados. "Todas as vezes que dois de vocês que estão na terra pedirem a mesma coisa em oração, isso será feito pelo meu Pai, que está no céu" (Mateus 18:19, NTLH). Ele se comove pelo coração humilde e em oração.

No fim de 1964, rebeldes comunistas sitiaram a cidade de Bunia, no Zaire. Prenderam e executaram muitos cidadãos. Um pastor chamado Zebedayo Idu foi uma de suas vítimas. Eles o sentenciaram à morte diante de um pelotão de fuzilamento e o colocaram na cadeia durante a noite. Na manhã seguinte, ele e muitos outros prisioneiros foram jogados em um caminhão e levados a um local público para a execução. Sem nenhuma explicação, o oficial mandou os prisioneiros formarem uma fila e os numerou: "um, dois, um, dois, um, dois". Os que receberam o número um foram colocados diante ao pelotão de fuzilamento. Os de número dois foram levados de volta para a prisão. O pastor Zebedayo estava entre aqueles que foram poupados.

De volta à cela, os prisioneiros podiam ouvir o som de tiros. O ministro aproveitou o momento dramático para compartilhar a história de Jesus e a esperança do paraíso. Oito prisioneiros deram a vida a Deus naquele dia. Quando o pastor Idu acabava de falar, um mensageiro entrou correndo pela porta com uma ordem de soltura. O pastor fora preso por engano e estava livre para ir embora.

Ele se despediu dos prisioneiros e foi rapidamente para a sua casa, ao lado da capela. Lá, encontrou uma multidão de fiéis orando insistentemente pela sua libertação. Quando viram a resposta às suas orações, atravessaram a porta e a reunião de oração se transformou em reunião de louvor.[2]

O mesmo Deus que ouviu as orações de Jerusalém ouviu as orações do Zaire. Ele ainda está ouvindo. E nós? Ainda estamos orando?

Dediquem-se à oração, estejam alerta e sejam agradecidos. Ao mesmo tempo, orem também por nós, para que Deus abra uma porta para a nossa mensagem, a fim de que possamos proclamar o mistério de Cristo.

(Colossenses 4:2,3)

Deus de Abraão, Isaque e Jacó, você criou tudo que existe, e continua mantendo tudo que criou com sua infinita sabedoria e com seu poder ilimitado. Mesmo assim você me convida a vir até você em oração, com coragem e com a expectativa de que você irá me ouvir e me responder. Ensina-me, Senhor, a aproveitar ao máximo esse privilégio maravilhoso, sobretudo em relação a alcançar as pessoas com o seu amor. Inclina-me na direção daqueles que ainda têm de experimentar a plenitude da sua graça, e me estimule a orar por eles e por seu bem-estar, tanto neste mundo quanto na eternidade. Senhor, traga-me para a linha de frente desta batalha. Em nome de Jesus eu oro, amém.

16

É Jesus que está tocando violino

Eu afirmo a vocês que isto é verdade: quando vocês fizeram isso ao mais humilde dos meus irmãos, foi a mim que fizeram.

Mateus 25:40 (NTLH)

Às 7h51 de 12 de janeiro de 2007, um jovem músico se posicionou encostado em uma parede de uma estação de metrô em Washington, D.C. Ele vestia jeans, camiseta de manga longa e um boné de beisebol do Washington Nationals. Abriu a caixa do violino, pegou o instrumento, atirou alguns dólares e umas moedas na caixa, para servirem de chamariz, e começou a tocar.

Em 43 minutos, ele tocou seis músicas clássicas. Durante esse tempo, 1.097 pessoas passaram por ele. Deram-lhe no total US$ 32,17 em dinheiro. Das 1.097 pessoas, sete — apenas sete — pararam mais do que sessenta segundos. E, das sete, uma — só uma — reconheceu o violinista Joshua BellTrês dias antes dessa apresentação no metrô organizada pelo jornal *Washington Post*, Bell lotou a Symphony Hall de Boston, onde o ingresso para sentar em um lugar razoavelmente bom custa cem dólares. Duas semanas após o experimento, ele tocou para uma plateia em Bethesda, Maryland, sendo que só havia lugares de pé. Talentos como Joshua Bell podem fazer jus a mil dólares por minuto. Naquele dia, na estação de metrô, ele nem chegou a ganhar o suficiente para comprar um par de sapatos baratos.

Você não pode culpar o instrumento. Bell tocou um Stradivarius feito no período áureo da carreira de Stradivari. Vale 3,5 milhões de dólares. Você não pode culpar a música. Ele tocou lindamente uma composição de Johann Sebastian Bach que Bell define como "uma das maiores realizações de algum homem na história".

Mas quase ninguém reparou. Nada majestoso era esperado naquele contexto. Um engraxate de um lado, um quiosque do outro. Pessoas comprando revistas, jornais, barras de chocolate e bilhetes de loteria. E quem tinha tempo? Era um dia de trabalho. Aquela era a mão de obra de Washington. Funcionários públicos, principalmente, a caminho de reuniões de orçamento e sessões de administração. Quem tinha tempo para reparar na beleza em meio a tanta ocupação? A maioria não tinha.[1]

Muitos um dia ainda vão perceber o que não perceberam. Da perspectiva divina, vamos olhar para trás — para estes dias ocupados e confusos — e perceber: *Era Jesus tocando violino. Era Jesus vestindo roupas esfarrapadas. Era Jesus no orfanato, na cadeia, no barraco feito de papelão. A pessoa que precisava da minha ajuda era Jesus.*

Há muitas razões para ajudar as pessoas necessitadas.

"A benevolência é um bem para o mundo."

"Todos nós estamos flutuando no mesmo oceano. Quando a maré subir, beneficiará a todos."

"Livrar alguém da pobreza é expandir o potencial dessa pessoa como pesquisador, educador ou médico."

"Ao reduzir a pobreza e a doença, estamos reduzindo as guerras e as atrocidades. Pessoas saudáveis e felizes não machucam umas às outras."

A compaixão tem uma dúzia de advogados.

Mas para o cristão nenhuma razão é maior do que esta: quando amamos os necessitados, estamos amando Jesus. É um mistério que está além da compreensão da ciência, uma verdade que sobrepuja as estatísticas. Mas é uma mensagem que Jesus deixou clara: quando os amamos, amamos a Jesus.

Esse é o tema do seu sermão final. A mensagem que Jesus guardou para o fim. Ele deve querer que isso fique registrado na nossa consciência. Ele descreveu a cena do julgamento final. O último dia, o grande dia do Juízo Final. Nesse dia, Jesus irá dar uma ordem irresistível. Todos virão. De navios naufragados a cemitérios esquecidos, todos virão. De túmulos régios a campos de batalha, todos virão. De Abel, o primeiro a morrer, até a pessoa que está sendo enterrada naquele momento, Jesus chama; cada ser humano da história estará presente.

Todos os anjos estarão presentes. Todo o universo celestial testemunhará o acontecimento. Um desfecho surpreendente. Jesus, em algum momento, "separará umas das outras como o pastor separa as ovelhas dos bodes" (Mateus 25:32). Os pastores fazem isso. Caminham pelo rebanho e direcionam, um por um, bodes para um lado e ovelhas para o outro.

Parece até que estou vendo a cena do Bom Pastor percorrendo o rebanho da humanidade. Você. Eu. Nossos pais e nossos filhos.

— Max, você por aqui. Ronaldo, pra lá. Maria, deste lado.

Como alguém pode divisar tal momento sem o aparecimento súbito desta questão urgente: o que determina a sua escolha? Como Jesus separa as pessoas?

Jesus dá a resposta. Os do lado direito, as ovelhas, serão aqueles que o alimentaram quando ele sentiu fome, que lhe trouxeram água quando teve sede, que lhe deram abrigo quando estava sozinho, roupa quando estava nu e conforto quando estava doente ou preso. O sinal dos salvos é a preocupação deles para com os necessitados. A compaixão não os salva — nem a nós. A salvação é obra de Cristo. A compaixão é a consequência da salvação.

As ovelhas reagirão com uma pergunta sincera: quando? Quando foi que alimentamos, visitamos, vestimos ou confortamos você (cf. Mateus 25:34-39)?

A resposta de Jesus vai ser mais ou menos assim:

— Lembra quando você saiu do metrô? Era uma manhã de inverno em Washington. As pessoas estavam encapotadas, ocupadas e concentradas em seu trabalho. Você principalmente, veja bem. Mas então você me viu. Sim, era eu! Parado entre o quiosque de café e a banca de jornal, era eu. Eu estava usando boné e cachecol e tocando violino. A multidão passava correndo, como se eu fosse uma planta artificial. Mas você parou. Eu sabia que você estava ocupado. Você olhou para o relógio duas vezes. Mas mesmo assim parou e se lembrou de mim. Você foi até o quiosque ao lado, comprou um café e trouxe-o para mim. Quero que você saiba que nunca me esqueci disso.

Jesus vai contar, um por um, todos os atos de bondade. Toda ação realizada para melhorar a situação do outro. Mesmo as menores. Na verdade, todas parecem pequenas. Dar água. Oferecer comida. Dividir o guarda-roupa. Como Crisóstomo observou: "Não ouvimos: 'Eu estava doente e você me *curou*', nem: 'Eu estava na prisão e você me *libertou*'".[2] As obras de misericórdia são ações simples. No entanto, nessas ações simples estamos servindo a Jesus. Esta verdade é surpreendente: servimos a Cristo quando servimos às pessoas carentes.

A igreja de Jerusalém a entendeu. De que outra forma podemos explicar sua explosão pelo mundo? Nós só refletimos sobre algumas de suas histórias. O que começou no dia de Pentecoste com 120 discípulos se espalhou pelos quatro cantos do mundo. Antioquia. Corinto. Éfeso. Roma. O livro de Atos, diferentemente de outros livros do Novo Testamento, não tem conclusão. Isso porque o trabalho não foi concluído.

Muitos anos atrás, ouvi uma mulher debater sobre essa obra. Ela visitava uma igreja católica no centro de Miami, Flórida, em 1979. O pequeno santuário transbordava de gente. Fiquei surpreso. O evento não fora divulgado. Soube da apresentação à tarde por intermédio de um amigo. Eu morava a alguns quarteirões da igreja. Fui um pouco mais cedo na esperança de me sentar na primeira fila. Devia ter chegado duas horas antes. As pessoas lotavam os bancos e os corredores. Algumas sentavam no peitoril das janelas. Encontrei um lugar encostado à parede e esperei. Não sei se o ar-condicionado estava quebrado ou se não havia ar-condicionado, mas as janelas estavam abertas e o ar que entrava era abafado. A plateia conversava agitada. Mas, quando ela entrou, todo o burburinho cessou.

Não teve música. Não teve uma longa introdução. Nem fanfarra de algum órgão público. Nada de comitiva. Apenas três, talvez quatro, versões mais jovens dela mesma, o padre da comunidade e ela.

O padre pronunciou algumas palavras de boas-vindas e fez uma piada sobre colocar um caixote de madeira atrás do púlpito para que pudéssemos enxergar a sua convidada. Ele não estava brincando. Ele a posicionou, e ela cresceu, e aqueles olhos azuis olharam para nós. Que rosto. Linhas verticais marcavam sua boca. O nariz era maior do que a maioria das mulheres prefere. Lábios finos, como se fossem desenhados a lápis, e um sorriso despido de pretensão.

Ela usava o sari indiano branco de sempre, com orlas azuis, que representava as Missionárias da Caridade, a ordem que tinha fundado em 1949. Seus 69 anos arqueavam aquele corpo já miúdo. Mas não havia nada de pequeno na presença da madre Teresa.

— Deem-me os seus filhos por nascer — ela propôs. (Palavras de abertura ou só as que eu mais me lembro? Não sei.) — Não os abortem. Se vocês não podem criá-los, eu os criarei. Eles são preciosos para Deus.

Quem teria reconhecido naquela albanesa frágil uma agente de transformação? Nascida em um caldeirão de conflitos étnicos, os Bálcãs. Tímida e introvertida como uma criança. De saúde delicada. Uma de três filhos. Filha de um empresário generoso, mas pouco conhecido. No entanto, em algum lugar ao longo da jornada, ela se convenceu de que Jesus andava sob o "traje doloroso dos pobres", e resolveu amá-lo ao amar os necessitados. Em 1989, ela disse a um repórter que suas Missionárias tinham tirado cerca de 54 mil pessoas das ruas de Calcutá e que 23 mil ou mais morreram sob seus cuidados.[3]

Imagino que, se criou pessoas como madre Teresa, Deus pode provar sua tese: "Você pode fazer algo hoje que vai fazer a vida valer a pena".

Existem bilhões de razões para pensar em seu desafio. Alguns vivem em seu bairro, outros em florestas que você não consegue encontrar e têm nomes impronunciáveis para você. Alguns brincam em barracos de papelão ou vendem sexo em uma rua movimentada. Alguns caminham três horas em busca de água ou esperam o dia todo por uma dose de penicilina. Alguns causaram a própria desgraça e outros herdaram os problemas dos pais.

Ninguém pode ajudar todo mundo. Mas todos podem ajudar alguém. E, quando os ajudamos, estamos servindo a Jesus.

Quem gostaria de perder a chance de fazer isso?

Então o Rei dirá aos que estiverem à sua direita: "Venham, benditos de meu Pai! Recebam como herança o Reino que lhes foi preparado desde a criação do mundo. Pois eu tive fome, e vocês me deram de comer; tive sede, e vocês me deram de beber; fui estrangeiro, e vocês me acolheram; necessitei de roupas, e vocês me vestiram; estive enfermo, e vocês cuidaram de mim; estive preso, e vocês me visitaram."

(Mateus 25:34-36)

Ó, Senhor, onde foi que vi você ontem e não o reconheci? Onde o encontrarei hoje... e não conseguirei identificá-lo devidamente? Ó, meu Pai, dê-me olhos para ver, coração para responder, mãos e pés para servi-lo onde você me encontrar! Por seu Espírito, transforme-me, Senhor, em um servo de Cristo que se regozija em atender as necessidades das pessoas que o cercam. Faça de mim um *outdoor* de sua graça, uma propaganda viva da opulência da sua compaixão. Desejo ouvir você me dizer um dia: "Muito bem, servo bom e fiel". E oro para que *hoje* eu possa ser o servo fiel que trabalha bem ao fazer o bem. Em nome de Jesus eu oro, amém.

Notas

Capítulo 1: Nossa chance de ouro

1. Unicef. *The State of the World's Children 2009: Maternal and Newborn Health*. Disponível em <www.unicef.org/sowc09/report/report.php>.
2. Food and Agriculture Organization of the United Nations. *The State of Food Insecurity in the World: Economic Crises — Impacts and Lessons Learned*, p. 2. Disponível em <ftp://ftp.fao.org/docrep/fao/012/i0876e/i0876e.pdf>.
3. Unicef. *The State of the World's Children 2007: Women and Children; The Double Dividend of Gender Equality*, p. 5. Disponível em <www.unicef.org/sowc07/docs/sowc07.pdf>.
4. Equivale a aproximadamente 25 mil por dia. Anup Shah. "Today, Over 25,000 Children Died Around the World". *Global Issues*. Disponível em <www.globalissues.org/article/715/today-over-25000-children-died-around-the-world>.
5. Peter Greer & Phil Smith. *The Poor Will Be Glad: Joining the Revolution to Lift the World out of Poverty*. Grand Rapids: Zondervan, 2009, p. 26.
6. Ronald J. Sider. *Rich Christians in an Age of Hunger: Moving from Affluence to Generosity* . Nashville: Thomas Nelson, 2005, p. 10.
7. Ibidem, p. 35.
8. Unicef. *The State of the World's Children 2009*, op. cit., p. 133.
9. Nos Estados Unidos, 76,8% são cristãos, e a população em 2009 girava em torno de 307.212.000 de pessoas, de acordo com o relatório da CIA, *The World Factambémook*, 2009. Disponível em <https://www.cia.gov/library/publications/the-world-factambémook/geos/us.html>.
10. UNAIDS and World Health Organization. *AIDS Epidemic Update: November 2009*, p. 21. Disponível em <http://data.unaids.org/pub/Report/2009/JC1700_Epi_Update_2009_en.pdf>.

Capítulo 2: Chamando João-Ninguém

1. "Nicholas Winton, the Power of Good". Gelman Educational Foundation. Disponível em <www.powerofgood.net/story.php>. Patrick D. Odum,

"Gratitude That Costs Us Something". *Heartlight*. Disponível em <www.heartlight.org/cgi/simplify.cgi?20090922_gratitude.html>.

Capítulo 3: Deixe Deus tirar sua concha

1. Hilary Le Cornu & Joseph Shulam. *A Commentary on the Jewish Roots of Acts*. Jerusalem: Netivyah Bible Instruction Ministry, 2003, p. 144.
2. Alfred Edersheim. *The Life and Times of Jesus the Messiah*. Unabr. ed. Peabody, MA: Hendrickson Publishers, 1993, pp. 81-2.
3. M. Paul Lewis (ed.). *Ethnologue: Languages of the World*. 16th ed. Dallas: SIL International, 2009. Disponível em: <www.ethnologue.com>.
4. Se você quiser saber mais sobre a sua singularidade e como distingui-la, consulte meu livro *Quebrando a rotina: vivendo o melhor da vida* (Rio de Janeiro: CPAD, 2006).
5. Entrevista por telefone com Jo Anne Lyon, realizada por David Drury, em 23 de junho de 2009.

Capítulo 5: Trabalhe em grupo

1. Para ter um resumo excelente sobre microfinanças, veja o livro Peter Greer & Phil Smith: *The Poor Will Be Glad: Joining the Revolution to Lift the World out of Poverty* (Grand Rapids: Zondervan, 2009).
2. Sam Nunn. "Intellectual Honesty, Moral and Ethical Behavior; We Must Decide What Is Important". Discurso realizado durante o evento "National Prayer Breakfast", em Washington, D.C., 1º de fevereiro de 1996.

Capítulo 6: Abra sua porta, abra seu coração

1. U.S. Bureau of the Census. *Poverty: 2007 and 2008; American Community Surveys*, p. 2. Disponível em: <www.census.gov/prod/2009pubs/acsbr08-1.pdf>.
2. Mark Nord, Margaret Andrews, Steven Carlson. *Household Food Security in the United States, 2008*. United States Department of Agriculture, p. iii. Disponível em: <www.ers.usda.gov/Publications/ERR83/ERR83.pdf>.
3. National and Community Service. "White House, USDA, National Service Agency, Launch Targeted Initiative to Address Hunger". Disponível em: <www.nationalservice.gov/about/newsroom/releases_detail.asp?tambéml_pr_id=1579>.

Capítulo 7: Olhe o necessitado, toque o ferido

1. Unicef. *The State of the World's Children 2009: Maternal and Newborn Health*. Disponível em: <www.unicef.org/sowc09/report/report.php>.

2. James Strong. *New Strong's Exhaustive Concordance.* Nashville: Thomas Nelson, 1996, s.v. "Compassion".
3. Bill Gates Sr. & Mary Ann Mackin. *Showing Up for Life: Thoughts on the Gifts of a Lifetime.* New York: Broadway Books, 2009, p. 155.

Capítulo 8 Perseguição: prepare-se para ela; resista a ela

1. CIA. *The World Factambémook 2009.* Disponível em: <https://www.cia.gov/library/publications/the-world-factambémook/geos/tu.html>.
2. *Malatya: The Story of the First Martyrs of the Modern Turkish Church.* Disponível em: <www.malatyafilm.org>.
3. CIA. *The World Factambémook 2009.* Disponível em: <https://www.cia.gov/library/publications/the-world-factambémook/index.html>.
4. dc Talk and the Voice of the Martyrs. *Jesus Freaks: Stories of Those Who Stood for Jesus; The Ultimate Jesus Freaks.* Tulsa, OK: Albury Publishing, 1999, pp. 208-9.

Capítulo 10: Defenda os que nada têm

1. Richard Stearns. *The Hole in Our Gospel.* Nashville: Thomas Nelson, 2008, p. 11.
2. *The Expositor's Bible Commentary with the New International Version of the Holy Bible.* Grand Rapids: Zondervan, 1990, v. 2, pp. 633-35.
3. "Isaiah and the Mission of the Church". Sermão de Walter Bruggeman na Mars Hill Bible Church, em Grand Rapids, Michigan, em 13 de julho de 2008.
4. United Nations Development Programme. *Human Development Report 2007/2008: Fighting Climate Change; Human Solidarity in a Divided World.* 2007, p. 25. Disponível em: <http://hdr.undp.org/en/media/HDR_20072008_EN_Complete.pdf>.
5. U2.com. "Closer to the Music". Artigo de 30 de julho de 2003. Disponível em: <www.u2.com/news/article/682>.
6. United Nations World Food Programme. *WFP Facts Blast, December 2009.* Disponível em: <http://home.wfp.org/stellent/groups/public/documents/communications/wfp187701.pdf>.
7. Anup Shah. "Today, Over 25,000 Children Died Around the World". *Global Issues.* Disponível em: <www.globalissues.org/article/715/today-over-25000-childrendied-around-the-world>.

Capítulo 11: Lembre-se de quem segura você

1. Confederados e ianques foram os opositores que lutaram durante a guerra civil norte-americana em fins do século XIX. "Dixie" era uma música famosa entre os confederados. Se fizesse tal afirmação, Estêvão talvez não tivesse suscitado tanta raiva quanto suscitou com seu discurso no Sinédrio (N. T.)

2. Anthony de Mello. *Taking Flight: A Book of Story Meditations*. New York: Doubleday, 1990, p. 99.
3. Mission Gate Ministry. "Gospel of Matthew, chapter 20". Disponível em: <www.charityadvantage.com/MissionGateMinistry/images/Matt20.doc>.

Capítulo 12: Mande alguns muros pelos ares

1. Rick Reilly. "There Are Some Games in Which Cheering for the Other Side Feels Better Than Winning". *Life of Reilly*. Disponível em: <http://sports.espn.go.com/espnmag/story?section=magazine&id=3789373>.
2. Hilary Le Cornu & Joseph Shulam. *A Commentary on the Jewish Roots of Acts* . Jerusalem: Netivyah Bible Instruction Ministry, 2003, p. 403.

Capítulo 14: Você não é superior a ninguém

1. Gavan Daws. *Holy Man: Father Damien of Molokai*. Honolulu: University of Hawaii Press, 1984.
2. Alfred Edersheim. *The Life and Times of Jesus the Messiah*. Unabr. ed. Peabody, MA: Hendrickson Publishers, 1993, pp. 62-3.
3. Referência à *Boston Tea Party*, ou Festa do Chá de Boston, episódio da história americana que ajudaria a desencadear a independência dos EUA da Inglaterra. (N. T.)
4. Bob Ray Sanders. "*Blossom's in the Dust* Movie Fine, but the Woman Was Amazing". *Fort Worth Star Telegram*. 17 de novembro 2002. Disponível em: <www.angelfire.com/tx5/adoptee/sanders.html>.

Capítulo 15: Ore primeiro; depois, ore mais

1. Oliver W. Price. "Needed: A Few Committed People to Pray for Revival". Bible Prayer Fellowship. Disponível em: <www.praywithchrist.org/prayer/committed.php>.
2. R. Kent Hughes (ed.). *Acts: The Church Afire*. Wheaton, IL: Crossway Books, 1996, pp. 169-70.

Capítulo 16: É Jesus que está tocando violino

1. Gene Weingarten. "Pearls before Breakfast". *Washington Post*. 8 de abril de 2007. Disponível em: <www.washingpost.com/wp-dyn/content/article/2007/04/04/AR2007040401721.html>.
2. Frederick Dale Bruner. *The Churchbook: Matthew 13-28*. Dallas: Word Publishing, 1990, p. 918.
3. David Aikman. *Great Souls: Six Who Changed the Century*. Nashville: Word Publishing, 1998, pp. 199-21, 224.

Este livro foi impresso em 2014, pela Edigráfica, para a
Thomas Nelson Brasil. A fonte usada no miolo é Bembo corpo 11,5/15,5.
O papel do miolo é offset 75g.